影印이 있는
韓國漢詩眞寶

編著者 金 弘 光

영인이 있는

진한한
보시국

이화문화출판사

▎먼저 읽어보기

册肆(책사)의 漢詩(한시) 책을 서로 비교해 보면 같은 詩題(시제)에서도 서로 다른 부분이 있어 당황스러울 때가 있다. 이렇게 서로 다른 가장 큰 이유는 아마도 한시 책을 집필할 때 바탕으로 하는 底本(저본)이 서로 다르기 때문이라고 생각된다. '底本(저본)'이란 '원본' 또는 '대본'과 같은 단어로 '번역을 하거나 저술할 때 그 바탕을 삼는 책'을 일컫는다. 元本(원본)이 오랜 세월 동안 많은 사람의 손을 거치면서 조금씩 변하여 異本(이본)이 생겼을 수도 있고, 底本(저본)을 활자로 옮기는 과정에서도 오류가 발생할 수 있다. 내 컴퓨터에서 '호시탐탐'을 漢字轉換(한자전환)하면 '虎視耽耽(호시탐탐)'으로 되어 있는데 여기서 '耽(즐길 탐)'은 '眈(노려볼 탐)'의 잘못이고, '호적등본'을 한자전환하면 '戶籍騰本(호적등본)'으로 되어 있으나 여기서 '騰(오를 등)'은 '謄(베낄 등)'의 잘못이다. 이와 같이 컴퓨터에 저장된 자료에서도 오류가 있을 수 있고, 자료를 활자로 옮기는 과정에서도 오류가 발생할 수 있다. 아마도 이러한 愚(우)를 범하지 않기 위해 [한국문집총간은 資料(자료)를 活字(활자)로 정리하지 않고 影印(영인)으로 간행하였을 것으로 생각한다.

본서에서는 재단법인 〈민족문화 추진위원회〉에서 발행한 [한국문집총간] 350집과 속50집 도합 400집에 실린 한시를 가려 影印(영인) 활용하였다. 본서에서 底本(저본)으로 삼은 [한국문집총간은 각 문중에서 소중히 간직해온 문집을 〈민족문화 추진위원회〉에 제공하고, 이것을 〈민족문화 추진위원회〉의 권위 있는 연구진이 검토하여 발행된 것이기 때문에 어느 자료보다도 가장 원본에 가까운 믿을만한 자료라고 생각하기 때문이다.

본서의 특징은 첫째, 권위 있는 학자들이 직접 검토하여 간행된 [한국문집총간에 실린 한시를 影印(영인)하여 활용하였다는 점이다. 影印(영인)이 없는 한시는 오탈자가 있더라도 확인 할 수 없지만, 활자로 된 한시를 원본영인과 대조하여 활용하면 오탈자의 걱정에서 벗어날 수 있을 것이다. 둘째, 한시는 漢字(한자)로 쓰여 있기 때문에 읽기조차 쉽지 않은데, 讀音(독음)을 달았으니 누구나 쉽게 읽을 수 있을 것이다. 셋째, 한시를 번역해 놓은 글을 읽어보면 한시에 쓰인 낱자들이 어떻게 활용되었는지 아리송할 때가 많은데, 이러한 점을 해결하기 위해 直譯(직역)을 하여 글자 한 자 한 자의 활용을 쉽게 파악할 수 있도록 했다. 넷째, 어려운 낱말을 자세하게 풀이하여 누구나 쉽게 이해할 수 있도록 했다.

한시 책은 순수하게 한시를 음미하기 위해 구입하는 경우도 있고, 각종 서예공모전 출품을 위해 구입하는 경우도 있다. 특히 서예공모전 출품을 위한 자료로 활용할 때에는 影印(영인)이 있는 한시 책을 참고하여야 오탈자의 시비에서 벗어 날 수 있을 것이다. 본서를 편집하는 과정에서도 여러 번 校閱(교열)을 거치긴 했지만 誤脫字(오탈자)가 있을 수 있으니 활용할 때는 꼭 영인과 대조하기 바란다.

2011년 10월
노송한문교육연구원에서 편저자
전화 : 063-285-4509

차 례

제1장 五言絶句(오언절구)

1. 秋夜雨中(추야우중) ……………11
2. 普德窟(보덕굴) ……………………11
3. 江口(강구) …………………………12
4. 漢浦弄月(한포농월) ………………12
5. 春(춘) ………………………………13
6. 閑居(한거) …………………………15
7. 詠柳(영유) …………………………15
8. 述懷(술회) …………………………16
9. 次子剛夜坐韻(차자강야좌운) ……17
10. 寄君實(기군실) ……………………17
11. 感興(감흥) …………………………20
12. 大興洞(대흥동) ……………………20
13. 偶吟(우음) …………………………21
14. 題冲庵詩後(제충암시후) …………21
15. 絶句(절구) …………………………22
16. 詠黃白二菊(영황백이국) …………24
17. 宜月亭(의월정) ……………………24
18. 山寺夜吟(산사야음) ………………25
19. 山中(산중) …………………………25
20. 無題(무제) …………………………26
21. 閑山島夜吟(한산도야음) …………28
22. 贈眞鑑(증진감) ……………………28
23. 弘慶寺(홍경사) ……………………29
24. 老馬(노마) …………………………29
25. 江夜(강야) …………………………30
26. 送完山府尹尹公坤
    (송완산부윤윤공곤) ………………32
27. 題德山溪亭柱(제덕산계정주) ……32
28. 山中秋夜(산중추야) ………………33
29. 題松潭四時畫簇-春
    (제송담사시화족-춘) ………………34
30. 藥山東臺(약산동대) ………………34
31. 龍湖(용호) …………………………37
32. 偶吟絶句遣興(우음절구견흥) ……37
33. 夜景(야경) …………………………38
34. 楓溪夜遲士敬(풍계야지사경) ……38
35. 瀑布(폭포) …………………………39
36. 奉和金稷山詩藁中十絶句
    (봉화김직산시고중십절구) ………41
37. 磧川寺過方丈英禪師
    (적천사과방장영선사) ……………41
38. 夜坐(야좌) …………………………42
39. 柳浦牧笛(유포목적) ………………43
40. 江行(강행) …………………………43
41. 田家(전가) …………………………46
42. 早秋歸洞陰弊廬晚步溪上作 ……46
    (조추귀동음폐려만보계상작) ……46
43. 次韻南雨村進士寄示春日山居
    (차운남우촌진사기시춘일산거) …47
44. 石瓊樓雜絶(석경루잡절) …………48

제2장 五言律詩(오언율시)

1. 蓼花白鷺(요화백로) ………………51
2. 行過洛東江(행과낙동강) …………52
3. 東萊雜詩(동래잡시) ………………53

4. 浮碧樓(부벽루) ················54
5. 帆急(범급) ··················56
6. 洪武丁巳奉使日本作
   (홍무정사봉사일본작) ········57
7. 曉過僧舍(효과승사) ···········58
8. 獨坐(독좌) ··················59
9. 堤川(제천) ··················61
10. 永興客館夜坐(영흥객관야좌) ··62
11. 次睡軒(차수헌) ··············63
12. 我亦步韻(아역보운) ···········64
13. 曉望(효망) ··················66
14. 詠夕(영석) ··················67
15. 溪亭(계정) ··················68
16. 花石亭(화석정) ··············69
17. 齋居有懷錄呈靑城道契權章仲
    (재거유회록정청성도계권장중) ·71
18. 閑居(한거) ··················72
19. 途中(도중) ··················73
20. 九日陪柳文學登北麓
    (구일배유문학등북록) ········74
21. 夜發山亭(야발산정) ···········76
22. 寄竹陰(기죽음) ··············77
23. 蒼水院(창수원) ··············78
24. 錄呈無何堂(녹정무하당) ·······79
25. 三淸洞(삼청동) ··············81
26. 霽朝(제조) ··················82
27. 自內殿賜送酒饌
    (자내전사송주찬) ············83
28. 暮春宿光陵奉先寺
    (모춘숙광릉봉선사) ··········84
29. 過臨川鄕社有感
    (과임천향사유감) ············86
30. 宿薪院(숙신원) ··············87

31. 大興洞(대흥동) ··············88
32. 還華陰(환화음) ··············89
33. 岱巖(대암) ··················91
34. 上驪江舟中夜宿(상여강주중야숙)
    ·····························92
35. 郊野(교야) ··················93
36. 大興山城歸路(대흥산성귀로) ···94
37. 淸平村權氏障子見海巖畵鷹拈鷹字共賦
    (청평촌권씨장자견해암화응념응자공부)
    ·····························96
38. 晏海樓(안해루) ··············97
39. 集吳伯玉巖亭李宜淑洪養之黃大卿俱
    (집오백옥암정이의숙홍양지황대경구)
    ·····························98
40. 還苕川居(환초천거) ···········99
41. 客問余近況(객문여근황) ······101
42. 月夜於池上作(월야어지상작) ·102

제3장 五言古詩(오언고시)

1. 寒風三首與葉孔昭同賦
   (한풍삼수여섭공소동부) ········107
2. 感懷(감회) ··················108

제4장 七言絶句(칠언절구)

1. 題伽倻山讀書堂(제가야산독서당)
   ·····························113
2. 暮春聞鸎(모춘문앵) ···········114
3. 江上待舟(강상대주) ···········114
4. 春日訪山寺(춘일방산사) ·······115
5. 夏日卽事(하일즉사) ···········118
6. 漁磯晩釣(어기만조) ···········119

7. 敍懷四絶奉寄宗工鄭相國
　　(서회사절봉기종공정상국) ……120
8. 述志(술지) ………………………121
9. 題僧舍(제승사) …………………123
10. 春日城南卽事(춘일성남즉사) ·124
11. 訪金居士野居(방김거사야거) ·125
12. 雪後(설후) ………………………126
13. 秋日絶句(추일절구) ……………128
14. 答朴仁叟借蓑衣(답박인수차사의)
　　……………………………………129
15. 次咸陽城門韻(차함양성문운) ·130
16. 題鄭府尹山水屛(제정부윤산수병)
　　……………………………………131
17. 菊花不開悵然有作
　　(국화불개창연유작) ……………133
18. 舟下楊花渡夕歸次季雲韻
　　(주하양화도석귀차계운운) ……134
19. 題江石(제강석) …………………135
20. 朴太守稠載酒見訪
　　(박태수조재주견방) ……………136
21. 示子芳(시자방) …………………138
22. 大谷晝坐偶吟(대곡주좌우음) ·139
23. 無爲(무위) ………………………140
24. 贈安應休(증안응휴) ……………141
25. 尋伽倻山(심가야산) ……………143
26. 月夜山映樓卽事(월야산영루즉사)
　　……………………………………144
27. 絶句(절구) ………………………145
28. 魚網(어망) ………………………146
29. 咏新燕(영신연) …………………148
30. 月溪峽(월계협) …………………149
31. 寄題白鷺洲楊道一新居
　　(기제백로주양도일신거) ………150
32. 齋居卽事(재거즉사) ……………151
33. 江南春(강남춘) …………………153
34. 是非(시비) ………………………154
35. 閑中用杜詩韻(한중용두시운) ·155
36. 送金種城士卓元立
　　(송김종성사탁원립) ……………156
37. 聞宋英甫自燕江順流南下往待黃山
　　(문송영보자연강순류남하왕대황산)
　　……………………………………158
38. 題壁(제벽) ………………………159
39. 熊淵泛舟示永叔(웅연범주시영숙)
　　……………………………………160
40. 后洞寓居雜詠(후동우거잡영) ·161
41. 夜吟(야음) ………………………163
42. 慶州贈泰天上人(경주증태천상인)
　　……………………………………164
43. 龍潭竹枝詞(용담죽지사) ………165
44. 上太極亭(상태극정) ……………166
45. 遣懷(견회) ………………………168
46. 漫吟(만음) ………………………169
47. 漫吟(만음) ………………………170
48. 百濟(백제) ………………………171
49. 窓光(창광) ………………………173
50. 咸從道中(함종도중) ……………174
51. 松京道中(송경도중) ……………175
52. 楊子津(양자진) …………………176

제5장 七言律詩(칠언율시)

1. 登潤州慈和寺上房(등윤주자화사방)
　　……………………………………179
2. 重遊北山(중유북산) ……………180
3. 月桂寺晩眺(월계사만조) ………182

4. 多景樓雪後(다경루설후) ········185
5. 鏡浦泛舟(경포범주) ············186
6. 惕若齋乘舟來訪請予飲舟中
   (척약재승주래방청여음주중) ····188
7. 九月十五夜邀牧隱先生登樓翫月次先生韻
   (구월십오야요목은선생등루완월차선생운)
   ····································191
8. 卽事(즉사) ························192
9. 重九日題益陽守李容明遠樓
   (중구일제익양수이용명원루) ····194
10. 金剛山(금강산) ··················197
11. 宿開巖寺(숙개암사) ············198
12. 贈埈上人(증준상인) ············200
13. 乍晴乍雨(사청사우) ············203
14. 獨木橋(독목교) ··················204
15. 贈印上人(증인상인) ············206
16. 山樓消暑(산루소서) ············209
17. 述懷(술회) ························210
18. 初夏省中作(초하성중작) ······212
19. 次前韻示舍弟季直叔度
    (차전운시사제계직숙도) ········215
20. 秋日登園北高岡(추일등원북고강)
    ····································216
21. 嶺東歸思(영동귀사) ············218
22. 斗窩(두와) ························221
23. 水鍾寺(수종사) ··················222
24. 龜庄卜居(귀장복거) ············223
25. 田園卽事(전원즉사) ············226
26. 完山府卽景(완산부즉경) ······227
27. 詠風(영풍) ························229
28. 夜坐(야좌) ························232
29. 松簷(송첨) ························233
30. 龜潭道中(귀담도중) ············235

31. 過李丈書堂有感寄呈沙外新寓
    (과이장서당유감기정사외신우)
    ····································238
32. 客至喜吟(객지희음) ············239
33. 別江陵洪使君萬朝(별강능홍사군만조)
    ····································240
34. 湖上春興(호상춘흥) ············243
35. 太古亭次舜瑞韻(태고정차순서운)
    ····································244
36. 山齋月夜與族弟得之呼韻口占
    (산재월야여족제득지호운구점)
    ····································246
37. 小晴(소청) ························249
38. 春興(춘흥) ························250
39. 次士揆(차사규) ··················251
40. 登烏棲山望海(등오서산망해) ·254
41. 看漉酒(간록주) ··················255
42. 東臺(동대) ························257
43. 次君善韻(차군선운) ············260

索引(색인)
1. 人名索引(雅號 順) / 264
2. 人名索引(姓名 順) / 271
3. 起句索引 기구색인 / 279

附錄(부록)
1. 한시의 구성 / 284

時習 시습
  시간만 나면 학습하라.

學而時習之不亦說乎 학이시습지불역열호
  배워서 때때로 익히면 또한 기쁘지 아니하랴!

出典(출전) : 論語 學而第一(논어 학이제일)

제1장 五言絕句(오언절구)

제 목 : 山中秋夜 산중추야
규 격 : 34 × 47cm(2002년 작)
내 용 : 본서 〈그림 28〉 참조

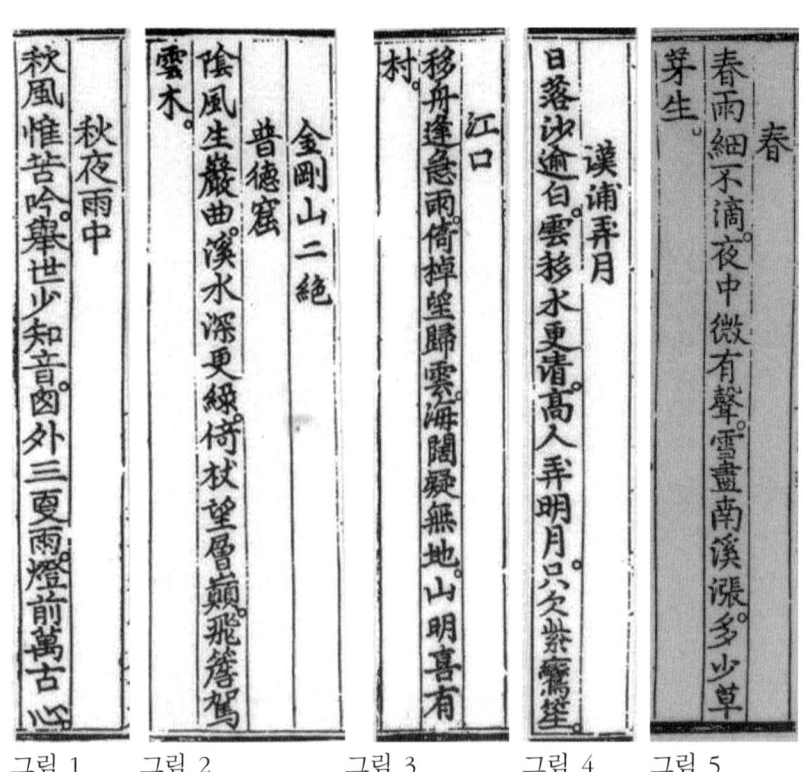

그림 1 그림 2 그림 3 그림 4 그림 5

1. 秋夜雨中(추야우중)

　　　　　　　- 孤雲　崔致遠(고운　최치원) - 그림 1

秋風惟苦吟　擧世少知音　囱外三更雨　燈前萬古心
추풍유고음　거세소지음　창외삼경우　등전만고심

가을바람에 읊는 간절한 시
온 세상 알아주는 이 드물고.
한밤 창밖에 내리는 보슬비
등불 앞엔 오랜 세월로 달리는 마음.

▌直 譯

가을(秋) 바람에(風) 오직(惟) 간절히(苦) 읊을 뿐(吟)
온(擧) 세상에(世) 소릴(音) 알아주는 이(知) 드물고(少).
창(囱) 밖에는(外) 한 밤중의(三更) 비(雨)
등불(燈) 앞에는(前) 오랜 세월의(萬古) 마음(心).

2. 普德窟(보덕굴)

　　　　　　　- 益齋　李齊賢(익제　이제현) - 그림 2

陰風生巖曲　溪水深更綠　倚杖望層巓　飛簷駕雲木
음풍생암곡　계수심갱록　의장망층전　비첨가운목

굴속에서 나오는 축축한 바람
푸르러 더욱 깊은 시냇물.
지팡이 의지하여 산꼭대기를 바라보니
구름이 와 머무는 높은 처마.

▮直 譯

축축한(陰) 바람은(風) 바위(巖) 골에서(谷) 나오고(生)
시내(溪) 물은(水) 깊어(深) 더욱(更) 푸르네(綠).
지팡이(杖) 의지하여(倚) 높은(層) 산꼭대기(巓) 바라보고(望)
나를 듯한(飛) 처마에(簷) 구름이(雲) 나무를(木) 타네(駕).

3. 江口(강구)
― 雪谷 鄭 誧(설곡 정 포) ― 그림 3

移舟逢急雨 倚棹望歸雲 海闊疑無地 山明喜有村
이주봉급우 의도망귀운 해활의무지 산명희유촌

배를 돌리다 만난 소나기
난간에 기대 가는 구름 바라보고.
바다가 멀고 넓어서 땅이 없나 했더니
산이 밝아지자 반갑게도 마을이 있네.

▮直 譯

배를(舟) 옮기다(移) 급한(急) 비(雨) 만나(逢)
노에(棹) 기대(倚) 돌아가는(歸) 구름(雲) 바라보네(望).
바다가(海) 멀고 넓어(闊) 땅이(地) 없나(無) 의심했더니(疑)
산이(山) 밝으니(明) 반갑게도(喜) 마을이(村) 있네(有).

4. 漢浦弄月(한포농월)
― 牧隱 李 穡(목은 이 색) ― 그림 4

日落沙逾白 雲移水更淸 高人弄明月 只欠紫鸞笙
일락사유백 운이수갱청 고인농명월 지흠자란생

해 지면 더욱 하얀 모래
구름 걷히니 새롭게 맑아지는 물.
시인은 이 밤 달과 노니는데
다만 피리소리 없구나.

■ 直 譯

해가(日) 지니(落) 모래(沙) 더욱(逾) 희고(白)
구름(雲) 옮아가니(移) 물(水) 다시(更) 맑아라(淸).
시인은(高人) 밝은(明) 달(月) 희롱하나니(弄)
다만(只) 자란생(紫鸞笙) 모자람이라(欠).

☞ 낱말풀이 •弄月 : 달구경을 함. •高人 : 풍류객. •紫鸞笙 : 악기 이름.

5. 春(춘)
― 圃隱 鄭夢周(포은 정몽주) ― 그림 5

春雨細不滴 夜中微有聲 雪盡南溪漲 多少草芽生
춘우세부적 야중미유성 설진남계창 다소초아생

봄비 가늘어 방울지지 않아
밤들어도 소리 없는 비.
눈 녹아 시냇물 불어나니
새싹 제법 돋아났겠네.

■ 直 譯

봄(春) 비(雨) 가늘어(細) 방울지지(滴) 아니하니(不)
밤(夜) 중에(中) 소리(聲) 있지(有) 아니하네(微).
눈이(雪) 다 녹으니(盡) 남쪽(南) 시내(溪) 불어나(漲)
어느 정도(多少) 풀(草) 싹이(芽) 자라났겠네(生).

☞ 낱말풀이 •雪盡 : 눈이 녹아 사라짐. •多少 : 조금. 약간. 어느 정도.

閒居
盥手清泉冷。臨身茂樹高。冠童來問字。聊可與逍遙。

詠柳
舍煙偏裊裊。帶雨更依依。無限江南樹。東風特地吹。

述懷十二首
結茅仍補屋。種竹故爲籬。多少山中味。年年獨自知。

次子劂夜坐韻
閉門一室清。鳥几靜橫經。纖月入林影。孤燈終夜明。

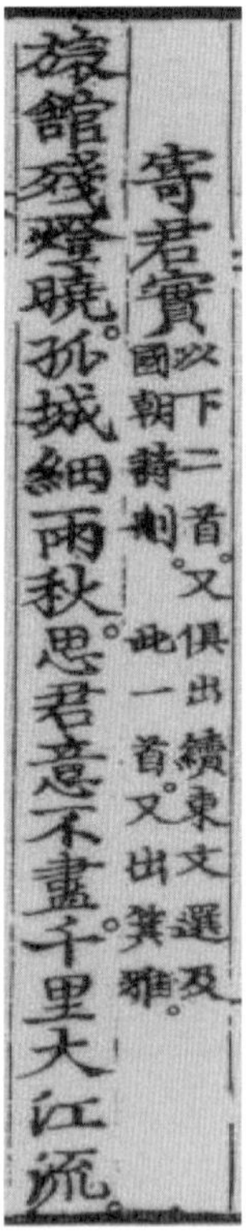

寄君實
旅館殘燈曉。孤城細雨秋。思君意不盡。千里大江流。
以下二首俱出續東文選及國朝詩刪。此一首又出箕雅。

그림 6   그림 7   그림 8   그림 9   그림 10

6. 閑居(한거)
― 冶隱 吉 再(야은 길 재) ― 그림 6

盥水淸泉冷 臨身茂樹高 冠童來問字 聊可與逍遙
관수청천냉 임신무수고 관동래문자 요가여소요

손 씻는 샘물 얼음처럼 차고
마주 대한 나무 높기도 하니.
와서 글 배우는 사람과
애오라지 함께 노닐 수 있네.

▌直 譯

물로(水) 씻으니(盥) 맑은(淸) 샘(泉) 차갑고(冷)
몸을(身) 마주 대한(臨) 우거진(茂) 나무(樹) 높으니(高).
어른(冠) 아이(童) 와서(來) 글을(字) 물으매(問)
애오라지(聊) 더불어(與) 거닐고(逍) 노닐(遙) 수 있네(可).

☞ 낱말풀이 •盥水 : 대야 물. 손을 씻음. •冠童 : 글 배우러 오는 사람.
•聊 : 애오라지. 부족하나마 겨우.

7. 詠柳(영유)
― 三峰 鄭道傳(삼봉 정도전) ― 그림 7

含煙偏嫋嫋 帶雨更依依 無限江南樹 東風特地吹
함연편뇨뇨 대우갱의의 무한강남수 동풍특지취

연기를 머금고 간드러지더니
비 맞아 더욱 싱그럽고.
강남의 나무 하 많은데
유달리 부는 봄바람.

▌直 譯

연기를(煙) 머금고(含) 아첨하듯(偏) 간드러지고(裊) 하늘거리더니(裊).
비를(雨) 띠어(帶) 다시(更) 무성하고(依) 무성한 듯(依).
끝이(限) 없는(無) 강(江) 남쪽(南) 나무여(樹)
봄(東) 바람이(風) 유달리(特) 땅에(地) 부네(吹).

8. 述懷(술회)
　　　　　　　　　－ 泰齋 柳方善(태재 유방선) － 그림 8

結茅仍補屋　種竹故爲籬　多少山中味　年年獨自知
결모잉보옥　종죽고위리　다소산중미　년년독자지

띠를 엮어 집을 깁고
대를 심어 울을 삼고.
약간의 이 산중 맛
해마다 혼자서만 아느니.

▌直 譯

띠를(茅) 엮어(結) 곧(仍) 집을(屋) 깁고(補)
대를(竹) 심어(種) 일부러(故) 울타리를(籬) 삼고(爲).
약간의(多少) 산(山) 속(中) 이 맛(味)
해마다(年年) 홀로(獨) 스스로(自) 아네(知).

9. 次子剛夜坐韻(차자강야좌운)
― 春亭 卞季良(춘정 변계량) ― 그림 9

關門一室淸 烏几靜橫經 纖月入林影 孤燈終夜明
관문일실청 오궤정횡경 섬월입림영 고등종야명

문을 닫은 고요한 방
까만 책상에 놓인 경전.
초승달은 숲에 들어 그림자 지고
밤새껏 밝혀주는 외로운 등불.

▌直 譯

문을(門) 닫고 있는(關) 맑은(淸) 방(室) 하나(一)
까만(烏) 책상에는(几) 경전이(經) 고요하게(靜) 가로 놓였네(橫).
초승달은(纖月) 숲에(林) 들어와(入) 그림자지고(影)
외로운(孤) 등불은(燈) 밤을(夜) 마치도록(終) 밝네(明).

☞ 낱말풀이 •次韻 : 한시에서, 남이 지은 시의 운자(韻字)를 따서 시를 지음. 또는 그 방법. •韻字 : 시(詩)나 부(賦)의 구말(句末)에 붙이는 글자.

10. 寄君實(기군실)
― 月山大君 李 婷(월산대군 이 정) ― 그림 10

旅館殘燈曉 孤城細雨秋 思君意不盡 千里大江流
여관잔등효 고성세우추 사군의부진 천리대강류

가물가물 여관집 새벽 등불
추적추적 외로운 성에 가을비.
끝없는 그대 생각에
천리 긴 강만 흐르누나.

直 譯

나그네(旅) 집(館) 새벽(曉) 등불은(燈) 꺼지려는데(殘)
외로운(孤) 성에는(城) 가늘게(細) 가을(秋) 비 내리고(雨).
그대를(君) 생각하는(思) 마음은(意) 다함이(盡) 없는데(不)
천리(千里) 긴(大) 강만(江) 흐르누나(流).

제1장 五言絕句　19

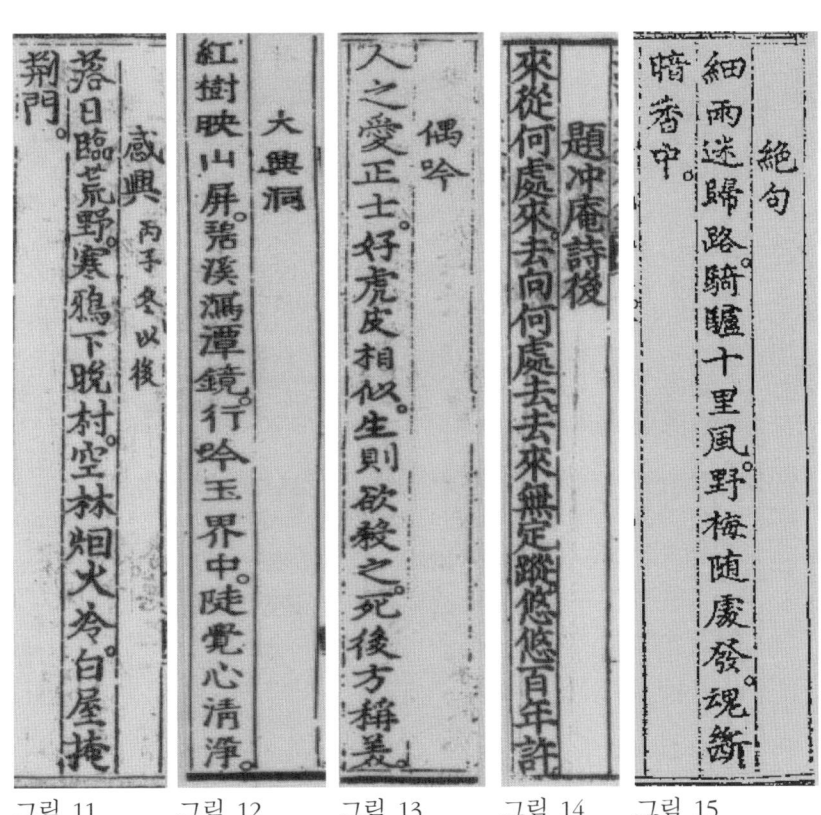

그림 11　　그림 12　　그림 13　　그림 14　　그림 15

11. 感興(감흥)

- 冲庵 金 淨(충암 김 정) - 그림 11

落日臨荒野 寒鴉下晚村 空林烟火冷 白屋掩荊門
낙일임황야 한아하만촌 공림연화냉 백옥엄형문

지는 해는 거친 들을 내려다보고
저녁마을에 모이는 겨울 까마귀.
빈숲엔 밥 짓는 차가운 연기
사립문을 닫는 초가집.

▍直 譯

지는(落) 해는(日) 거친(荒) 들을(野) 내려다보고(臨)
겨울(寒) 까마귀는(鴉) 저녁(晚) 마을로(村) 내려오네(下).
빈(空) 숲에(林) 연기(烟) 불은(火) 차가운데(冷)
가난한 초가집에서는(白屋) 가시나무(荊) 문을(門) 닫네(掩).

12. 大興洞(대흥동)

- 花潭 徐敬德(화담 서경덕) - 그림 12

紅樹映山屛 碧溪瀉潭鏡 行吟玉界中 陡覺心淸淨
홍수영산병 벽계사담경 행음옥계중 두각심청정

산 병풍을 비추는 붉은 단풍
연못에 쏟아지는 파란 시내.
옥 같은 세계 거닐며 읊조리니
문득 마음이 맑아지네.

▌直 譯

붉은(紅) 나무는(樹) 산(山) 병풍을(屛) 비추고(映)
파란(碧) 시내는(溪) 연못(潭) 거울로(鏡) 쏟아지네(瀉).
구슬(玉) 경계(界) 속을(中) 거닐며(行) 읊조리니(吟)
문득(陡) 마음이(心) 맑고(淸) 깨끗해짐을(淨) 깨닫네(覺).

13. 偶吟(우음)
　　　　　　　　　　— 南溟 曹　植(남명 조　식) — 그림 13

人之愛正士 好虎皮相似 生則欲殺之 死後方稱美
인지애정사 호호피상사 생즉욕살지 사후방칭미

올곧은 선비 사랑하기는
좋아하는 호랑이 가죽 같아.
살아서는 죽이려 하다가도
죽고 나면 바야흐로 칭찬하는 것.

▌直 譯

사람(人)이(之) 바른(正) 선비(士) 사랑하기는(愛)
호랑이의(虎) 가죽을(皮) 좋아하는 것과(好) 서로(相) 같네(似).
살아 있으면(生) 곧(則) 그를(之) 죽이려고(殺) 하다가(欲)
죽은(死) 뒤에는(後) 바야흐로(方) 아름답다고(美) 칭찬하네(稱).

14. 題冲庵詩後(제충암시후)
　　　　　　　　　　— 河西 金麟厚(하서 김인후) — 그림 14

來從何處來 去向何處去 去來無定蹤 悠悠百年許
내종하처래 거향하처거 거래무정종 유유백년허

오기는 어디서 오며
가기는 어디로 가는 가.
오고 감에 일정한 자취 없는 것
아득하여라 백년의 약속이여.

▎直 譯

오기는(來) 어느(何) 곳으로(處)부터(從) 오며(來)
가기는(去) 어느(何) 곳을(處) 향하여(向) 가는 가(去).
가고(去) 옴에(來) 일정한(定) 자취(蹤) 없는 것(無)
멀고도(悠) 아득하여라(悠) 백년의(百年) 약속이여(許).

15. 絶句(절구)

— 清蓮 李後白(청연 이후백) — 그림 15

細雨迷歸路 騎驢十里風 野梅隨處發 魂斷暗香中
세우미귀로 기려십리풍 야매수처발 혼단암향중

가랑비에 돌아갈 길 잃고
나귀 타고 헤치는 십리 바람.
곳마다 피어있는 들매화
그윽한 그 향기에 넋을 끊나니.

▎直 譯(직역)

가랑비에(細雨) 돌아갈(歸) 길(路) 헤매고(迷)
나귀를(驢) 타고(騎) 십리(十里) 바람이네(風).
들(野) 매화는(梅) 곳을(處) 따라(隨) 피어나고(發)
넋은(魂) 그윽한(暗) 향기(香) 속에서(中) 끊어지네(斷).

제1장 五言絕句 23

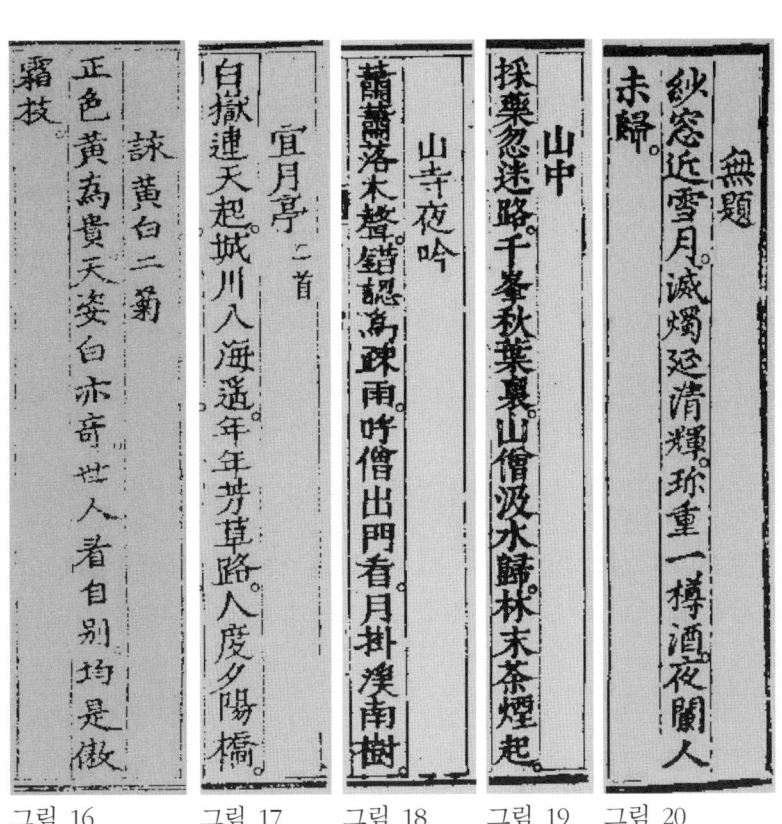

그림 16　그림 17　그림 18　그림 19　그림 20

16. 詠黃白二菊(영황백이국)
　　　－ 霽峰 苔軒 高敬命(제봉 태헌 고경명) － 그림 16

正色黃爲貴 天姿白亦奇 世人看自別 均是傲霜枝
정색황위귀 천자백역기 세인간자별 균시오상지

바른 빛이라 귀히 여기는 노랑
타고 난 모습은 흰색 또한 기특하지.
세상 사람이야 구별하여 보겠지만
고루 서리 업신여기는 가지.

▌直 譯

바른(正) 빛이라(色) 노랑을(黃) 귀함으로(貴) 삼지만(爲)
타고난(天) 모습은(姿) 흰 것도(白) 또한(亦) 기이하네(奇).
세상(世) 사람들은(人) 스스로(自) 나누어서(別) 보겠지만(看)
이는(是) 다같이(均) 서리를(霜) 업신여기는(傲) 가지라네(枝).

17. 宜月亭(의월정)
　　　－ 松江 鄭 澈(송강 정 철) － 그림 17

白嶽連天起 城川入海遙 年年芳草路 人度夕陽橋
백악연천기 성천입해요 연년방초로 인도석양교

하늘에 닿아 일어나는 백악
바다로 흘러드는 성천.
해마다 향기로운 풀 길 따라
석양의 다리 건너는 사람들.

■直 譯

　백악은(白嶽) 하늘에(天) 이어져(連) 일어나고(起)
　성의(城) 시내는(川) 멀리(遙) 바다로(海) 들어가네(入).
　해마다(年年) 향기로운(芳) 풀(草) 길을 따라(路)
　사람들은(人) 저녁(夕) 빛에(陽) 다리를(橋) 건너네(度).

18. 山寺夜吟(산사야음)
　　　　　　　　　- 松江 鄭　澈(송강 정　철) - 그림 18

蕭蕭落木聲　錯認爲疎雨　呼僧出門看　月掛溪南樹
소소낙목성　착인위소우　호승출문간　월괘계남수

　나뭇잎 떨어지는 소소한 소리에
　성긴 비인 줄 알고.
　스님 불러 나가 보라 했더니
　달이 시내 남쪽 나무에 걸렸다네.

■直 譯

　쓸쓸한(蕭蕭) 나뭇잎(木) 떨어지는(落) 소리에(聲)
　성긴(疎) 비 인줄(雨) 잘못(錯) 알게(認) 되어(爲).
　스님(僧) 불러(呼) 문을(門) 나가(出) 보라고 했더니(看)
　달이(月) 시내(溪) 남쪽(南) 나무에(樹) 걸렸다네(掛).

19. 山中(산중)
　　　　　　　　　- 栗谷 李　珥(율곡 이　이) - 그림 19

採藥忽迷路　千峯秋葉裏　山僧汲水歸　林末茶煙起
채약홀미로　천봉추엽리　산승급수귀　임말다연기

약을 캐다가 문득 잃어버린 길은
천 봉우리 가을 잎 속.
스님이 물 길어 돌아가니
수풀 끝에서 일어나는 차 연기.

│直 譯

약을(藥) 캐다가(採) 문득(忽) 길을(路) 잃었더니(迷)
일 천(千) 봉우리의(峯) 가을(秋) 잎(葉) 속이네(裏).
산(山) 스님이(僧) 물(水) 길어(汲) 돌아가니(歸)
숲(林) 끝에서(末) 차 달이는(茶) 연기(煙) 일어나네(起).

20. 無題(무제)

― 坡谷 李誠中(파곡 이성중) ― 그림 20

紗窓近雪月 滅燭延淸輝 珍重一樽酒 夜闌人未歸
사창근설월 멸촉연청휘 진중일준주 야란인미귀

눈 위의 달에 가까운 비단 창가
촛불만 가물가물 빛을 늘이고.
맛좋은 한 통의 술
밤이 깊어도 그 사람은 아니 오네.

│直 譯

비단 깁 드리운(紗) 창은(窓) 눈 위의(雪) 달에(月) 가깝고(近)
꺼져 가는(滅) 촛불은(燭) 맑은(淸) 빛을(輝) 길게 늘이네(延).
맛이 좋고도(珍) 소중한(重) 한(一) 통의(樽) 술(酒)
밤이(夜) 저물어도(闌) 그 사람(人) 돌아오지(歸) 아니하네(未).

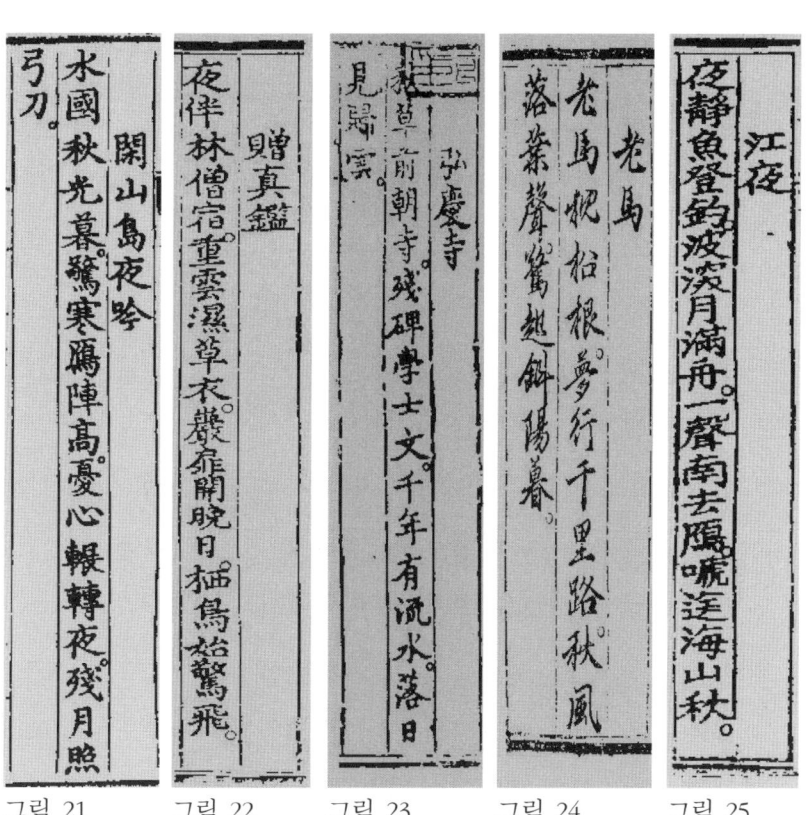

그림 21　　그림 22　　그림 23　　그림 24　　그림 25

21. 閑山島夜吟(한산도야음)
         - 汝諧 李舜臣(여해 이순신) - 그림 21

水國秋光暮 驚寒鴈陣高 憂心輾轉夜 殘月照弓刀
수국추광모 경한안진고 우심전전야 잔월조궁도

가을빛이 저무는 물나라
기러기 떼 추위에 놀라 높이 날고.
뒤척뒤척 나라 걱정하는 밤
새벽달만이 궁도를 비추고.

▌直 譯

가을(秋) 빛이(光) 저문(暮) 물의(水) 나라(國)
추위에(寒) 놀란(驚) 기러기(鴈) 떼(陣) 높고(高).
걱정하는(憂) 마음에(心) 뒤척이는(輾轉) 밤(夜)
남은(殘) 달만이(月) 활과(弓) 칼을(刀) 비추고(照).

22. 贈眞鑑(증진감)
         - 白湖 林 悌(백호 임 제) - 그림 22

夜伴林僧宿 重雲濕草衣 巖扉開晚日 栖鳥始驚飛
야반임승숙 중운습초의 암비개만일 서조시경비

스님도 잠든 이 한밤
옷자락을 적시는 무거운 구름.
황혼에 바위 사립을 여니
깃든 새 놀라 날고.

■直譯

밤에(夜) 숲(林) 스님과(僧) 짝하여(伴) 잠을 자니(宿)
무거운(重) 구름은(雲) 풀(草) 옷을(衣) 적시네(濕).
저문(晚) 해에(日) 바위(巖) 문짝을(扉) 열면(開)
깃든(栖) 새(鳥) 비로소(始) 놀라(驚) 날아가네(飛).

23. 弘慶寺(홍경사)
― 玉峰 白光勳(옥봉 백광훈) ― 그림 23

秋草前朝寺 殘碑學士文 千年有流水 落日見歸雲
추초전조사 잔비학사문 천년유류수 낙일견귀운

지난 조정의 절엔 가을 풀
남은 비에는 학사의 글.
천년동안 물만 흐르는데
지는 햇살에 돌아가는 구름만 보네.

■直譯

가을(秋) 풀은(草) 앞(前) 조정의(朝) 절이요(寺)
남아있는(殘) 비석에는(碑) 학문을 하는(學) 선비의(士) 글이네(文).
오랜(千) 세월(年) 물만(水) 흐르고(流) 있는데(有)
지는(落) 해에(日) 돌아가는(歸) 구름만(雲) 바라보네(見).

24. 老馬(노마)
― 楊浦 崔 澱(양포 최 전) ― 그림 24

老馬枕松根 夢行千里路 秋風落葉聲 驚起斜陽暮
노마침송근 몽행천리로 추풍낙엽성 경기사양모

솔뿌리 베고 누운 늙은 저 말
꿈속에 달리는 천리 길.
가을바람 낙엽 소리에
놀라 깨아니니 어느새 저무는 해.

■直 譯

늙은(老) 말이(馬) 소나무(松) 뿌리를(根) 베개하고(枕)
꿈에(夢) 천리의(千里) 길을(路) 가네(行).
가을(秋) 바람에(風) 떨어지는(落) 나뭇잎(葉) 소리에(聲)
놀라(驚) 일어나니(起) 볕은(陽) 기울어(斜) 저무네(暮).

25. 江夜(강야)

– 五山 車天輅(오산 차천로) – 그림 25

夜靜魚登釣 波潯月滿舟 一聲南去鴈 唳送海山秋
야정어등조 파심월만주 일성남거안 제송해산추

고요한 밤에 고기는 낚시로 오르고
물결은 깊고 달빛은 배에 가득.
강남으로 날아가는 기러기 한 소리
울어 보내는 바다 산의 가을이여.

■直 譯

밤은(夜) 고요한데(靜) 고기는(魚) 낚시에(釣) 오르고(登)
물결은(波) 깊고(潯) 달빛은(月) 배에(舟) 가득하네(滿).
한(一) 소리에(聲) 남쪽으로(南) 가는(去) 기러기(鴈)
바다(海) 산의(山) 가을을(秋) 울어(唳) 보내네(送).

제1장 五言絕句　31

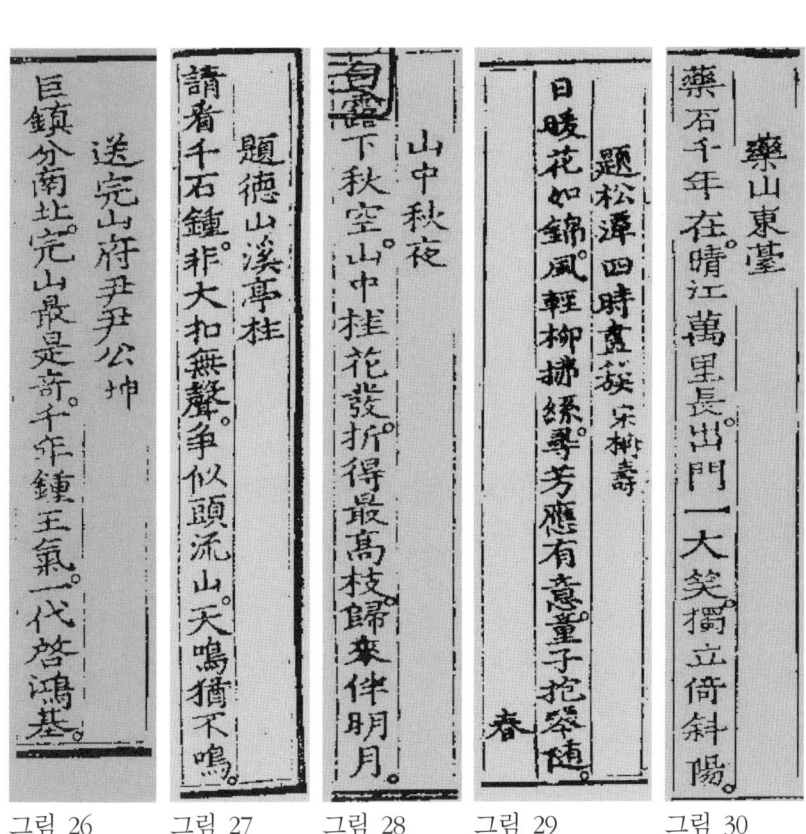

그림 26　　그림 27　　그림 28　　그림 29　　그림 30

26. 送完山府尹尹公坤(송완산부윤윤공곤)

- 陽村 權 近(양촌 권 근) - 그림 26

巨鎭分南北 完山最是奇 千年鍾王氣 一代啓鴻基
거진분남북 완산최시기 천년종왕기 일대계홍기

산성은 남북으로 나뉘는데
완산이 가장 빼어났네.
천 년 왕성한 기운 모아
왕궁의 터전 열었느니.

▎直 譯

큰 산성(巨鎭) 남(南) 북으로(北) 나뉘었느니(分)
완산은(完山) 가장(最) 여기에(是) 뛰어났네(奇).
천(千) 년(年) 왕성한(王) 기운(氣) 모아(鍾)
한(一) 시대(代) 큰(鴻) 터전(基) 열었네(啓).

☞ 낱말풀이 •巨鎭: 큰 산성(山城). •鴻基: 왕궁의 터.

27. 題德山溪亭柱(제덕산계정주)

- 南溟(명) 曺 植(남명 조 식) - 그림 27

請看千石鍾 非大扣無聲 爭似頭流山 天鳴猶不鳴
청간천석종 비대구무성 쟁사두류산 천명유불명

천 석이나 되는 큰 종
크게 쳐야 소리가 난다는데.
두류산과 다투듯
하늘이 쳐도 울리지 않네.

▎直 譯

천(千) 석이나 되는(石) 종을(鍾) 청하여(請) 바라보니(看)
크게(大) 두드리지(扣) 아니하면(非) 소리가(聲) 없다네(無).
두류산과(頭流山) 다투는 것(爭) 같아(似)
하늘이(天) 울리어도(鳴) 오히려(猶) 울지(鳴) 아니한다네(不).

☞ **낱말풀이** : •大扣 : 큰 종 채로 치다. •石 : 부피의 단위. 1石은 열 말. 1말은 약 18리터. 무게의 단위. 1石은 120斤. 1斤은 보통 600g.
•天鳴 : 하늘이 울리는 것.

28. 山中秋夜(산중추야)

— 村隱 劉希慶(촌은 유희경) — 그림 28

白露下秋空 山中桂花發 折得最高枝 歸來伴明月
백로하추공 산중계화발 절득최고지 귀래반명월

하얀 이슬 내리는 가을
산중에 계수나무 꽃 피고.
높은 가지 꺾어
밝은 달 짝하여 돌아오네.

▎直 譯

하얀(白) 이슬은(露) 가을(秋) 하늘에서(空) 내리고(下)
산(山) 속에선(中) 계수나무(桂) 꽃(花) 피어나네(發).
가장(最) 높은(高) 가지(枝) 꺾어(折) 들고(得)
밝은(明) 달(月) 짝하여(伴) 돌아(歸) 오네(來).

☞ **낱말풀이** : •折得 : 꺾어 들고. •伴明月 : 밝은 달을 짝하여.

29. 題松潭四時畫簇-春(제송담사시화족-춘)

- 西坰 柳 根(서경 유 근) - 그림 29

日暖花如錦 風輕柳拂絲 尋芳應有意 童子抱琴隨
일난화여금 풍경유불사 심방응유의 동자포금수

따스한 날씨에 꽃은 비단 같고
가벼운 바람에 버들가지 한들한들.
꽃을 찾는 뜻 응당 있을지니
아이야 거문고 안고 따르렴.

▮直 譯

날씨(日) 따뜻하니(暖) 꽃은(花) 비단(錦) 같고(如)
바람(風) 가벼우니(輕) 버들은(柳) 실처럼(絲) 떨리네(拂).
꽃을(芳) 찾음에(尋) 응당(應) 뜻이(意) 있을지니(有)
아이는(童子) 거문고(琴) 안고(抱) 따르네(隨).

☞ 낱말풀이 •柳拂絲 : 버들이 바람에 실같이 한들거림. •應有意 : 응당 생각이 있음.

30. 藥山東臺(약산동대)

- 草廬 李惟泰(초려 이유태) - 그림 30

藥石千年在 晴江萬里長 出門一大笑 獨立倚斜陽
약석천년재 청강만리장 출문일대소 독립의사양

약 바위 천 년 있고
맑은 강 멀리 길다.
문을 나와 한바탕 큰 웃음
홀로 서서 지는 해에 기댄다.

▌直 譯(직역)

약산의(藥) 바위(石) 천(千) 년을(年) 있고(在)
맑은(晴) 강(江) 만(萬) 리나(里) 기네(長).
문에서(門) 나와(出) 한번(一) 크게(大) 웃고(笑)
홀로(獨) 서서(立) 기우는(斜) 해에(陽) 의지하네(倚).

☞ 낱말풀이 •藥石 : 약산의 바위.

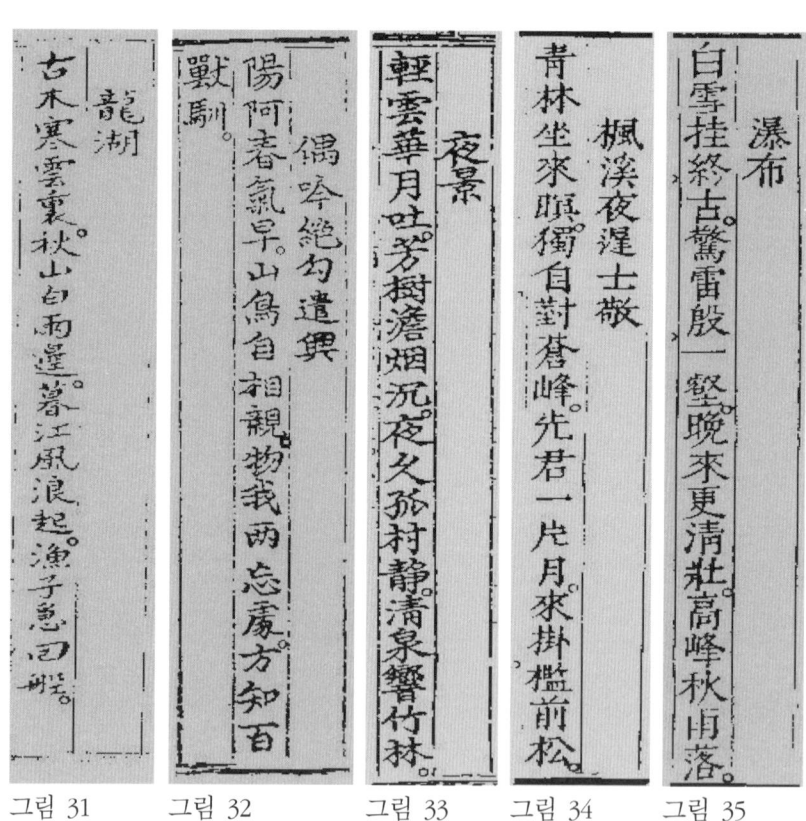

그림 31　　그림 32　　그림 33　　그림 34　　그림 35

31. 龍湖(용호)

- 龜石 金得臣(귀석 김득신) - 그림 31

古木寒雲裏 秋山白雨邊 暮江風浪起 漁子急回船
고목한운리 추산백우변 모강풍랑기 어자급회선

찬 구름 속에 늙은 나무
소나기 가엔 가을 산.
풍랑 일어나는 저녁 강에
서둘러 뱃머리 돌리는 어부여.

▌直譯

옛(古) 나무는(木) 차가운(寒) 구름(雲) 속이고(裏)
가을(秋) 산은(山) 소나기(白雨) 가장자리네(邊).
저무는(暮) 강엔(江) 바람(風) 물결(浪) 일고(起)
고기 잡는 이(漁子) 급히(急) 배를(船) 돌리네(回).

☞ 낱말풀이 •漁子 : 어부.

32. 偶吟絕句遣興(우음절구견흥)

- 眉叟 許 穆(미수 허 목) - 그림 32

陽阿春氣早 山鳥自相親 物我兩忘處 方知百獸馴
양아춘기조 산조자상친 물아양망처 방지백수순

봄기운 이른 따뜻한 언덕
산새들 서로 사랑.
자연과 나 깃들 곳 잊어
바야흐로 알겠거니 뭇 짐승 길들여짐을.

▌直 譯

따뜻한(陽) 언덕에(阿) 봄(春) 기운(氣) 이른데(早)
산(山) 새(鳥) 저절로(自) 서로(相) 사랑하네(親).
물건과(物) 나(我) 둘 다(兩) 거처(處) 잊으니(忘)
바야흐로(方) 모든(百) 짐승(獸) 길들여짐을(馴) 알겠네(知).

33. 夜景(야경)
－ 竹泉 金鎭圭(죽천 김진규) － 그림 33

輕雲華月吐 芳樹澹烟沉 夜久孤村靜 淸泉響竹林
경운화월토 방수담연침 야구고촌정 청천향죽림

달을 토해내는 가벼운 구름
꽃다운 나무는 맑은 연기에 잠기고.
밤이 깊어 고요한 외딴 마을
맑은 샘물이 대숲을 울리고.

▌直 譯

가벼운(輕) 구름은(雲) 아름다운(華) 달을(月) 토해내고(吐)
꽃다운(芳) 나무는(樹) 맑은(澹) 연기에(烟) 잠기네(沉).
밤이(夜) 오래되니(久) 외딴(孤) 마을은(村) 고요하고(靜)
맑은(淸) 샘물이(泉) 대(竹) 숲을(林) 울리네(響).

34. 楓溪夜遲士敬(풍계야지사경)
－ 老稼齋 金昌業(노가재 김창업) － 그림 34

靑林坐來暝 獨自對蒼峰 先君一片月 來掛檻前松
청림좌래명 독자대창봉 선군일편월 내괘함전송

어둠이 찾아온 푸른 숲에 앉아
나 홀로 마주한 푸른 산.
한 조각달이 그대보다 먼저
난간 앞 소나무에 걸렸네.

▌直 譯

푸른(靑) 숲에(林) 앉았으니(坐) 어둠이(暝) 와서(來)
홀로(獨) 몸소(自) 푸른(蒼) 봉우리만(峰) 마주하네(對).
그대에(君) 앞서(先) 한(一) 조각(片) 달이(月)
난간(檻) 앞(前) 소나무로(松) 와서(來) 걸렸네(掛).

35. 瀑布(폭포)

- 夢囈 南克寬(몽예 남극관) - 그림 35

白雪挂終古 驚雷殷一壑 晚來更淸壯 高峰秋雨落
백설괘종고 경뇌은일학 만래갱청장 고봉추우락

옛날부터 하얀 눈을 걸고
온 골짝을 놀라게 하는 천둥소리.
저녁이 되니 더욱 맑고 장해
높은 봉우리에서 떨어지는 가을비.

▌直 譯

하얀(白) 눈을(雪) 옛날(古)부터(從) 걸고(掛)
천둥소리(雷) 크게(殷) 한(一) 골짝을(壑) 놀라게 하네(驚).
저녁때에(晚) 이르러(來) 다시(更) 맑고(淸) 장해(壯)
높은(高) 봉우리에서(峰) 가을(秋) 비(雨) 떨어지네(落).

40 影印이 있는 韓國漢詩眞寶

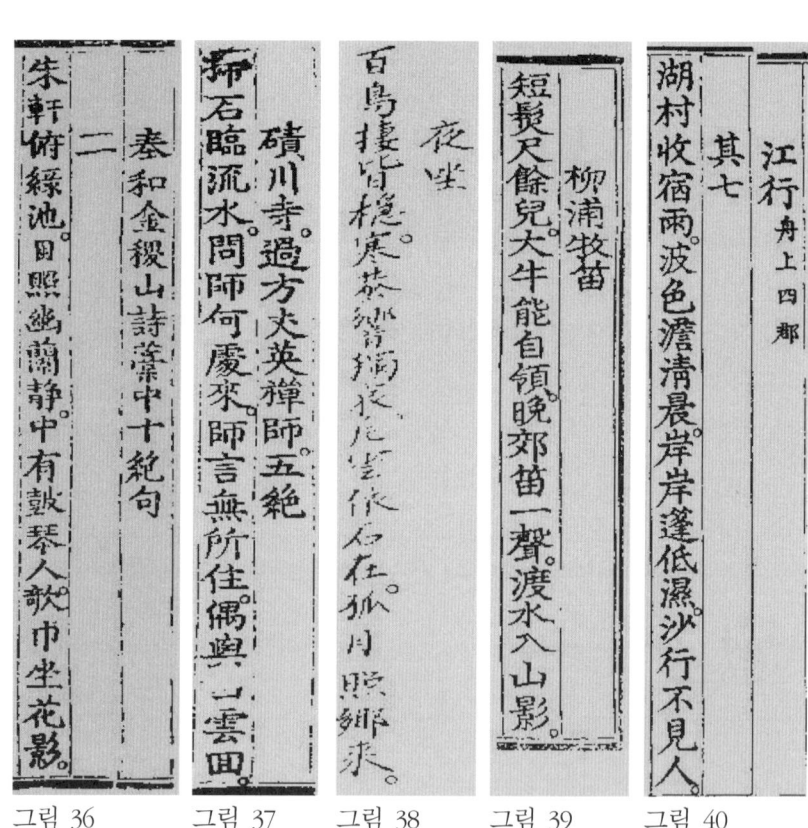

그림 36　　그림 37　　그림 38　　그림 39　　그림 40

36. 奉和金稷山詩藁中十絶句
　　(봉화김직산시고중십절구)

     - 靑泉 申維翰(청천 신유한) - 그림 36

朱軒俯綠池 日照幽蘭靜 中有鼓琴人 欹巾坐花影
주헌부록지 일조유란정 중유고금인 의건좌화영

푸른 못을 굽어보는 붉은 추녀에
해 비치니 고요한 난초.
그 가운데 거문고 타는 사람
기울어진 두건으로 꽃그늘에 앉았네.

■ 直 譯

붉은(朱) 추녀는(軒) 푸른(綠) 못으로(池) 구부리고(俯)
해는(日) 그윽한(幽) 난초를(蘭) 고요하게(靜) 비치네(照).
그 가운데에(中) 거문고(琴) 타는(鼓) 사람(人) 있으니(有)
기울어진(欹) 두건으로(巾) 꽃(花) 그늘에(影) 앉았네(坐).

37. 磧川寺過方丈英禪師(적천사과방장영선사)

     - 靑泉 申維翰(청천 신유한) - 그림 37

掃石臨流水 問師何處來 師言無所住 偶與白雲回
소석임류수 문사하처래 사언무소주 우여백운회

흐르는 물가에 돌을 쓸며
스님 어디서 오시느냐 물으니.
머무는 데 없이
흰 구름과 짝하여 다닌다네.

▌直 譯

돌을(石) 쓸고(掃) 흐르는(流) 물을(水) 내려다보며(臨)
스님에게(師) 묻기를(問) 어느(何) 곳에서(處) 오시느냐하니(來).
스님이(師) 말하기를(言) 머무는(住) 곳(所) 없이(無)
흰(白) 구름(雲) 함께(與) 짝하여(偶) 돌아온다네(回).

☞ 낱말풀이 •方丈 : 화상(和尙). 절에서 주지가 거처하는 방. 또는 그 주지(住持)를 일컫는 말.

38. 夜坐(야좌)

— 圓嶠 李匡師(원교 이광사) — 그림 38

百鳥棲皆穩 寒蛩響獨哀 片雲依石在 孤月照鄕來
백조서개온 한공향독애 편운의석재 고월조향래

새들은 모두 깃들어 평온한데
슬픈 귀뚜라미 소리.
조각구름은 돌에 의지해 있고
시골을 비춰 오는 외로운 달.

▌直 譯

온갖(百) 새들은(鳥) 깃들어(棲) 다(皆) 평온하고(穩)
쓸쓸한(寒) 귀뚜라미(蛩) 소리(響) 홀로(獨) 슬프네(哀).
조각(片) 구름은(雲) 돌에(石) 의지해(依) 있고(在)
외로운(孤) 달은(月) 시골을(鄕) 비춰(照) 오네(來).

39. 柳浦牧笛(유포목적)

　　　　　　　　　- 息山 李萬敷(식산 이만부) -그림 39

短髮尺餘兒 大牛能自領 晩郊笛一聲 渡水入山影
단발척여아 대우능자령 만교적일성 도수입산영

한 자 남짓 짧은 머리 아이
그 큰 소를 넉넉히 부리네.
저문 들에 피리 한 소리
시내 건너 산그늘로 들어가네.

▌直 譯

짧은(短) 머리털이(髮) 한 자(尺) 남짓한(餘) 아이(兒)
큰(大) 소를(牛) 능히(能) 몸소(自) 거느리네(領).
저문(晩) 들에(郊) 피리(笛) 한(一) 소리(聲)
물을(水) 건너(渡) 산(山) 그늘로(影) 들어가네(入).

40. 江行(강행)

　　　　　　　　　- 聖齋 李匡呂(성재 이광려) - 그림 40

湖村收宿雨 波色澹淸晨 岸岸篷低濕 沙行不見人
호촌수숙우 파색담청신 안안봉저습 사행불견인

오랜 비가 걷힌 호수 마을에
물결도 고요한 맑은 새벽.
언덕마다 배 안이 젖고
사람도 안 보이는 모래밭.

直 譯

호수(湖) 마을엔(村) 묵은(宿) 비가(雨) 걷히고(收)
물결(波) 빛은(色) 맑은(淸) 새벽에(晨) 맑네(澹).
언덕(岸) 언덕엔(岸) 배 안이(篷低) 젖고(濕)
모래를(沙) 거닐어도(行) 사람(人) 보이지(見) 아니하네(不).

그림 41

田家
婦坐搗稻頭翁傴掃牛圈庭堆田螺殼廚遺野蒜本

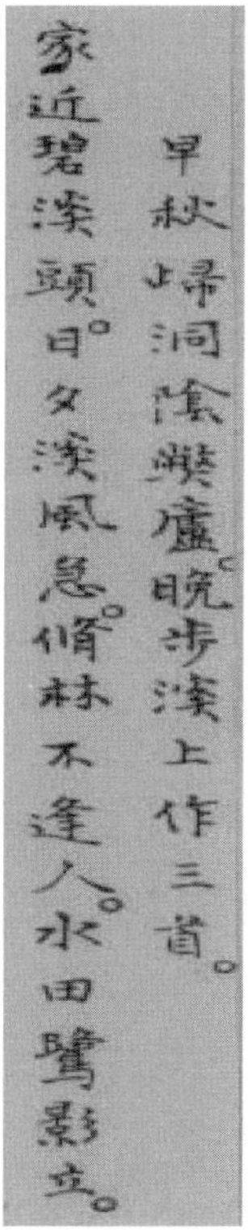

그림 42

早秋歸洞陰樊廬曉步溪上作三首
家近碧溪頭日夕溪風急俏林不逢人水田鷺影立

그림 43

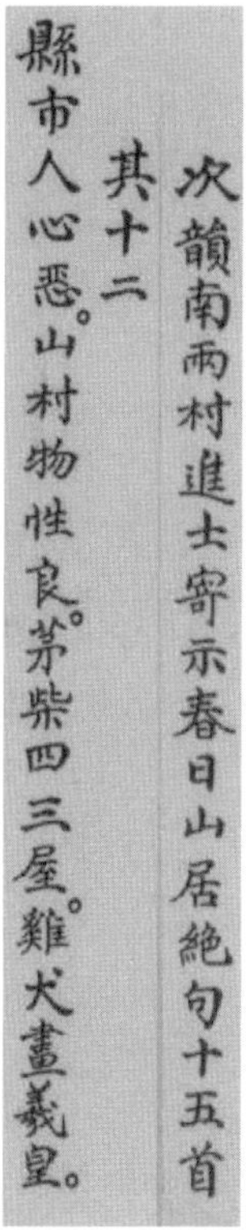

次韻南雨村進士寄示春日山居絶句十五首
其十二
縣市人心惡山村物性良茅柴四三屋雞犬畫羲皇

그림 44

石瓊樓雜絶二十首 並序
幅巾驢子背出郭上山樓山樓臨澗壑曉凉翻似秋

41. 田家(전가)
　　　　　　　　　　　　- 惠寰 李用休(혜환 이용휴) - 그림 41

婦坐搯兒頭 翁傴掃牛圈 庭堆田螺殼 廚遺野蒜本
부좌도아두 옹구소우권 정퇴전라각 주유야산본

앉아서 아이 머리 다독이는 아낙
구부리고 외양간 치는 늙은이.
뜰에는 우렁이 껍질 쌓여있고
부엌에는 마늘 줄기 흩어져있고.

▌直 譯

여자는(婦) 앉아서(坐) 아이(兒) 머리(頭) 두들기고(搯)
늙은이는(翁) 구부리고(傴) 소(牛) 우리(圈) 치네(掃).
뜰에는(庭) 논(田) 고동(螺) 껍질(殼) 쌓여있고(堆)
부엌에는(廚) 들(野) 마늘(蒜) 줄기(本) 놓여있네(遺).

42. 早秋歸洞陰弊廬晚步溪上作
　　(조추귀동음폐려만보계상작)
　　　　　　　　　- 薑山 素玩亭 李書九(강산 소완정 이서구) - 그림 42

家近碧溪頭 日夕溪風急 脩林不逢人 水田鷺影立
가근벽계두 일석계풍급 수림불봉인 수전로영립

집은 푸른 시내 머리
시내바람 선선한 해 저물녘.
큰 숲엔 만나는 사람 없고
논 가운데 서있는 해오라기 그림자.

■直 譯

집은(家) 푸른(碧) 시내(溪) 머리에(頭) 가깝고(近)
해가(日) 기우니(夕) 시내(溪) 바람(風) 급하네(急).
큰(脩) 숲엔(林) 사람(人) 만나지(逢) 아니하고(不).
물(水) 논엔(田) 해오라기(鷺) 그림자(影) 서있네(立).

43. 次韻南雨村進士寄示春日山居 (차운남우촌진사기시춘일산거)

— 紫霞 紅亭 申 緯(자하 홍정 신 위) — 그림 43

縣市人心惡 山村物性良 茅柴四三屋 雞犬畵羲皇
현시인심악 산촌물성량 모시사삼옥 계견화희황

인심조차 모진 도시
물건 성질까지 온순한 산촌.
띠와 잎나무로 된 서너 집이지만
닭 개들도 다 태평성대.

■直 譯

고을(縣) 저자는(市) 사람(人) 마음이(心) 모질고(惡)
산(山) 마을은(村) 물건(物) 성질도(性) 온순하네(良).
띠와(茅) 잎나무의(柴) 서너(三四) 집이지만(屋)
닭(鷄) 개도(犬) 복희(羲) 황제를(皇) 그리네(畵).

☞ 낱말풀이 •伏羲 : 중국 고대 전설상의 임금. 처음으로 백성에게 고기잡이·사냥목축 등을 가르치고 팔괘(八卦)를 만들었다고 함. 복희(伏犧). 포희(抱犧). •次韻 : 한시에서, 남이 지은 시의 운자(韻字)를 따서 시를 지음. 또는 그 방법. •韻字 : 시(詩)나 부(賻)의 구말(句末)에 붙이는 글자.

44. 石瓊樓雜絕(석경루잡절)

　　　　　－ 瓛齋 朴珪壽(환재 박규수) － 그림 44

幅巾驢子背 出郭上山樓 山樓臨澗壑 曉凉翻似秋
복건려자배 출곽상산루 산루임간학 효량번사추

두건 쓰고 당나귀 타고
성곽을 나서 오르는 산 망루.
산 망루에서 산골짜기 내려다보니
서늘한 새벽 기운이 도리어 가을 같네.

▮直 譯

한 폭의 천으로 된(幅) 두건으로(巾) 당나귀(驢子) 등을 타고(背)
성곽을(郭) 나서(出) 산의(山) 망루에(樓) 오르네(上).
산의(山) 망루가(樓) 산골 물이 흐르는(澗) 골짜기를(壑) 내려
다보고 있으니(臨)
새벽(曉) 서늘함은(凉) 도리어(翻) 가을(秋) 같네(似).

　　☞ 낱말풀이 •幅巾 : 한 폭의 천으로 만든 두건(頭巾)의 하나. 은사(隱士)가
　　　　　　썼음. 도복에 갖추어서 머리에 쓰던 건.

제2장 五言律詩(오언율시)

제 목 : 聞香 문향
규 격 : 43 × 56cm(2001년 작)
내 용 : 본서 〈그림 86〉 참조

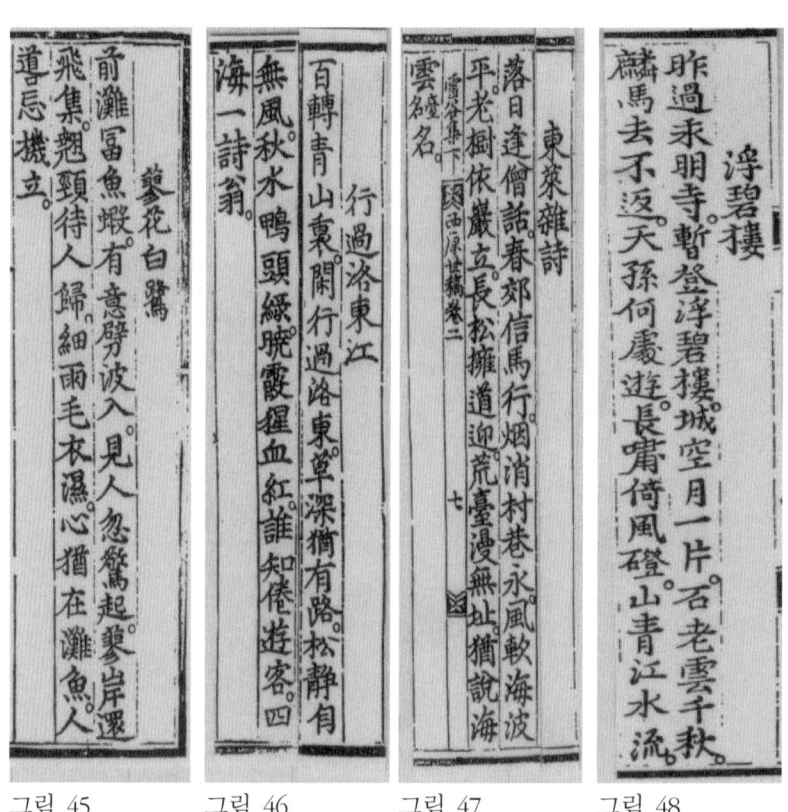

그림 45 　　　그림 46 　　　그림 47 　　　그림 48

1. 蓼花白鷺(요화백로)

　　　－ 白雲居士 李奎報(백운거사 이규보) － 그림 45

　　前灘富魚蝦　有意劈波入　見人忽驚起　蓼岸還飛集
　　翹頸待人歸　細雨毛衣濕　心猶在灘魚　人道忘機立
　　전탄부어하　유의벽파입　견인홀경기　요안환비집
　　교경대인귀　세우모의습　심유재탄어　인도망기립

　　물고기 많은 앞 여울에
　　생각이 있어 물결을 가르고 들어갔지.
　　사람을 보자 갑자기 놀라 일어나
　　날아서 다시 모인 여뀌 언덕.
　　목을 세우고 사람 가기 기다리느라
　　보슬비에 다 젖은 털옷.
　　마음은 아직 여울 고기에 있건만
　　세상을 잊고 서 있다고 말하는 사람들.

▎直 譯

　　앞(前) 여울에(灘) 고기(魚) 새우(蝦) 많아(富)
　　생각이(意) 있어(有) 물결을(波) 가르고(劈) 들어갔네(入).
　　사람을(人) 보자(見) 갑자기(忽) 놀라(驚) 일어나(起)
　　여뀌(蓼) 언덕에(岸) 다시(還) 날아(飛) 모이네(集).
　　목을(頸) 들고(翹) 사람(人) 돌아가기를(歸) 기다리느라(待)
　　가랑비에(細雨) 털(毛) 옷이(衣) 젖네(濕).
　　마음은(心) 오히려(猶) 여울(灘) 고기에(魚) 있건만(在)
　　사람들은(人) 때를(機) 잊고(忘) 서있다고(立) 말하네(道).

2. 行過洛東江(행과낙동강)

- 白雲居士 李奎報(백운거사 이규보) - 그림 46

百轉靑山裏 閑行過洛東 草深猶有路 松靜自無風
秋水鴨頭綠 曉霞猩血紅 誰知倦遊客 四海一詩翁
백전청산리 한행과낙동 초심유유로 송정자무풍
추수압두록 효하성혈홍 수지권유객 사해일시옹

푸른 산 굽이돌아
한가로이 낙동강을 지나네.
숲에는 아직도 이슬이 맺혀 있고
바람 없이 조용한 솔밭.
오리 노는 호수는 한껏 푸르고
새벽안개 햇빛 받아 피 빛이네.
그 누가 알리 이 나그네가
온 세상 떠도는 시인인 줄을.

▎直 譯

여러 번(百) 푸른(靑) 산(山) 속을(裏) 돌고 돌아(轉)
한가히(閑) 낙동강을(洛東) 지나(過) 가네(行).
풀이(草) 깊으나(深) 오히려(猶) 길이(路) 있고(有)
솔이(松) 고요하니(靜) 인하여(自) 바람도(風) 없네(無).
가을(秋) 물이라(水) 오리(鴨) 머리도(頭) 푸르고(綠)
새벽(曉) 안개는(霞) 성성이(猩) 피로(血) 붉네(紅).
누가(誰) 알리(知) 신선으로(倦) 노니는(游) 나그네(客)
천하에(四海) 한낱(一) 늙은(翁) 시인인 줄을(詩).

☞ 낱말풀이 •百轉 : 꼬불꼬불한 산 길. •鴨頭 : 오리가 고개를 내놓고 헤엄치는 모양. •猩血紅 : 원숭이의 피처럼 빨갛다. •曉霞 : 새벽안개. •倦游客 : 시인. 풍류객. •四海 : 온 세상.

3. 東萊雜詩(동래잡시)
— 雪谷 鄭 誧(설곡 정 포) — 그림 47

落日逢僧話 春郊信馬行 烟消村巷永 風軟海波平
老樹依巖立 長松擁道迎 荒臺漫無址 猶說海雲名
낙일봉승화 춘교신마행 연소촌항영 풍연해파평
노수의암립 장송옹도영 황대만무지 유설해운명

저문 날에 스님 만나 이야기하고
봄 들판을 말에 맡겨 가네.
연기 사라지자 마을 골목이 길고
바람이 부드러워 바다 물결 잠잠하네.
늙은 나무 바위를 기대섰고
큰 소나무 길을 끼고 맞이하네.
거친 누대는 멀어 터도 없는데
그래도 아직 해운대라 부네.

▎直 譯

해가(日) 지는데(落) 스님(僧) 만나(逢) 이야기하고(話)
봄(春) 들판을(郊) 말에(馬) 맡겨(信) 가네(行).
연기(烟) 사라지자(消) 마을(村) 거리가(巷) 길고(永)
바람이(風) 부드러우니(軟) 바다(海) 물결이(波) 평평하네(平).
늙은(老) 나무는(樹) 바위에(巖) 의지하여(依) 서있고(立)
긴(長) 소나무는(松) 길을(道) 끌어안고(擁) 맞이하네(迎).
거친(荒) 돈대는(臺) 멀고 아득하여(漫) 터도(址) 없지만(無)
지금도(猶) 해운대라(海雲) 이름 하여(名) 말하네(說).

4. 浮碧樓(부벽루)

— 牧隱 李 穡(목은 이 색) — 그림 48

昨過永明寺 暫登浮碧樓 城空月一片 石老雲千秋
麟馬去不返 天孫何處遊 長嘯倚風磴 山靑江水流
작과영명사 잠등부벽루 성공월일편 석노운천추
인마거불반 천손하처유 장소의풍등 산청강수류

엊그제 영명사를 지나
잠시 부벽루에 올랐지.
빈 성터에는 조각달
돌은 오래되어 천년 구름.
기린 말은 가서 돌아오지 않고
왕손은 어디에 노닐까.
휘파람으로 돌계단에 기대니
산은 푸른 빛 흐르는 강물.

▌直 譯

어제(昨) 영명사를(永明寺) 지나(過)
잠시(暫) 부벽루에(浮碧樓) 올라라(登).
성은(城) 비었는데(空) 달은(月) 한(一) 조각이요(片)
돌은(石) 오래되어(老) 천년(千) 세월에(秋) 구름 흘러라(雲).
기린 말(麟馬) 가고(去) 돌아오지(返) 않는데(不)
임금의(天) 자손은(孫) 어느(何) 곳에(處) 노니느뇨(遊).
길게(長) 휘파람불며(嘯) 바람 부는(風) 돌계단에(磴) 기대나니(依)
산은(山) 푸르고(靑) 강(江) 물(水) 흘러라(流).

☞ 낱말풀이 •一片 : 한 조각. •天孫 : 동명왕. •風磴 : 바람이 불어오는 돌계단.

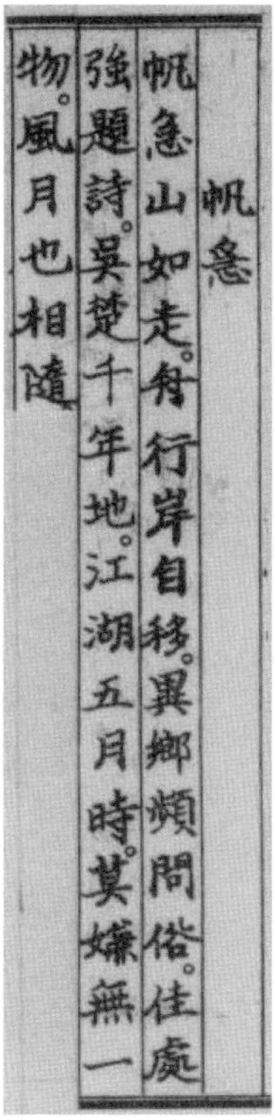

帆急

帆急山如走。舟行岸自移。異鄕頻問俗。佳處强題詩。吳楚千年地。江湖五月時。莫嫌無一物。風月也相隨

그림 49

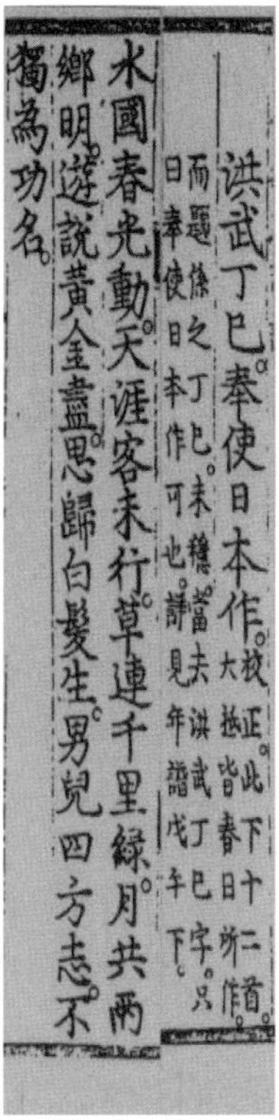

洪武丁巳奉使日本作。校正。此下十二首大抵皆春日所作。而題係之丁巳。未穩。當去洪武丁巳字。只曰奉使日本作可也。詩見年譜戊午下。

水國春光動。天涯客未行。草連千里綠。月共兩鄕明。遊說黃金盡。思歸白髮生。男兒四方志。不獨爲功名。

그림 50

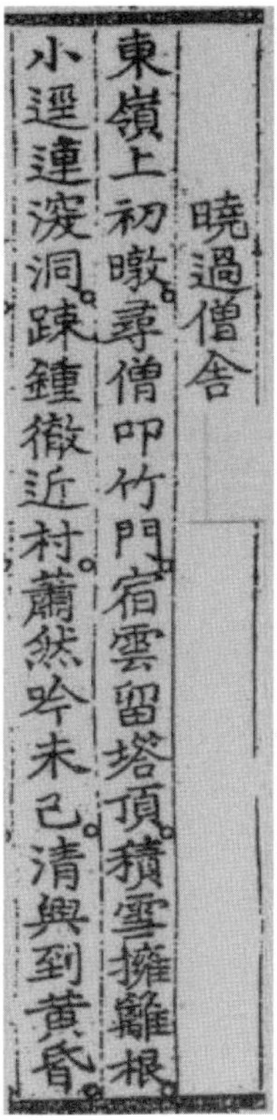

曉過僧舍

東嶺上初暾。尋僧叩竹門。宿雲留塔頂。積雪擁籬根。小逕連深洞。疏鍾徹近村。蕭然吟未已。清興到黃昏。

그림 51

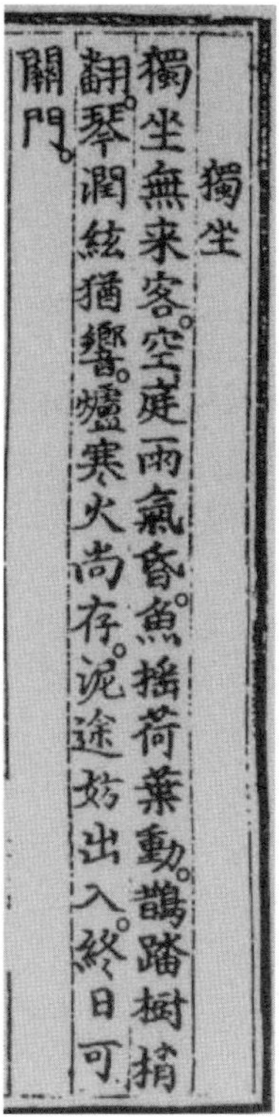

獨坐

獨坐無來客。空庭雨氣昏。魚搖荷葉動。鵲踏樹梢翻。琴潤絃猶響。爐寒火尚存。泥途妨出入。終日可關門。

그림 52

5. 帆急(범급)

　　　　　- 惕若齋 金九容(척약재 김구용) - 그림 49

　　帆急山如走　舟行岸自移　異鄕頻問俗　佳處强題詩
　　吳楚千年地　江湖五月時　莫嫌無一物　風月也相隨
　　범급산여주　주행안자이　이향빈문속　가처강제시
　　오초천년지　강호오월시　막혐무일물　풍월야상수

　　돛이 빠르니 산이 달리는 듯
　　배가 가니 언덕은 저절로 옮아가고.
　　타향이라 자주 묻는 풍속
　　절경이라 굳이 짓는 시.
　　오나라 초나라는 천년의 땅
　　강과 호수는 한창 오월.
　　물건 하나 없다고 서운해 말지니
　　바람과 달이 서로 따르는 것을.

▌直 譯

　　돛이(帆) 빠르니(急) 산이(山) 달리는 것(走) 같고(如)
　　배가(舟) 가니(行) 언덕은(岸) 저절로(自) 옮아가네(移).
　　다른(異) 마을이라(鄕) 자주(頻) 풍속을(俗) 묻고(問)
　　아름다운(佳) 곳에서는(處) 힘써(强) 시를(詩) 짓네(題).
　　오나라(吳) 초나라는(楚) 오랜(千) 세월의(年) 땅이고(地)
　　강과(江) 호수는(湖) 오월의(五月) 때이네(時).
　　물건(物) 하나(一) 없다고(無) 불평하지(嫌) 말 것이니(莫)
　　바람과(風) 달이(月) 서로(相) 따르지(隨) 아니한가(也).

6. 洪武丁巳奉使日本作(홍무정사봉사일본작)
　　　　- 圃隱 鄭夢周(포은 정몽주) - 그림 50

水國春光動　天涯客未行　草連千里綠　月共兩鄕明
遊說黃金盡　思歸白髮生　男兒四方志　不獨爲功名
수국춘광동　천애객미행　초연천리록　월공양향명
유세황금진　사귀백발생　남아사방지　부독위공명

섬나라에 봄빛 바뀌어도
돌아가지 못 하는 낯선 곳 나그네.
천리에 이어진 푸른 풀
두 나라를 모두 비치는 달.
유세하느라 돈은 다 떨어지고
돌아가고 파 생긴 백발.
사나이 큰 뜻은
단지 공명만은 아니리.

▌直 譯

물(水) 나라에(國) 봄(春) 빛이(光) 바뀌어도(動)
하늘(天) 끝(涯) 나그네(客) 가지(行) 못하네(未).
풀은(草) 천(千) 리에(里) 이어져(連) 푸르고(綠)
달은(月) 두(兩) 마을(鄕) 함께(共) 비추네(明).
다니며(遊) 달래느라(說) 누런(黃) 돈은(金) 다하고(盡)
돌아 갈 것(歸) 생각노라(思) 흰(白) 머리(髮) 생겼네(生).
사내(男) 아이(兒) 네(四) 방면의(方) 뜻은(志)
다만(獨) 공훈과(功) 명예만(名) 위함이(爲) 아니라네(不).

☞ 낱말풀이 •水國: 섬나라. 일본. •天涯: 하늘 가. •四方志: 큰 뜻. •遊說: 제후(諸侯)를 두루 찾아보고 자기의 정견(政見)을 헌책(獻策) 하고 권유함. 각지로 돌아다니며 자기 또는 소속 정당의 주장

을 선전하는 일. •功名 : 공훈과 명예. 공을 세워 이름이 널리 알려짐.

7. 曉過僧舍(효과승사)
― 泰齋 柳方善(태재 유방선) ― 그림 51

東嶺上初暾 尋僧叩竹門 宿雲留塔頂 積雪擁籬根
小逕連深洞 疎鍾徹近村 蕭然吟未已 淸興到黃昏
동령상초돈 심승고죽문 숙운유탑정 적설옹리근
소경연심동 소종철근촌 소연음미이 청흥도황혼

동쪽 산에 비로소 오른 아침 해
스님 찾아 대 사립문 두드리고.
밤을 지난 구름은 탑 꼭대기에 머물렀는데
울타리 밑을 안고 있는 쌓인 눈.
오솔길은 깊은 골짝에 이어지고
이웃 마을로 울리는 드문 종소리.
조용히 쉬지 않고 시를 읊으니
맑은 흥취는 황혼에 이르고.

▮直 譯

동쪽(東) 산봉우리에(嶺) 비로소(初) 아침 해가(暾) 오르니(上)
스님(僧) 찾아(尋) 대나무(竹) 문을(門) 두드리네(叩).
묵은(宿) 구름은(雲) 탑(塔) 꼭대기에(頂) 머무르고(留)
쌓인(積) 눈은(雪) 울타리(籬) 뿌리를(根) 끌어안았네(擁).
좁은 길은(小逕) 깊은(深) 골짝으로(洞) 이어지고(連)
성긴(疎) 종소리는(鍾) 이웃(近) 마을을(村) 뚫네(徹).
조용하고(蕭) 그러하게(然) 읊어(吟) 그치지(已) 아니하니(未)
맑은(淸) 흥취는(興) 해가 시고 어둑어둑 한 때(黃昏) 이르네(到).

8. 獨坐(독좌)

― 四佳 徐居正(사가 서거정) ― 그림 52

獨坐無來客 空庭雨氣昏 魚搖荷葉動 鵲踏樹梢翻
琴潤絃猶響 爐寒火尙存 泥途妨出入 終日可關門
독좌무래객 공정우기혼 어요하엽동 작답수초번
금윤현유향 노한화상존 니도방출입 종일가관문

홀로 앉았으니 찾는 이 없고
빈 뜰에는 어두운 비 기운.
연잎을 흔드는 고기
나뭇가지 밟아 뒤치는 까치.
거문고는 젖었지만 줄은 아직 울리고
화로는 차나 그대로 있는 불.
출입이 어려운 진흙길이라
종일 문 닫고 있을 수밖에.

■直 譯

홀로(獨) 앉았는데(坐) 오는(來) 손님(客) 없고(無).
텅 빈(空) 뜰에는(庭) 비(雨) 기운이(氣) 어둡네(昏).
고기는(魚) 연(荷) 잎을(葉) 흔들어(搖) 움직이고(動).
까치는(鵲) 나무(樹) 끝을(梢) 밟아(踏) 뒤치네(翻).
거문고는(琴) 젖었지만(潤) 줄은(絃) 오히려(猶) 울리고(響).
화로는(爐) 차갑지만(寒) 불은(火) 오히려(尙) 있네(存).
진흙(泥) 길이라(途) 들고(入) 나기에(出) 방해가 되어(妨).
해가(日) 다되도록(終) 가히(可) 문을(門) 닫았네(關).

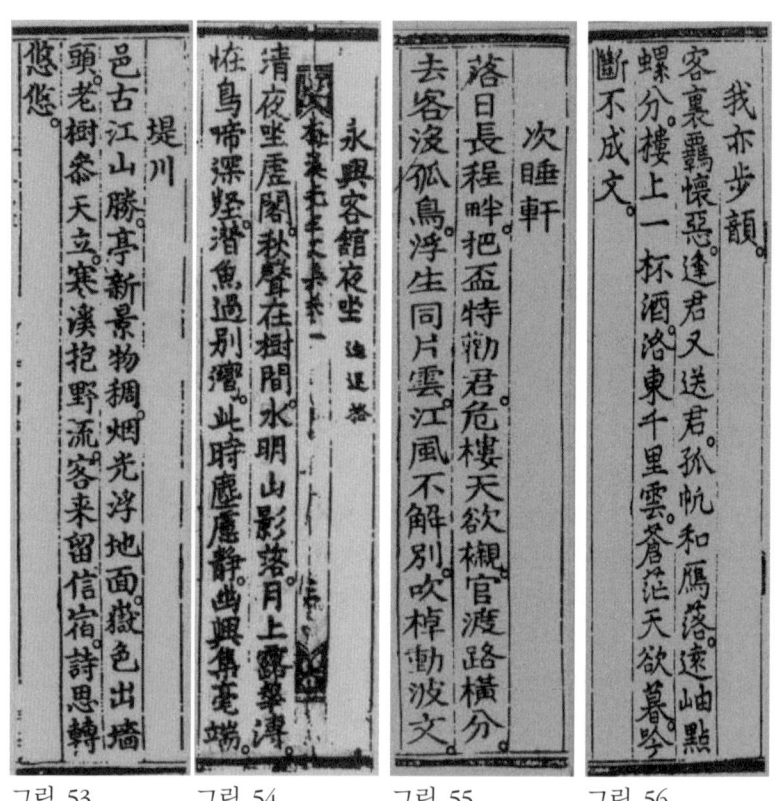

그림 53　　　그림 54　　　그림 55　　　그림 56

9. 堤川(제천)

– 四佳 徐居正(사가 서거정) – 그림 53

邑古江山勝 亭新景物稠 烟光浮地面 嶽色出墻頭
老樹參天立 寒溪抱野流 客來留信宿 詩思轉悠悠
읍고강산승 정신경물조 연광부지면 악색출장두
노수참천립 한계포야류 객래유신숙 시사전유유

읍은 물과 산이 아름다운 곳
새로 단장한 정자에 조화로운 경치.
연기는 땅에 떠 있고
산 빛은 담장 머리로 솟아오른데.
늙은 소나무는 하늘로 쭉쭉 뻗고
시냇물은 들을 안고 흐른다.
이틀을 나그네로 머무나니
아련히 떠오르는 시상이여.

▌直 譯

읍은(邑) 오래되어(古) 물과(江) 산이(山) 아름답고(勝)
정자는(亭) 만물의(物) 경치에(景) 조화되어(稠) 새롭네(新).
연기(烟) 빛은(光) 땅(地) 겉에(面) 떠 있고(浮)
산(嶽) 빛은(色) 담장(墻) 머리로(頭) 나왔네(出).
늙은(老) 나무(樹) 층나게(參) 하늘로(天) 서있고(立)
차가운(寒) 시내는(溪) 들을(野) 안고(抱) 흐르네(流).
나그네로(客) 와서(來) 이틀(信) 자며(宿) 머무나니(留)
시(詩) 생각(思) 한가롭고(悠) 한가로이(悠) 구르네(轉).

☞ 낱말풀이 •景物稠 : 경치가 조밀함. •參天立 : 하늘에 우뚝 솟아 있음.
•信宿 : 이틀을 묵음.

10. 永興客館夜坐(영흥객관야좌)

― 梅溪 曺 偉(매계 조 위) ― 그림 54

淸夜坐虛閣 秋聲在樹間 水明山影落 月上露華漙
怪鳥啼深壑 潛魚過別灣 此時塵慮靜 幽興集毫端
청야좌허각 추성재수간 수명산영락 월상로화단
괴조제심학 잠어과별만 차시진려정 유흥집호단

빈 누각에 앉은 맑은 이 밤
숲 속에서 가을 소리.
산 그림자 맑은 물에 떨어지고
달 오르니 이슬 꽃 둥글다.
깊은 골에선 괴상한 새 울고
잠기는 물고기 다른 만을 지나간다.
이런 때 세상 생각 끊어지고
그윽한 흥취 붓끝에 모인다.

▌直 譯

맑은(淸) 밤(夜) 빈(虛) 누각에(閣) 앉으니(坐)
가을(秋) 소리(聲) 나무(樹) 사이에(間) 있네(在).
물(水) 맑으니(明) 산(山) 그림자(影) 떨어지고(落)
달(月) 오르니(上) 이슬(露) 꽃(華) 둥그네(漙).
괴이한(怪) 새(鳥) 깊은(深) 골에서(壑) 울고(啼)
잠긴(潛) 물고기(魚) 다른(別) 물굽이를(灣) 지나가네(過).
이(此) 때에(時) 더럽혀진(塵) 생각(慮) 맑아지니(靜)
그윽한(幽) 흥취(興) 붓(毫) 끝에(端) 모아지네(集).

☞ 낱말풀이 •灣 : 물굽이. 육지로 쑥 들어온 바다의 부분. •毫端 : 붓끝. •
漙 : 이슬이 많다. 둥글다.

11. 次睡軒(차수헌)
― 濯纓 金馹孫(탁영 김일손) ― 그림 55

落日長程畔　把盃特勸君　危樓天欲襯　官渡路橫分
去客沒孤鳥　浮生同片雲　江風不解別　吹棹動波文
낙일장정반　파배특권군　위루천욕친　관도로횡분
거객몰고조　부생동편운　강풍불해별　취도동파문

해 떨어지는 기다란 길 가에서
그대에게 권하는 이별의 술.
높은 다락집은 하늘에 닿을 듯하고
벼슬길은 뒤엉키었네.
나그네는 외로운 새처럼 잠기고
떠도는 인생은 마치 조각구름.
강바람은 이별을 모르는 듯
노에 불어 물결무늬 일으키네.

■ 直 譯

해(日) 떨어지는(落) 먼(長) 길(程) 물가에서(畔).
술잔을(盃) 잡아(把) 특별히(特) 그대에게(君) 권하네(勸).
높다란(危) 다락집은(樓) 하늘에(天) 닿으려(襯) 하고(欲).
벼슬(官) 건너는(渡) 길은(路) 뒤엉키어(橫) 나누이네(分).
떠나가는(去) 나그네는(客) 외로운(孤) 새처럼(鳥) 잠기고(沒).
떠도는(浮) 인생은(生) 조각(片) 구름과(雲) 한가지네(同).
강(江) 바람은(風) 헤어짐을(別) 알지(解) 못하는 듯(不).
노에(棹) 불어(吹) 물결(波) 무늬(文) 움직이네(動).

☞ 낱말풀이 •睡軒 : 권오복(權五福)의 호. •次 : 뒤를 잇다. •襯 : 가까이하다. 닿을 듯하다.

12. 我亦步韻(아역보운)
— 睡軒 權五福(수헌 권오복) - 그림 56

客裏覊懷惡　逢君又送君　孤帆和鴈落　遠岫點螺分
樓上一杯酒　洛東千里雲　蒼茫天欲暮　吟斷不成文
객리기회악　봉군우송군　고범화안락　원수점라분
누상일배주　낙동천리운　창망천욕모　음단불성문

나그네 정이 모진 객지라
만났다가 또 보내는 그대.
기러기 모였다 흩어지는 외로운 돛
먼 산굴은 소라를 점찍은 듯.
이 다락에는 한 잔의 술
낙동강에는 천리의 구름.
흐리멍덩 저무는 해에
시는 끊어져 이루지 못하고.

▌直 譯

나그네(客) 나그네살이(覊) 속이라(裏) 정이(懷) 모질어(惡)
그대를(君) 만났다가(逢) 또(又) 그대를(君) 보내네(送).
외로운(孤) 돛단배엔(帆) 기러기(鴈) 모였다가(和) 흩어지고(落)
멀리(遠) 산굴은(岫) 소라로(螺) 점찍어(點) 나눈 것 같네(分).
다락(樓) 위엔(上) 한(一) 잔의(杯) 술이 있고(酒)
낙동강에는(洛東) 천리의(千里) 구름이네(雲).
푸르고(蒼) 흐리멍덩하게(茫) 하늘은(天) 저물고자(暮) 하고(欲)
시는(吟) 끊어져(斷) 문장을(文) 이루지(成) 못하네(不).

제2장 五言律詩

| 曉望 | 詠夕 | 溪亭 | 花石亭 八歲作 |

그림 57: 曉望星垂海樓高寒襲人乾坤身外大鼓角坐來頻遠峀看如霧喧禽覺已春宿醒應自解詩興謾相因

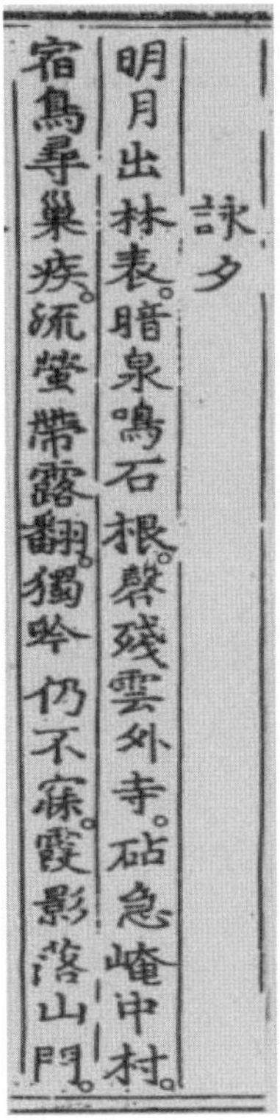

그림 58: 明月出林表暗泉鳴石根磬殘雲外寺砧急嶂中村宿鳥尋巢疾流螢帶露翻獨吟仍不寐霞影落山門

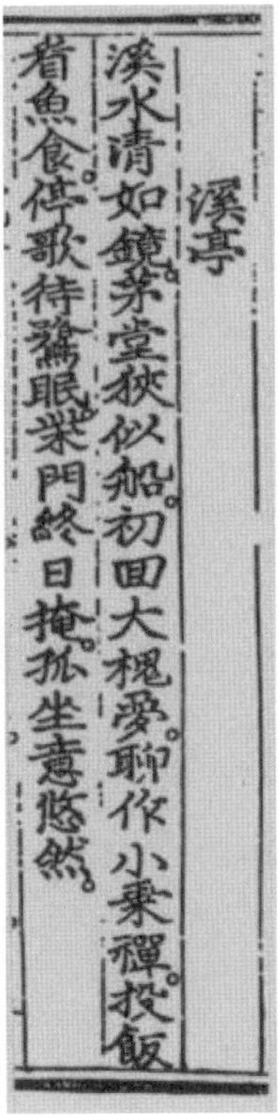

그림 59: 溪水淸如鏡茅堂狹似船初回大槐夢聊作小乘禪投飯看魚食伴歌待鶴眠柴門終日掩孤坐意悠然

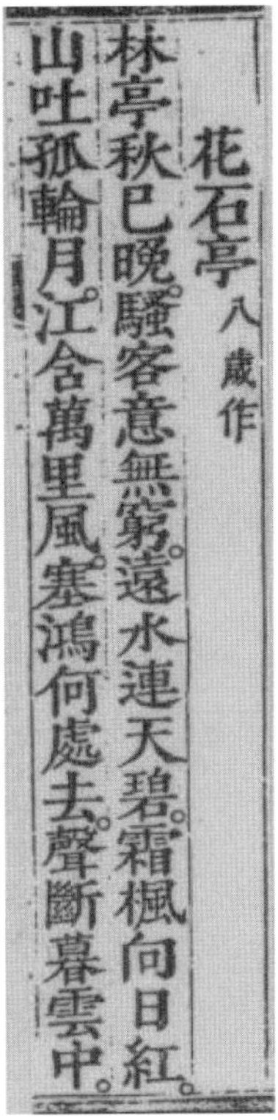

그림 60: 林亭秋已晩騷客意無窮遠水連天碧霜楓向日紅山吐孤輪月江含萬里風塞鴻何處去聲斷暮雲中

13. 曉望(효망)

- 挹翠軒 朴 誾(읍취헌 박 은) - 그림 57

曉望星垂海　樓高寒襲人　乾坤身外大　鼓角坐來頻
遠岫看如霧　喧禽覺已春　宿醒應自解　詩興謾相因
효망성수해　누고한습인　건곤신외대　고각좌래빈
원수간여무　훤금각이춘　숙정응자해　시흥만상인

별이 바다에 드리워진 새벽
높은 다락에 추위가 엄습하고.
몸밖에 큰 하늘과 땅
앉아 있어도 자주 들리는 북 피리 소리.
멀리 바라보면 안개와 같은 산굴
시끄러운 새소리 봄을 깨닫게 하고.
어젯밤 술은 풀어야 하나
부질없이 일어나는 시흥이여.

▌直 譯

새벽에(曉) 바라보니(望) 별은(星) 바다에(海) 드리웠고(垂)
다락이(樓) 높아(高) 추위가(寒) 사람을(人) 엄습하네(襲).
하늘과(乾) 땅은(坤) 몸(身) 밖에(外) 크고(大)
북과(鼓) 피리소리(角) 앉아서도(坐) 자주(頻) 오네(來).
먼(遠) 산굴은(岫) 바라보면(看) 안개와(霧) 같고(如)
시끄러운(喧) 새소리에(禽) 이미(已) 봄임을(春) 깨닫네(覺).
묵은(宿) 술 깨어야 함을(醒) 응당(應) 스스로(自) 알고 있지만(解)
시(詩) 흥은(興) 부질없이(謾) 서로(相) 겹치네(因).

14. 詠夕(영석)

— 象村 申 欽(상촌 신 흠) — 그림 58

明月出林表 暗泉鳴石根 磬殘雲外寺 砧急崦中村
宿鳥尋巢疾 流螢帶露翻 獨吟仍不寐 霞影落山門
명월출림표 암천명석근 경잔운외사 침급엄중촌
숙조심소질 유형대로번 독음잉불매 하영락산문

숲 속 나무 끝에서 나오는 밝은 달빛
돌 뿌리 울리는 어두운 샘물.
경쇠소리 구름 밖 절에 남고
다듬이소리 산마을에 잦네.
보금자리 찾기에 바쁜 새들
이슬을 차고 나르는 반딧불.
혼자 읊조리느라 이내 잠 못 드나니
산문에 떨어지는 놀 그림자여.

▌直 譯

밝은(明) 달은(月) 숲(林) 나뭇가지 끝에서(表) 나오고(出)
보이지 않는(暗) 샘물은(泉) 돌(石) 뿌리(根) 울리네(鳴).
경쇠소리는(磬) 구름(雲) 밖(外) 절에(寺) 남고(殘)
다듬이 소리는(砧) 산(崦) 속(中) 마을에(村) 급하네(急).
잠잘(宿) 새는(鳥) 보금자리(巢) 찾기에(尋) 바쁘고(疾)
흐르는(流) 반딧불은(螢) 이슬을(露) 차고(帶) 나르네(翻).
홀로(獨) 읊조리느라(吟) 곧(仍) 잠들지(寐) 못 하느니(不)
놀(霞) 그림자가(影) 산의(山) 문에(門) 떨어지네(落).

15. 溪亭(계정)

- 愚伏 鄭經世(우복 정경세) - 그림 59

溪水淸如鏡　茅堂狹似船　初回大槐夢　聊作小乘禪
投飯看魚食　停歌待鷺眠　柴門終日掩　孤坐意悠然
계수청여경　모당협사선　초회대괴몽　요작소승선
투반간어식　정가대로면　시문종일엄　고좌의유연

거울처럼 맑은 시냇물
배처럼 좁은 띠 집.
처음 대괴의 꿈에서 깨어나
애오라지 닦는 소승의 선정.
밥을 던져 고기들이 먹는 것보고
노래 멈추고 해오라기 잠들기 기다리고.
사립문 닫고 진종일
외로이 앉아 있으니 한가한 마음.

▌直 譯

시내(溪) 물은(水) 거울(鏡) 같이(如) 맑고(淸)
띠(茅) 집은(堂) 배와(船) 같이(似) 좁네(狹).
처음(初) 헛된 꿈에서(大槐夢) 돌아와(回)
애오라지(聊) 소승의(小乘) 참선을(禪) 하네(作).
밥을(飯) 던져(投) 고기가(魚) 먹는 것(食) 보고(看)
노래(歌) 멈추고(停) 해오라기(鷺) 잠들기를(眠) 기다리네(待).
사립(柴) 문을(門) 하루(日) 마치도록(終) 닫고서(掩)
홀로(孤) 앉았어도(坐) 마음은(意) 한가롭네(悠然).

☞ 낱말풀이　•大槐夢 : 남가일몽(南柯一夢). 즉 한 때의 헛된 꿈. •小乘 :
　　　　　　[불교] 지식과 이론에 의해서가 아니라 수행을 통한 개인의
　　　　　　해탈을 가르치는 교법.

16. 花石亭(화석정)

- 栗谷 李 珥(율곡 이 이) - 그림 60

林亭秋已晚 騷客意無窮 遠水連天碧 霜楓向日紅
山吐孤輪月 江含萬里風 塞鴻何處去 聲斷暮雲中
임정추이만 소객의무궁 원수연천벽 상풍향일홍
산토고륜월 강함만리풍 새홍하처거 성단모운중

숲에는 가을 저물어
끝없는 시인의 마음.
물빛은 하늘에 닿아 푸르고
햇빛 따라 불타는 서리 단풍.
산은 둥근 달 토해내고
강은 만리의 바람 머금었구나.
기러기는 어디로 가는 가
저무는 구름으로 사라지는 소리.

▌直 譯

숲(林) 정자엔(亭) 가을이(秋) 벌써(已) 저무니(晚)
시인의(騷客) 생각은(意) 다함이(窮) 없네(無).
먼(遠) 물은(水) 하늘에(天) 이어져(連) 푸르고(碧)
서리(霜) 단풍은(楓) 해를(日) 향해(向) 붉네(紅).
산은(山) 홀로(孤) 둥근(輪) 달을(月) 토해내고(吐)
강은(江) 만(萬) 리의(里) 바람을(風) 삼키네(含).
변방의(塞) 기러기(鴻) 어느(何) 곳으로(處) 가는고(去)
소리가(聲) 저무는(暮) 구름(雲) 속으로(中) 없어지네(斷).

☞ 낱말풀이 •騷客 : 시인. •塞鴻 : 북쪽에서 온 기러기.

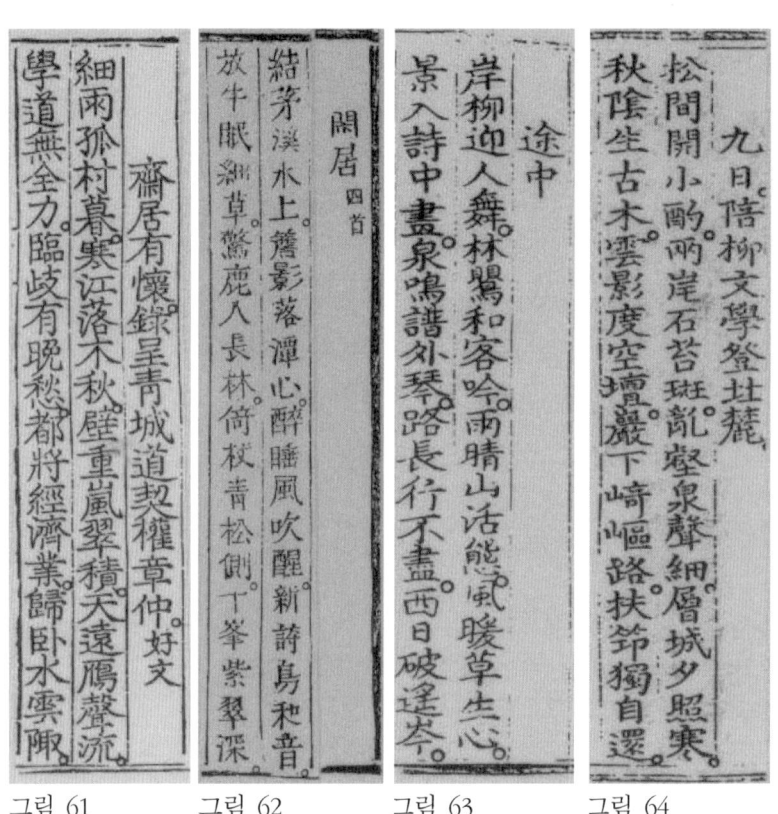

그림 61

그림 62

그림 63

그림 64

17. 齋居有懷錄呈靑城道契權章仲
  (재거유회록정청성도계권장중)

  － 西厓 柳成龍(서애 유성룡) － 그림 61

細雨孤村暮 寒江落木秋 壁重嵐翠積 天遠鴈聲流
學道無全力 臨岐有晚愁 都將經濟業 歸臥水雲陬
세우고촌모 한강락목추 벽중람취적 천원안성류
학도무전력 임기유만수 도장경제업 귀와수운추

이슬비에 외로운 마을 저물고
차가운 강물에 나뭇잎 떨어지는 가을.
벽에는 파란 이끼 쌓이고
하늘 멀리 흐르는 기러기 소리.
배움 길에 다하지 못한 힘
갈림길에선 때늦은 후회를.
한갓 큰 뜻을 품고서
산 좋고 물 좋은 이곳 산기슭으로 왔네.

■直 譯

가랑비에(細雨) 외로운(孤) 마을은(村) 저물고(暮)
차가운(寒) 강에(江) 떨어지는(落) 나무는(木) 가을이라네(秋).
벽에는(壁) 거듭(重) 산 기운이(嵐) 푸르게(翠) 쌓이고(積)
하늘(天) 멀리(遠) 기러기(鴈) 소리(聲) 흐르네(流).
배움의(學) 길에(道) 온전히(全) 힘씀(力) 없어(無)
갈림길에(岐) 임하여(臨) 때늦은(晚) 시름(愁) 있네(有).
크게(都) 경영하고(經) 다스리는(濟) 일(業) 해보려고(將)
돌아와(歸) 물과(水) 구름의(雲) 산기슭에(陬) 은거하네(臥).

☞ 낱말풀이 •臨岐 : 갈림길에 임함.

18. 閑居(한거)

— 希窩 玄德升(희와 현덕승) — 그림 62

結茅溪水上 簷影落潭心 醉睡風吹醒 新詩鳥和音
放牛眠細草 驚鹿入長林 倚杖靑松側 千峯紫翠深
결모계수상 첨영락담심 취수풍취성 신시조화음
방우면세초 경녹입장림 의장청송측 천봉자취심

시냇가에 지은 띠 집
못 속에 떨어진 처마 그림자.
취해 졸다가 바람에 깨니
새들은 새로운 시에 화답하고.
풀밭에 졸고 있는 소
숲으로 달아나는 놀란 사슴.
소나무 곁에 지팡이 기대니
봉우리마다 깊어지는 파란빛.

▌直 譯

시내(溪) 물(水) 곁에(上) 띠 집을(茅) 지었느니(結)
처마(簷) 그림자(影) 못(潭) 한가운데로(心) 떨어지네(落).
취하여(醉) 졸다가(睡) 바람(風) 불어(吹) 깨어나니(醒)
새로운(新) 시에(詩) 새 들이(鳥) 화합하여(和) 노래하네(音).
놓아기르는(放) 소(牛) 작은(細) 풀에서(草) 졸고(眠)
놀란(驚) 사슴(鹿) 긴(長) 숲으로(森) 들어가네(入).
푸른(靑) 솔(松) 곁에(側) 지팡이(杖) 기대니(倚)
일 천(千) 봉우리엔(峯) 자줏빛(紫) 비취색(翠) 깊어지네(深).

19. 途中(도중)

- 芝峯 李晬光(지봉 이수광) - 그림 63

岸柳迎人舞 林鶯和客吟 雨晴山活態 風暖草生心
景入詩中畵 泉鳴譜外琴 路長行不盡 西日破遙岑
안류영인무 임앵화객음 우청산활태 풍난초생심
경입시중화 천명보외금 노장행부진 서일파요잠

사람 맞아 춤추는 언덕 버들가지
손님 맞아 노래하는 숲 속 꾀꼬리.
비 개니 산은 생기 넘치고
따뜻한 봄바람에 돋아나는 풀.
경치는 시(詩) 속의 그림
시냇물 소리는 거문고 가락.
길이 멀어 가도 끝없는데
먼 산 붉게 태우는 저녁 놀.

▌直 譯

언덕의(岸) 버들은(柳) 사람을(人) 맞이하여(迎) 춤추고(舞)
숲의(林) 꾀꼬리는(鶯) 나그네에(客) 화합하여(和) 노래하네(吟).
비(雨) 개이니(晴) 산은(山) 활기찬(活) 모습이고(態)
바람(風) 따뜻하니(暖) 풀은(草) 새로운(生) 마음이네(心).
경치는(景) 시(詩) 속의(中) 그림으로(畵) 들고(入)
샘은(泉) 악보(譜) 밖의(外) 거문고를(琴) 울리네(鳴).
길이(路) 멀어(長) 가도(行) 다하지(盡) 아니하고(不)
서쪽(西) 해는(日) 먼(遙) 산봉우리를(岑) 깨뜨리네(破).

☞ 낱말풀이 •譜外琴 : 악보 밖의 거문고. •破遙岑 : 멀리 보이는 높고 낮은 산을 붉게 비추어 줌.

20. 九日陪柳文學登北麓(구일배유문학등북록)
- 村隱 劉希慶(촌은 유희경) - 그림 64

松間開小酌 兩岸石苔斑 亂壑泉聲細 層城夕照寒
秋陰生古木 雲影度空壇 巖下崎嶇路 扶筇獨自還
송간개소작 양안석태반 난학천성세 층성석조한
추음생고목 운영도공단 암하기구로 부공독자환

소나무 사이에서 술잔치
양쪽 언덕에는 이끼 아롱진 돌.
샘물소리도 조용한 어지러운 골짝에
저녁볕이 차가운 높은 성.
가을 그늘은 고목에서 생기고
빈 단을 지나가는 구름 그림자.
바위 밑 험준한 길을
지팡이 짚고 홀로 돌아오네.

▌直 譯

소나무(松) 사이에(間) 작은(小) 술잔치(酌) 열었고(開)
양쪽(兩) 언덕(岸) 돌엔(石) 이끼(苔) 아롱졌네(斑).
어지러운(亂) 골짜기엔(壑) 샘(泉) 소리(聲) 가늘고(細)
높은(層) 성엔(城) 저녁(夕) 빛이(照) 차갑네(寒).
가을(秋) 그늘은(陰) 오래된(古) 나무에서(木) 생기고(生)
구름(雲) 그림자는(影) 빈(空) 단을(壇) 넘네(度).
바위(巖) 아랜(下) 험하고(崎) 가파른(嶇) 길이라(路)
지팡이(筇) 붙들고(扶) 혼자서(獨) 스스로(自) 돌아가네(還).

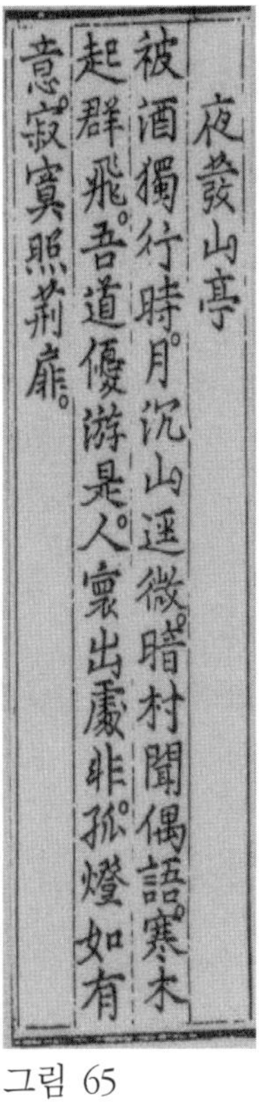

제2장 五言律詩

그림 65

夜發山亭
被酒獨行時 月沉山逈微
暗村聞偶語 寒木起群飛
吾道優游是 人寰出處非
孤燈如有意 寂寞照荊扉

그림 66

寄竹陰 趙公希逸
倒屣慇懃意 披襟更把杯
微明此夜月 欲落去年梅
軟語酬成詼 新詩老見才
丁寧後期在 山郭踏蒼苔

그림 67

蒼水院
歷盡千重險 停車一院深
山光仍晚照 海氣雜春陰
舞蝶起歸夢 懸旋似容心
聊偷簿書暇 倚枕發孤吟

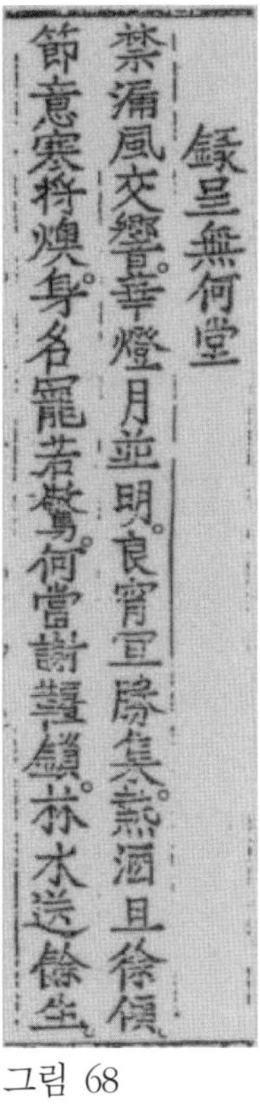

그림 68

錄呈無何堂
禁漏風交響 華燈月並明
良宵宣勝集 燕酒且徐傾
節意寒將燠 身名罷若鶩
何當謝鸞鷺 朴水送餘生

21. 夜發山亭(야발산정)

- 九畹 李春元(구원 이춘원) - 그림 65

被酒獨行時 月沉山逕微 暗村聞偶語 寒木起群飛
吾道優游是 人寰出處非 孤燈如有意 寂寞照荊扉
피주독행시 월침산경미 암촌문우어 한목기군비
오도우유시 인환출처비 고등여유의 적막조형비

술에 취해 혼자 갈 때
달은 넘어가 어렴풋한 산길.
어두운 마을에서 들리는 정겨운 소리
차가운 나무에 새떼는 날고.
나의 도는 넉넉히 한가로운 것
사람의 이 세상은 가는 곳마다 그르니.
외로운 등불도 무슨 뜻이 있는 듯
사립문만 쓸쓸히 비추고.

▌直 譯

술에 취하여(被酒) 홀로(獨) 가는(行) 때에(時)
달이(月) 잠기니(沉) 산(山) 길은(逕) 어렴풋하고(微).
어두운(暗) 마을에서(村) 마주 대하고(偶) 말하는 소리(語)
들리는데(聞)
차가운(寒) 나무에서(木) 무리로(群) 일어나(起) 나르고(飛).
나의(吾) 도는(道) 이렇게(是) 넉넉하게(優) 노니는 것(游)
사람의(人) 이 세상(寰) 가는(出) 곳마다(處) 그르고(非).
외로운(孤) 등불도(燈) 뜻이(意) 있는 것(有) 같아(如)
고요하고(寂) 쓸쓸히(寞) 가시나무(荊) 문짝을(扉) 비추네(照).

☞ 낱말풀이 •優遊 : 한가롭게 지내는 모양. 만족 해 하는 모양. 세정(世情)
이니 오(運)에 맡겨 따름.

22. 寄竹陰(기죽음)
― 東淮 申翊聖(동회 신익성) ― 그림 66

倒屣慇懃意 披襟更把杯 微明此夜月 欲落去年梅
軟語酣成謔 新詩老見才 丁寧後期在 山郭踏蒼苔
도사은근의 피금갱파배 미명차야월 욕락거년매
연어감성학 신시노견재 정영후기재 산곽답창태

신을 거꾸로 신은 은근한 그 뜻
다시 마음 터놓고 술잔을 드세.
이 밤 달은 어렴풋이 밝은데
떨어지려는 지난해 그 매화.
다정한 말씨는 한창 농지거리가 되고
늙을수록 재주를 보이는 시.
정녕 다시 만날 그 기약
저 산성에서 푸른 이끼를 밟기로 하세.

┃直 譯

신을(屣) 거꾸로 한(倒) 뜻이(意) 친절하고(慇) 정성스러워(懃)
마음을(襟) 열고(披) 다시(更) 술잔을(杯) 잡네(把).
이(此) 밤의(夜) 달빛은(月) 어렴풋이(微) 밝고(明)
지난(去) 해의(年) 그 매화(梅) 떨어지려(落) 하네(欲).
부드러운(軟) 말은(語) 즐거이(酣) 농담을(謔) 이루고(成)
새로운(新) 시는(詩) 늙을수록(老) 재주가(才) 보이네(見).
틀림없이(丁寧) 뒤를(後) 기약함이(期) 있으니(在)
산의(山) 밖 성에서(郭) 푸른(蒼) 이끼를(苔) 밟기로 하세(踏).

☞ 낱말풀이 •踏蒼苔 : 답청(踏靑)놀이. 봄에 파릇하게 난 풀을 밟으며 거니
는 일. 청명절(淸明節)에 교외(郊外)를 거닐면서 자연을 즐기
는 중국(中國)의 민속(民俗).

23. 蒼水院(창수원)

— 天坡 吳 䎘(천파 오 숙) — 그림 67

曆盡千重險 停車一院深 山光仍晚照 海氣雜春陰
舞蝶疑歸夢 懸旌似客心 聊偸簿書暇 倚枕發孤吟
역진천중험 정거일원심 산광잉만조 해기잡춘음
무접의귀몽 현정사객심 요투부서가 의침발고음

천 겹의 험한 길 다 지나
수레 멈추면 깊숙한 한 서재.
산 빛깔은 저녁 햇빛
바다 기운은 봄 그늘에 섞였고.
춤추는 나비는 고향으로 가는 꿈인가
달린 깃발은 나그네 마음.
애오라지 문서 뒤지는 틈을 타
베개 기대고 읊는 외로운 시.

▌直 譯

천(千) 겹의(重) 위태로운 길(險) 다(盡) 지나(歷)
수레(車) 멈추니(停) 한(一) 집이(院) 깊네(深).
산(山) 빛은(光) 인하여(仍) 저녁(晚) 햇빛이요(照)
바다(海) 기운은(氣) 봄(春) 그늘에(陰) 섞이었네(雜).
춤추는(舞) 나비는(蝶) 의심컨대(疑) 돌아가는(歸) 꿈인가(夢)
달려있는(懸) 깃발은(旌) 나그네(客) 마음과(心) 같네(似).
애오라지(聊) 장부와(簿) 서류를 보는(書) 겨를을(暇) 훔쳐(偸)
베개에(枕) 기대고(倚) 외로이(孤) 시를(吟) 펴네(發).

☞ 낱말풀이 •晚照 : 저녁때에 비추는 붉그레한 햇빛. •偸假 : 틈을 탐.

24. 錄呈無何堂(녹정무하당)
― 湖洲 蔡裕後(호주 채유후) ― 그림 68

禁漏風交響　華燈月並明　良宵宜勝集　熱酒且徐傾
節意寒將燠　身名寵若驚　何當謝韁鎖　林水送餘生
금루풍교향　화등월병명　양소의승집　열주차서경
절의한장욱　신명총약경　하당사강쇄　임수송여생

물시계는 바람에 울고
꽃 등불과 아울러 밝은 달빛.
좋은 밤에는 의당 훌륭한 모임이라
천천히 기울이는 뜨거운 술.
절개의 뜻은 추위도 더욱 빛나고
육신의 명예에는 은총도 놀라는 듯.
어떻게 하면 속박에서 벗어나
숲과 물에서 남은 생을 보낼꼬.

▌直 譯

대궐의(禁) 물시계(漏) 바람에(風) 섞이어(交) 울리고(響)
꽃(華) 등불과(燈) 달빛은(月) 아울러(並) 밝네(明).
좋은(良) 밤에는(宵) 의당(宜) 훌륭한(勝) 모임이니(集)
더운(熱) 술을(酒) 또한(且) 서서히(徐) 기울이네(傾).
절개의(節) 뜻은(意) 추위에도(寒) 오히려(將) 따뜻하고(燠)
육신의(身) 명예는(名) 고임에도(寵) 놀라는 것(驚) 같네(若).
어떻게 하면(何) 마땅히(當) 고삐와(韁) 쇠사슬을(鎖) 사양하고(謝)
숲과(林) 물에서(水) 남은(餘) 생을(生) 보낼꼬(送).

☞ 낱말풀이 •韁鎖(강쇄) : '고삐와 쇠사슬'의 뜻으로, '남의 속박을 받음'의 비유.

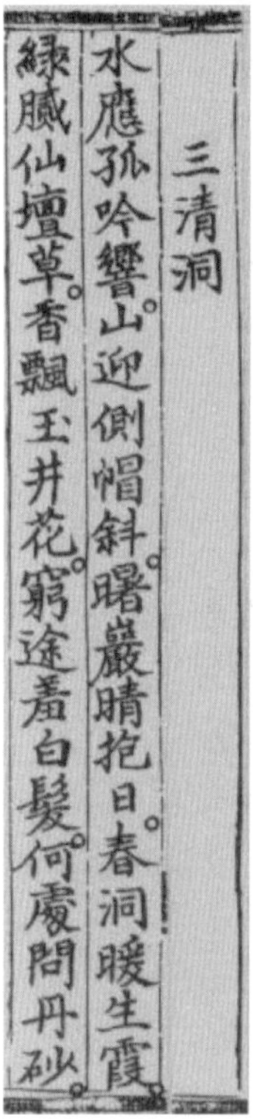

그림 69

三清洞

水應孤吟響山迎側帽斜曙巖晴抱日春洞暖生霞
綠臙仙壇草香飄玉井花窮途著白髮何屨問丹砂

그림 70

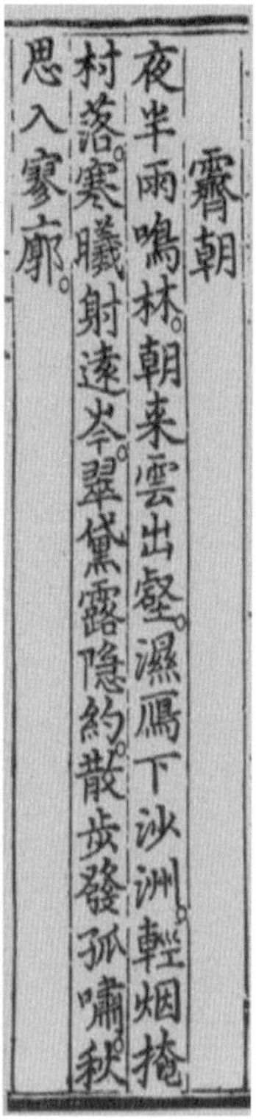

霽朝

夜半雨鳴林朝來雲出壑濕鴈下沙洲輕烟掩
村落寒曦射岑翠黛露隱約散莢發孤嘯秋
思入寥廓

그림 71

孤山遺摘 卷之一 二十八 詩

刺舟尋故園山色正黃昏宮壺詩釣雙仙樂動江村誰
知三日樂撚是九重恩終南長在眼還向上東門

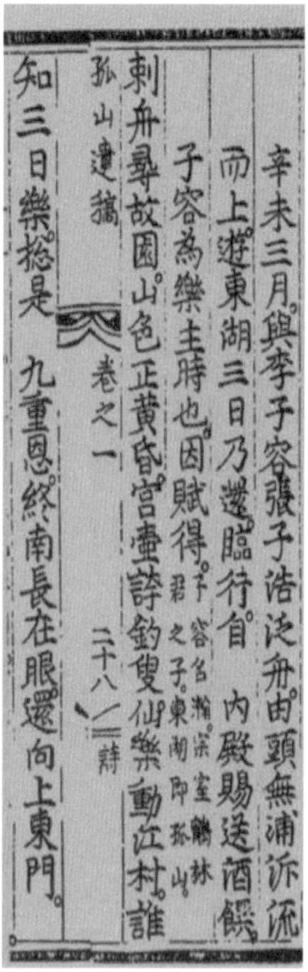

辛未三月與李子容張子浩泛舟由頭無浦訴沉
而上遊東湖三日乃遂臨行白 內殿賜送酒餞
子容為樂主時也因賦得 君之子東閣印孫山

그림 72

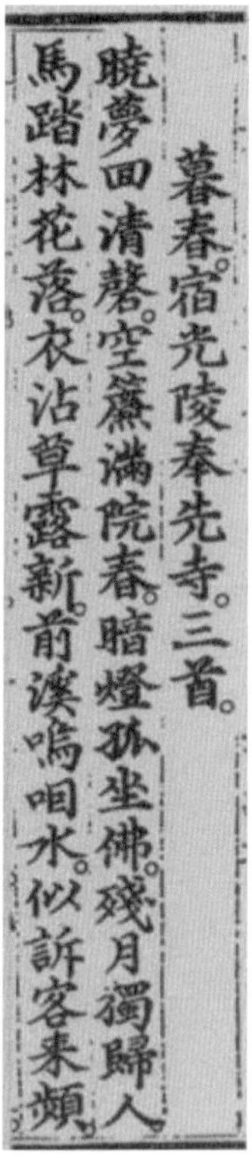

暮春宿光陵奉先寺三首

曉夢回清磬空簾滿院春暗燈孤坐佛殘月獨歸人
馬踏林花落衣沾草露新前溪嗚咽水似訴客來頻

25. 三淸洞(삼청동)
   － 墨軒 龜谷 崔奇男(묵헌 귀곡 최기남) － 그림 69

水應孤吟響 山迎側帽斜 曙巖晴抱日 春洞暖生霞
綠膩仙壇草 香飄玉井花 窮途羞白髮 何處問丹砂
수응고음향 산영측모사 서암청포일 춘동난생하
녹니선단초 향표옥정화 궁도수백발 하처문단사

외로이 읊으니 물이 대답하고
비스듬한 모자로 산이 맞이하네.
새벽 바위는 비 갠 해를 받고
따뜻한 놀 일어나는 봄 골짜기.
녹색 기름진 선단의 풀
향기 나부끼는 옥정(玉井)의 꽃.
늙음이 부끄러운 궁한 길
그 어디서 단사를 물어볼꼬.

▮直 譯

물은(水) 외로이(孤) 읊는(吟) 소리에(響) 대답하고(應)
산은(山) 곁으로(側) 비스듬한(斜) 모자로(帽) 맞이하네(迎).
새벽(曙) 바위(巖) 비 개이자(晴) 해를(日) 안고(抱)
봄(春) 골엔(洞) 따뜻한(暖) 놀이(霞) 일어나네(生).
푸름이(綠) 기름진 것은(膩) 신선단의(仙壇) 풀이요(草)
향기(香) 나부끼는 것은(飄) 구슬(玉) 샘의(井) 꽃이네(花).
궁한(窮) 길에(途) 흰(白) 머리칼이(髮) 부끄러우니(羞)
어느(何) 곳에서(處) 단사를(丹砂) 물어 볼꼬(問).

☞ **낱말풀이** •仙壇 : 신선에게 정성을 드리는 단(壇). •玉井 : 임금이 물을 마시는 우물. •窮途 : 가기 힘든 길. •丹砂 : 수은(水銀)과 유황(硫黃)의 화합물. 장생불사(長生不死) 한다는 약. 진사(辰砂) 라고도 함.

26. 霽朝(제조)
　　　　　－ 樂靜堂 趙錫胤(낙정당 조석윤) － 그림 70

　　　夜半雨鳴林　朝來雲出壑　濕鴈下沙洲　輕烟掩村落
　　　寒曦射遠岑　翠黛露隱約　散步發孤嘯　秋思入寥廓
　　　야반우명림　조래운출학　습안하사주　경연엄촌락
　　　한희사원잠　취대로은약　산보발고소　추사입요확

　　　밤중에 빗발이 숲을 울리더니
　　　구름은 골짝에서 아침 되어 나오고.
　　　모래톱에 내리는 젖은 기러기
　　　가벼운 연기로 가린 마을.
　　　먼 산에 비치는 차가운 햇빛에
　　　검푸른 산은 어렴풋 드러나고.
　　　산보하며 외로이 읊조리니
　　　고요함에 드는 가을 시름이여.

▌直 譯

　　밤(夜) 가운데(半) 비는(雨) 숲을(林) 울리고(鳴)
　　아침이(朝) 오니(來) 구름은(雲) 골짜기에서(壑) 나오네(出).
　　젖은(濕) 기러기는(鴈) 모래(沙) 섬에(洲) 내리고(下)
　　가벼운(輕) 연기는(烟) 시골(村) 마을을(落) 가리네(掩).
　　차가운(寒) 햇빛은(曦) 먼(遠) 봉우리를(岑) 쏘아 맞히고(射)
　　푸르고(翠) 검푸른 산 빛은(黛) 숨어(隱) 분명하지 아니하게(約) 드러내네(露).
　　한가롭게(散) 걸으며(步) 외로이(孤) 휘파람(嘯) 부니(發)
　　가을(秋) 생각은(思) 쓸쓸하고(寥) 휑뎅그렁한 데로(廓) 들어가네(入).

27. 自內殿賜送酒饌(자내전사송주찬)
   — 孤山 尹善道(고산 윤선도) — 그림 71

刺舟尋故園 山色正黃昏 宮壺誇釣叟 仙樂動江村
誰知三日樂 摠是九重恩 終南長在眼 還向上東門
자주심고원 산색정황혼 궁호과조수 선악동강촌
수지삼일락 총시구중은 종남장재안 환향상동문

배를 저어 고향 동산을 찾으니
산 빛은 바로 해질 무렵.
낚시꾼에 자랑하는 궁중 술병
강 마을에 진동하는 신선의 음악.
누가 알리 사흘의 즐거움이
그 모두 임금님의 은혜인 것을.
멀리 눈에 들어오는 남산
빨리 돌아가 그 동문에 오르리.

▮直 譯

배를(舟) 저어(刺) 옛(故) 동산을(園) 찾았더니(尋)
산(山) 빛은(色) 바로(正) 누렇게(黃) 해질 무렵이라(昏).
궁궐(宮) 술병을(壺) 낚시하는(釣) 늙은이에(叟) 자랑하니(誇)
신선(仙) 음악은(樂) 강(江) 마을을(村) 움직이네(動).
누가(誰) 알리(知) 삼일의(三日) 즐거움은(樂)
모두(摠) 이것이(是) 궁궐의(九重) 은혜임을(恩).
남쪽(南) 끝은(終) 멀리(長) 눈에(眼) 있나니(在)
돌아가(還) 동쪽(東) 문을(門) 향하여(向) 오르리(上).

☞ 낱말풀이 •內殿 : 대궐 안 깊숙이 있는 궁전. •宮壺 : 궁내(宮內)에서 사용하는 술병. •九重 : 궁중(宮中). 궁궐.

28. 暮春宿光陵奉先寺(모춘숙광릉봉선사)
- 靜觀齋 李端相(정관재 이단상) - 그림 72

曉夢回淸磬 空簾滿院春 暗燈孤坐佛 殘月獨歸人
馬踏林花落 衣沾草露新 前溪嗚咽水 似訴客來頻
효몽회청경 공렴만원춘 암등고좌불 잔월독귀인
마답임화락 의첨초로신 전계오열수 사소객래빈

경쇠소리에 깨어난 새벽 꿈
빈 주렴에 절 봄기운이 가득.
부처는 어둔 등불에 외로이 앉았는데
지는 달빛에 홀로 돌아오는 사람.
말은 숲 속의 떨어진 꽃을 밟고
옷은 풀 이슬에 젖는데.
앞 시내의 흐느끼는 물소리는
마치 손님 자주 오라 호소하는 듯.

▌直 譯

새벽(曉) 꿈은(夢) 맑은(淸) 경쇠소리에(磬) 돌아오고(回)
빈(空) 발에는(簾) 절의(院) 봄이(春) 가득하다(滿).
어둔(暗) 등불에(燈) 외로이(孤) 앉은(坐) 부처(佛)
지는(殘) 달빛에(月) 홀로(獨) 돌아오는(歸) 사람(人).
말은(馬) 숲의(林) 떨어진(落) 꽃을(花) 밟고(踏)
옷에는(衣) 새로운(新) 풀(草) 이슬을(露) 더한다(沾).
앞(前) 시내에(溪) 흐느껴(嗚) 목이 메는(咽) 물소리는(水)
나그네(客) 자주(頻) 오라고(來) 호소하는 것(訴) 같다(似).

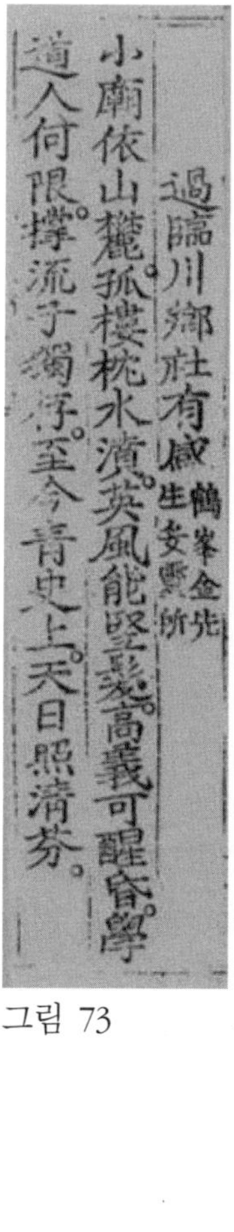

제2장 五言律詩

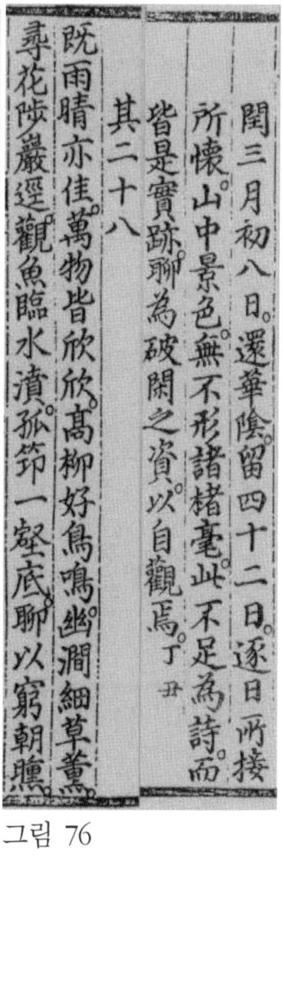

閏三月初八日還華陰留四十二日逐日兩接所懷山中景色無不形諸楮毫此不足爲詩而皆是實跡聊爲破閒之資以自觀焉丁丑

其二十八

既雨晴亦佳萬物皆欣欣高柳好鳥鳴幽澗細草薰尋花陟巖逕觀魚臨水濱孤節一繁底聊以窮朝曛

大興洞

天關名區秘人從勝日來有流皆作瀑無石不成臺木落寒聲早峯高暮色催却愁山雨至領略暫徘徊

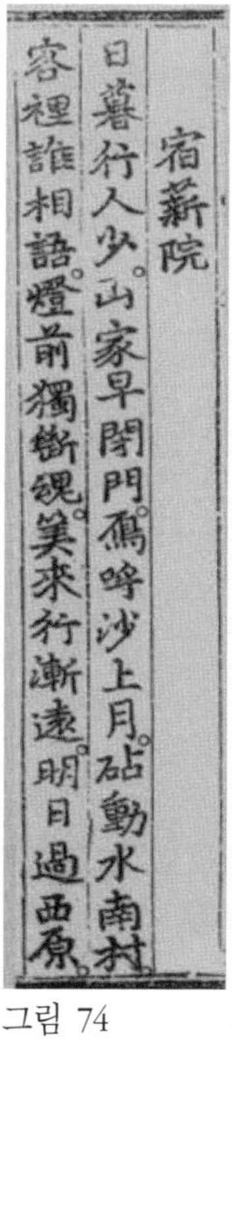

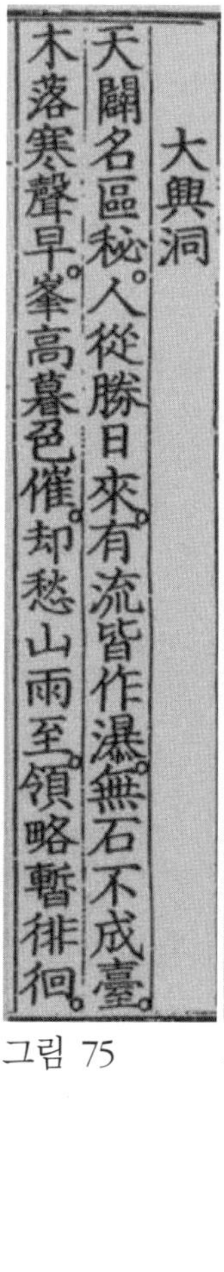

宿薪院

日暮行人少山家早閉門鳧呼沙上月砧動水南村客裡誰相語燈前獨斷魂笑來行漸遠明日過西原

過臨川鄕社有感 生安驛所 鶴峯金先

小廟依山麓孤樓枕水濱英風能聳髮高義可醒昏學道人何限撐流于獨存至今靑史上天日照淸芬

그림 73　　　그림 74　　　그림 75　　　그림 76

29. 過臨川鄕社有感(과임천향사유감)
　　　　　　－ 竹老 申 活(죽노 신 활) － 그림 73

　　小廟依山麓　孤樓枕水濆　英風能竪髮　高義可醒昏
　　學道人何限　撑流子獨存　至今靑史上　天日照淸芬
　　소묘의산록　고루침수분　영풍능수발　고의가성혼
　　학도인하한　탱류자독존　지금청사상　천일조청분

　　　산기슭에 의지한 작은 사당
　　　외로운 다락은 물가에 누웠네.
　　　머리털을 일으키는 영웅의 기풍
　　　어두움을 깨우치는 높은 의리.
　　　도를 배움에 한계가 있으랴
　　　그대 혼자 시류를 버틸 뿐.
　　　지금까지의 청사 위에서
　　　밝은 향기 비추는 하늘의 해.

▌直 譯

　　작은(小) 사당은(廟) 산(山) 기슭에(麓) 의지하였고(依)
　　외로운(孤) 다락은(樓) 물(水) 가를(濆) 베개 삼았네(枕).
　　뛰어난(英) 풍채는(風) 머리칼(髮) 세우기에(竪) 능하고(能)
　　높은(高) 의리는(義) 어두움(昏) 깨우기에(醒) 좋다네(可).
　　도리를(道) 배움에(學) 사람을(人) 어찌(何) 한정하랴(限)
　　흐름을(流) 버티고(撑) 그대(子) 홀로(獨) 있다네(存).
　　오늘에(今) 이르도록(至) 역사(靑史) 위에서(上)
　　하늘의(天) 해가(日) 맑은(淸) 향기로(芬) 비치네(照).

　　☞ 낱말풀이 •靑史 : 역사나 기록. 종이가 없던 옛날 푸른빛과 기름을 뺀 대
　　　　　　　　나무 껍질에 사실을 적은 데서 유래함.

30. 宿薪院(숙신원)

　　　　　- 雪蕉 崔承太(설초 최승태) - 그림 74

　　　日暮行人少　山家早閉門　鴈呼沙上月　砧動水南村
　　　客裡誰相語　燈前獨斷魂　筭來行漸遠　明日過西原
　　　일모행인소　산가조폐문　안호사상월　침동수남촌
　　　객리수상어　등전독단혼　산래행점원　명일과서원

　　　해가 저무니 행인 적어
　　　일찍 문을 닫는 산 집.
　　　모래밭 위의 달을 부르는 기러기
　　　물아래 남촌엔 다듬이 소리.
　　　객지라 그 누구와 이야기 하리
　　　등불 앞에서 혼자 애를 태우네.
　　　세어보면 길이 차츰 멀어가니
　　　내일이면 또 서원을 지나가리.

▌直 譯

　　해가(日) 저물어(暮) 오가는(行) 사람(人) 적으니(少)
　　산(山) 집에서는(家) 일찍이(早) 문을(門) 닫았네(閉).
　　기러기는(鴈) 모래밭(沙) 위의(上) 달을(月) 부르고(呼)
　　다듬잇돌은(砧) 물(水) 남쪽(南) 마을에서(村) 움직이네(動).
　　나그네(客) 속마음(裡) 누구와(誰) 서로(相) 말하리(語)
　　등불(燈) 앞에(前) 홀로(獨) 넋을(魂) 끊네(斷).
　　셈에(筭) 이르니(來) 돌아다님은(行) 점차(漸) 멀어져(遠)
　　밝아오는(明) 날엔(日) 서쪽(西) 들을(原) 지나가리(過).

31. 大興洞(대흥동)
             - 畏齋 李端夏(외재 이단하) - 그림 75

  天闢名區秘　人從勝日來　有流皆作瀑　無石不成臺
  木落寒聲早　峯高暮色催　却愁山雨至　領略暫徘徊
  천벽명구비　인종승일래　유류개작폭　무석불성대
  목락한성조　봉고모색최　각수산우지　영략잠배회

  이름난 곳의 비밀을 드러낸 하늘
  사람은 좋은 날을 가려서 오고.
  흐르는 물은 모두 폭포
  돌이란 돌은 모두 돈대.
  떨어지는 나뭇잎에 가을 소리 빠르고
  봉우리 높아 재촉하는 저녁 빛.
  산에 비가 올까 시름하다가
  알아차리고 잠깐 노닐어 보고.

▌直 譯

  하늘이(天) 이름난(名) 지경의(區) 비밀을(秘) 여니(闢)
  사람은(人) 훌륭한(勝) 날을(日) 좇아서(從) 오네(來).
  흐름이(流) 있는 것은(有) 모두(皆) 폭포가(瀑) 되고(作)
  돌마다(石) 돈대를(臺) 이루지(成) 아니함이(不) 없네(無).
  나무가(木) 떨어지니(落) 차가운(寒) 소리(聲) 빠르고(早)
  봉우리가(峯) 높으니(高) 저녁(暮) 빛을(色) 재촉하네(催).
  문득(却) 산에(山) 비가(雨) 이를까(至) 걱정하다가(愁)
  대강(略) 깨닫고서(領) 잠시(暫) 노닐고(徘) 노니네(徊).

32. 還華陰(환화음)
- 谷雲 金壽增(곡운 김수증) - 그림 76

旣雨晴亦佳 萬物皆欣欣 高柳好鳥鳴 幽澗細草薰
尋花陟巖逕 觀魚臨水濆 孤筇一壑底 聊以窮朝曛
기우청역가 만물개흔흔 고유호조명 유간세초훈
심화척암경 관어임수분 고공일학저 뇨이궁조훈

비오다 개니 아름다워
모두 기뻐하는 만물.
좋은 새 높은 버들에 울고
작은 풀이 향기로운 깊은 시내.
좁은 바윗길 올라 꽃을 찾고
물가로 나가 고기를 보고.
외로운 지팡이로 구릉 밑에서
애오라지 아침과 저녁을 다하리.

▌直 譯

이미(旣) 비(雨) 개이니(晴) 또(亦) 아름다워(佳)
온갖(萬) 물건이(物) 모두(皆) 기뻐하고(欣) 기뻐한다(欣).
높은(高) 버들에는(柳) 좋은(好) 새(鳥) 울고(鳴)
깊은(幽) 산골 물에는(澗) 잔(細) 풀이(草) 향기롭다(薰).
꽃을(花) 찾아(尋) 바위(巖) 좁은 길을(逕) 오르고(陟)
고기를(魚) 보러(觀) 물(水) 가로(濆) 나아간다(臨).
외로이(孤) 지팡이로(筇) 한(一) 골짜기(壑) 아래서(底)
애오라지(聊) 생각하건대(以) 아침(朝) 저녁을(曛) 다
하리라(窮).

☞ 낱말풀이 •朝曛 : 아침과 저녁. 일생(一生).

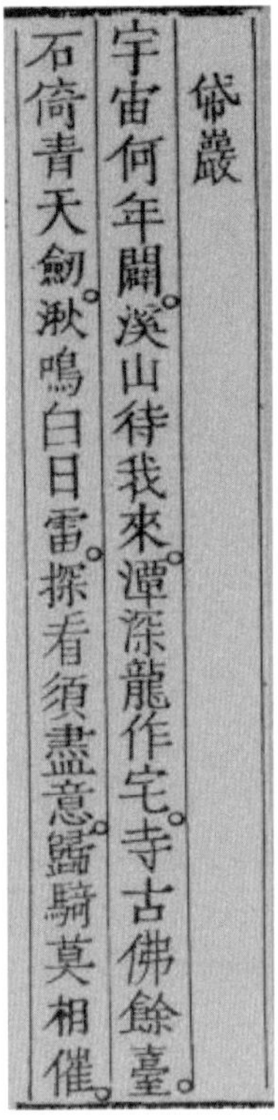

그림 77

俗巖

宇宙何年闢溪山待我來潭深龍作宅寺古佛餘臺
石倚青天劒湫鳴白日雷探看須盡意羸騎莫相催

그림 78

上驪江舟中夜宿

江漢秋濤盛孤槎似泛河月高檣影直沙潤露華多
隔岸望煙火隣船聽笑歌潛魚亦不睡舩底暗吹波

그림 79

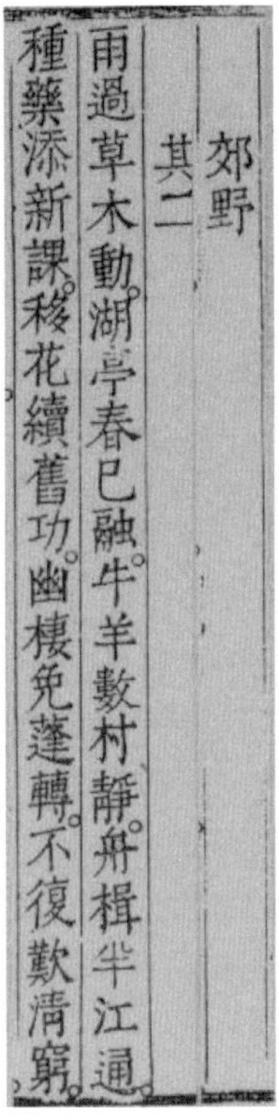

郊野 其二

雨過草木動湖亭春已融牛羊數村靜舟楫半江通
種藥添新課移花續舊功幽棲免蓬轉不復歎淸窮

그림 80

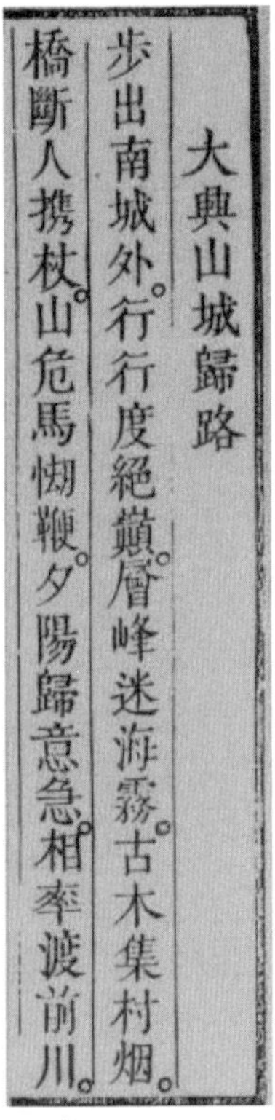

大興山城歸路

步出南城外行行度絶巓層峰迷海霧古木集村烟
橋斷人携杖山危馬懶鞭夕陽歸意急相牽渡前川

33. 岱巖(대암)

- 葵亭 申厚載(규정 신후재) - 그림 77

宇宙何年闢 溪山待我來 潭深龍作宅 寺古佛餘臺
石倚靑天劒 湫鳴白日雷 探看須盡意 歸騎莫相催
우주하년벽 계산대아래 담심용작택 사고불여대
석기청천검 추명백일뇌 탐간수진의 귀기막상최

그 언제 우주가 열리었던고
내가 오기를 기다리는 시내와 산.
용이 집을 짓는 깊은 물
부처가 대에 남은 오랜 절.
돌은 푸른 하늘에 기이한 칼이 되고
폭포는 울부짖어 한낮의 천둥이라.
그 뜻 다 찾아볼지니
돌아가는 말을 재촉하지 말지라.

▌直 譯

천지 사방은(宇宙) 어느(何) 해에(年) 열렸는가(闢)
시내와(溪) 산은(山) 내가(我) 오기를(來) 기다리네(待).
물이(潭) 깊으니(深) 용이(龍) 집을(宅) 짓고(作)
절이(寺) 오래되어(古) 부처가(佛) 대에(臺) 남았네(餘).
돌은(石) 기이하여(倚) 푸른(靑) 하늘에(天) 칼이요(劒)
소의 물은(湫) 울부짖어(鳴) 밝은(白) 낮에(日) 천둥이네(雷).
모름지기(須) 뜻을(意) 다하여(盡) 찾아(探) 볼지니(看)
돌아가는(歸) 말을(騎) 서로(相) 재촉하지(催) 말아라(莫).

☞ 낱말풀이 •倚 : ①의지할 의. ②기울 의. ③기이할 기.

34. 上驪江舟中夜宿(상여강주중야숙)

- 農巖 金昌協(농암 김창협) - 그림 78

江漢秋濤盛 孤槎似泛河 月高檣影直 沙濶露華多
隔岸望煙火 隣船聽笑歌 潛魚亦不睡 舡底暗吹波
강한추도성 고사사범하 월고장영직 사활로화다
격안망연화 인선청소가 잠어역불수 현저암취파

가을 물결이 성한 강물
강물에 띠웠나 외로운 뗏목.
달은 높아 돛대 그림자 곧고
모래밭 넓어 이슬 꽃 많네.
저 언덕에 피어나는 연기
이웃 배에서 들리는 노랫소리.
숨은 물고기 잠 못 이루고
배 밑에서 몰래 물결만 부네.

▮直 譯

양자강과(江) 한수엔(漢) 가을(秋) 파도(濤) 성하니(盛)
외로운(孤) 뗏목이(槎) 물에(河) 뜬 것(泛) 같네(似).
달이(月) 높아(高) 돛대(檣) 그림자(影) 곧고(直)
모래(沙) 넓어(濶) 이슬(露) 꽃(華) 많네(多).
언덕을(岸) 사이하여(隔) 연기(煙) 불(火) 바라보고(望)
이웃(隣) 배의(船) 웃음(笑) 노래(歌) 듣네(聽).
잠긴(潛) 고기(魚) 또한(亦) 잠 이루지(睡) 못하고(不)
뱃전(舡) 밑에서(底) 몰래(暗) 물결을(波) 부네(吹).

☞ **낱말풀이** •江漢 : 양자강(揚子江)과 한수(漢水). •煙火 : 밥을 짓는 연기.
吹波 : 물고기가 숨을 쉬기 위해 물위에 떠서 입을 벌렸다 오
므렸다 함.

35. 郊野(교야)

— 觀復庵 金崇謙(관부암 김숭겸) — 그림 79

雨過草木動 湖亭春已融 牛羊數村靜 舟楫半江通
種藥添新課 移花續舊功 幽棲免蓬轉 不復歎淸窮
우과초목동 호정춘이융 우양수촌정 주즙반강통
종약첨신과 이화속구공 유서면봉전 불부탄청궁

비가 지나가니 흔들리는 초목
호수 위의 정자에는 이미 화창한 봄.
소와 양이 노니는 고요한 두어 마을
강 복판을 다니는 배.
약초 심어 새 일과를 보태고
꽃을 옮기어 오랜 일 이어가고.
한가히 살면서 떠돌아다니지 않으니
다시는 가난을 탄식하지 않으려네.

▌直 譯

비가(雨) 지나가니(過) 풀(草) 나무가(木) 움직이고(動)
호수의(湖) 정자에는(亭) 봄이(春) 이미(已) 화창하네(融).
소와(牛) 양이 노니는(羊) 두어(數) 마을이(村) 고요하고(靜)
배는(舟) 노를 저어(楫) 강(江) 반쪽을(半) 통하네(通).
약초를(藥) 심어서(種) 새로운(新) 일상의 일을(課) 더하고(添)
꽃을(花) 옮기어(移) 오랜(舊) 일의 보람을(功) 이어가네(續).
한가로이(幽) 살면서(棲) 굴러(轉) 떠돌아다니는 것을(蓬) 면하니(免)
다시는(復) 청렴하여(淸) 궁하다고(窮) 탄식하지(歎) 않으려네(不).

36. 大興山城歸路(대흥산성귀로)
－ 知守齋 兪拓基(지수재 유척기) － 그림 80

步出南城外 行行度絶巓 層峰迷海霧 古木集村烟
橋斷人携杖 山危馬怵鞭 夕陽歸意急 相率渡前川
보출남성외 행행도절전 층봉미해무 고목집촌연
교단인휴장 산위마겁편 석양귀의급 상솔도전천

남쪽 성 밖으로 나가
산꼭대기 지나서 가고 또 가고.
포개진 봉우리에 헤매는 바다안개
오래된 나무에 모이는 마을 연기.
다리가 끊어져 사람은 지팡이 짚고
산이 위태하니 말은 채찍 겁내네.
석양이라 돌아갈 마음이 바빠
서로 이끌며 앞 내를 건너네.

▌直 譯

남쪽(南) 성(城) 밖으로(外) 걸어(步) 나가(出)
가고(行) 가며(行) 뛰어난(絶) 산꼭대기(巓) 건너네(度).
포개진(層) 봉우리에(峰) 바다(海) 안개(霧) 헤매고(迷)
오랜(古) 나무에(木) 마을(村) 연기(烟) 모이네(集).
다리(橋) 끊어져(斷) 사람은(人) 지팡이(杖) 짚고(携)
산이(山) 위태로우니(危) 말은(馬) 채찍을(鞭) 겁내네(怵).
저녁(夕) 볕이라(陽) 돌아갈(歸) 마음이(意) 급하여(急)
서로(相) 이끌며(率) 앞(前) 내를(川) 건너네(渡).

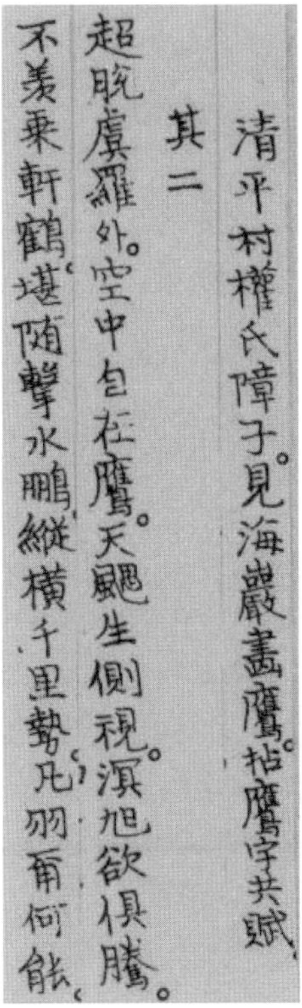

제2장 五言律詩

그림 81
清平村權氏障子。見海嚴畵鷹拈鷹字共賦
其二
超晚虞羅外。空中自在鷹。天颶生側視。滇旭欲俱騰。不羨乘軒鶴。堪隨擊水鵬。縱橫千里勢。凡羽有何能。

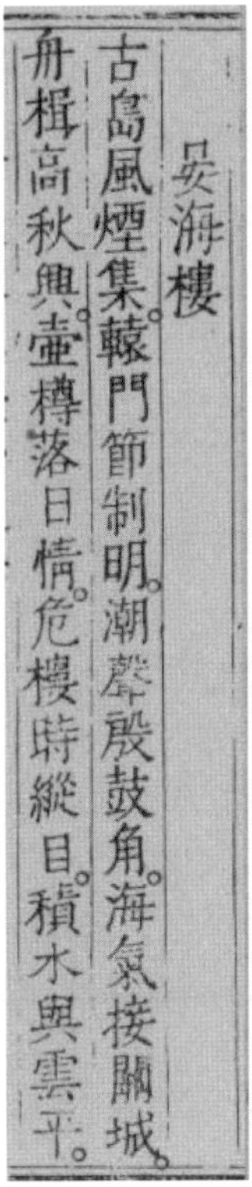

그림 82
妟遊樓
古島風煙集。轅門節制明。潮聲殷鼓角。海氣接關城。舟楫高秋興。壺樽落日情。危樓縱目積。水與雲平。

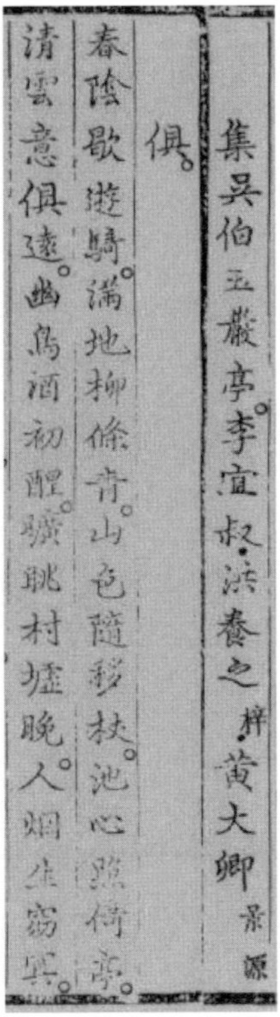

그림 83
集吳伯玉巖亭李宜叔洪春之幷黃大卿 景源
俱。
春陰歇遊騎。滿地柳條齊。山色隨移杖。池心照倚亭。清雲意俱遠。幽鳥酒初醒。曠眺村墟晚。人烟生窈冥。

그림 84
還苕川居
忽已到鄉里。門前春水流。欣然臨藥塢。依舊見漁舟。花烬林廬靜。松菲野徑幽。南遊數千里。何處得茲丘。

37. 淸平村權氏障子見海巖畵鷹拈鷹字共賦
(청평촌권씨장자견해암화응념응자공부)
― 損齋 農村 趙載浩(손재 농촌 조재호) ― 그림 81

超脫虞羅外 空中自在鷹 天飇生側視 溟旭欲俱騰
不羨乘軒鶴 堪隨擊水鵬 縱橫千里勢 凡羽爾何能
초탈우라외 공중자재응 천시생측시 명욱욕구등
불선승헌학 감수격수붕 종횡천리세 범우이하능

그물을 멀리 벗어나
하늘에서 자유로운 매여.
빠른 바람이야 곁으로 보아 넘기고
바다의 해와 함께 떠올라라.
수레에 탄 학은 부러워하지 않고
물을 치는 붕새는 따를 만하구나.
천리를 주름잡는 그 모양
평범한 새는 그 어찌할 수 있으리.

▮直 譯

근심 걱정의(虞) 그물을(羅) 밖으로(外) 뛰어넘어(超) 벗어나(脫)
하늘(空) 가운데서(中) 스스로 함이(自) 매에(鷹) 있네(在).
하늘의(天) 빠른 바람이야(飇) 곁으로(側) 보며(視) 나가고(生)
바다의(溟) 아침 해와(旭) 함께(俱) 오르고(騰) 싶어라(欲).
수레에(軒) 오른(乘) 학은(鶴) 부러워하지(羨) 아니하고(不)
물을(水) 치는(擊) 붕새는(鵬) 견뎌(堪) 따를만하네(隨).
천리를(千里) 세로와(縱) 가로로 하는(橫) 힘을(勢)
평범한(凡) 새는(羽) 그(爾) 어찌(何) 할 수 있겠는가(能).

☞ 낱말풀이 •鵬 : 대붕 새. 크기가 수 천리에 달하며, 한 번에 구만리를 난다는 상상의 큰 새. 곤어(鯤魚)가 화하여 된다는 새. •其名爲鵬(기명위붕) (莊子 장자).

38. 晏海樓(안해루)
― 月谷 吳 瑗(월곡 오 원) ― 그림 82

古島風煙集　轅門節制明　潮聲殷鼓角　海氣接關城
舟楫高秋興　壺樽落日情　危樓時縱目　積水與雲平
고도풍연집　원문절제명　조성은고각　해기접관성
주즙고추흥　호준낙일정　위루시종목　적수여운평

바람 연기 모이는 옛 섬
군문에는 규칙 법도가 밝고.
조수 소리에 힘찬 북 피리 소리
관문의 성에 닿은 바다 기운.
배와 노에는 높은 가을의 흥취요
항아리 술에는 지는 해의 정이라.
높은 다락에서 때때로 바라보면
멀리 구름과 평평한 바다.

▌直 譯

옛(古) 섬에(島) 바람(風) 연기(煙) 모이고(集)
군영의(轅) 문에는(門) 규칙과(節) 법도가(制) 밝다네(明).
조수(潮) 소리는(聲) 북과(鼓) 피리의(角) 힘찬 소리요(殷)
바다(海) 기운은(氣) 관문(關) 성에(城) 닿았네(接).
배와(舟) 노에는(楫) 높은(高) 가을의(秋) 흥취요(興)
항아리(壺) 술 단지에는(樽) 지는(落) 해의(日) 정이네(情).
아슬아슬하게 높은(危) 다락에서(樓) 때때로(時) 눈을(目) 놓으면(縱)
모인(積) 물이(水) 구름과(雲) 더불어(與) 평평하네(平).

☞ 낱말풀이 •轅門: 끌채를 마주 세워서 문처럼 만든 것. 군영(軍營)의 문.

39. 集吳伯玉巖亭李宜淑洪養之黃大卿俱
(집오백옥암정이의숙홍양지황대경구)

- 雷淵 南有容(뇌연 남유용) - 그림 83

春陰歇遊騎 滿地柳條靑 山色隨移杖 池心照倚亭
淸雲意俱遠 幽鳥酒初醒 曠眺村墟晚 人烟生窈冥
춘음헐유기 만지유조청 산색수이장 지심조의정
청운의구원 유조주초성 광조촌허만 인연생요명

봄이 흐려 말 타고 놀기를 쉬니
땅에 가득한 푸른 버들가지.
산 빛깔은 지팡이를 따르고
못 복판에 기울어 비치는 정자.
맑은 구름은 그 뜻이 함께 멀고
그윽한 새소리에 비로소 깨이는 술.
멀리 바라보면 마을은 저녁
어둠 속에서 피어오르는 저녁연기.

▌直 譯

봄이(春) 흐려(陰) 말 타고(騎) 놀기를(遊) 쉬니(歇)
땅에(地) 가득(滿) 버들(柳) 가지(條) 푸르네(靑).
산(山) 빛은(色) 지팡이를(杖) 따라(隨) 옮기고(移)
연못(池) 한가운데에(心) 정자가(亭) 기울어(倚) 비치네(照).
맑은(淸) 구름은(雲) 그 뜻이(意) 함께(俱) 멀고(遠)
그윽한(幽) 새소리에(鳥) 술이(酒) 비로소(初) 깨이네(醒).
멀리(曠) 바라보니(眺) 마을(村) 언덕은(墟) 저녁이고(晚)
사람이(人) 피우는 연기가(烟) 그윽한(窈) 어둠에서(冥) 생기네(生).

40. 還苕川居(환초천거)
- 茶山 俟庵 丁若鏞(다산 사암 정약용) - 그림 84

忽已到鄕里 門前春水流 欣然臨藥塢 依舊見漁舟
花煖林廬靜 松垂野徑幽 南遊數千里 何處得玆丘
홀이도향리 문전춘수류 흔연임약오 의구견어주
화난림여정 송수야경유 남유수천리 하처득자구

갑자기 고향에 이르니
문 앞에 흐르는 봄물.
흔연히 다다른 언덕에
고깃배들 옛 모습 그대로.
꽃들은 만발하고 숲 속의 집은 고요한데
들길에 그윽하게 드리운 소나무.
수 천리 남녘하늘을 유람해도
이런 언덕 어느 곳에서 얻으랴.

∎直 譯

갑자기(忽) 이미(已) 고향(鄕) 마을에(里) 이르니(到)
문(門) 앞에(前) 봄(春) 물이(水) 흐르네(流).
기뻐서(欣) 그러하게(然) 약초의(藥) 둑에서(塢) 내려다보니(臨)
옛날과(舊) 같이(依) 고기잡이(漁) 배(舟) 보이네(見).
꽃들은(花) 따뜻하고(煖) 숲의(林) 오두막집은(廬) 고요하고(靜)
소나무(松) 드리워진(垂) 들(野) 길이(徑) 그윽하네(幽).
남쪽으로(南) 몇(數) 천리를(千里) 놀았어도(遊)
어느(何) 곳에서(處) 이런(玆) 언덕을(丘) 얻으랴(得).

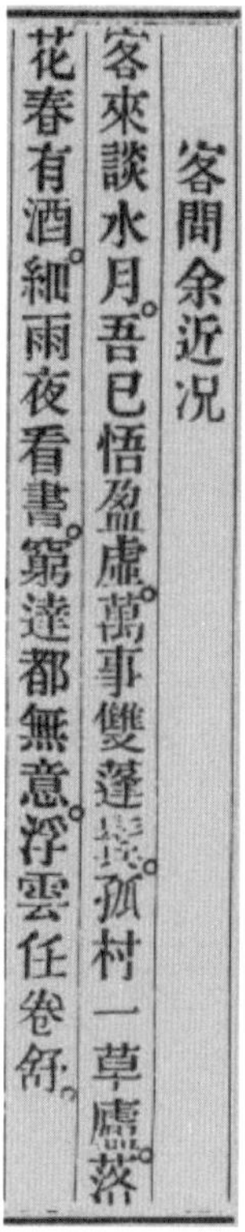

客問余近況

客來談水月。吾已悟盈虛。萬事雙蓬鬢。孤村一草廬。落花春有酒。細雨夜看書。窮達都無意。浮雲任卷舒。

그림 85

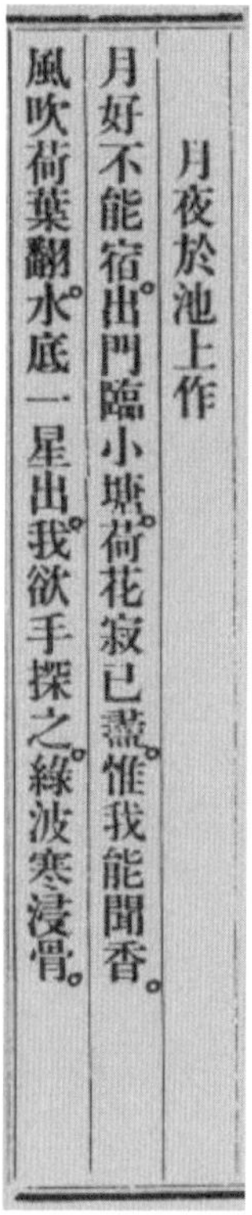

月夜於池上作

月好不能宿。出門臨小塘。荷花寂已盡。惟我能聞香。風吹荷葉翻水底。一星出我欲手探之。綠波寒浸骨。

그림 86

41. 客問余近況(객문여근황)
　　　　　　　　- 歗齋 卞鍾運(소재 변종운) - 그림 85

客來談水月　吾已悟盈虛　萬事雙蓬鬢　孤村一草廬
落花春有酒　細雨夜看書　窮達都無意　浮雲任卷舒
객래담수월　오이오영허　만사쌍봉빈　고촌일초려
낙화춘유주　세우야간서　궁달도무의　부운임권서

　　물과 달에 대한 이야기로
　　이미 깨닫게 된 차고 비는 이치.
　　만사는 흐트러진 양쪽 귀밑 털
　　외로운 마을에는 초가집 하나.
　　꽃이 지는 봄에는 술이 있고
　　가랑비 내리는 밤에는 책을 보네.
　　궁함과 현달에 모두 뜻이 없으니
　　뜬구름 같이 되는대로.

▌直 譯

　　나그네가(客) 와서(來) 물과(水) 달을(月) 이야기하니(談)
　　나는(吾) 이미(已) 차고(盈) 비는 것을(虛) 깨달았네(悟).
　　모든(萬) 일은(事) 양쪽(雙) 흐트러진(蓬) 귀 밑 털이요(鬢)
　　외로운(孤) 마을에는(村) 하나의(一) 풀로 인(草) 오두막집이네(廬).
　　꽃이(花) 지는(落) 봄에는(春) 술이(酒) 있고(有)
　　가랑비 내리는(細雨) 밤에는(夜) 책을(書) 보네(看).
　　궁하고(窮) 통달함에(達) 모두(都) 뜻이(意) 없고(無)
　　뜬(浮) 구름은(雲) 말고(卷) 폄을(舒) 마음대로 하네(任).

　　☞ 낱말풀이 •卷舒 : 맑과 폄. 나아감과 물러남.

42. 月夜於池上作(월야어지상작)
   - 寧齋 李建昌(영재 이건창) - 그림 86

月好不能宿 出門臨小塘 荷花寂已盡 惟我能聞香
風吹荷葉翻 水底一星出 我欲手探之 綠波寒浸骨
월호불능숙 출문임소당 하화적이진 유아능문향
풍취하엽번 수저일성출 아욕수탐지 녹파한침골

달빛이 좋아 잠 못 이루고
문을 나서 연못으로 나갔지.
연꽃은 이미 졌으련만
느껴지는 꽃향기.
바람이 살짝 연잎 뒤치니
물밑에 나타난 별 하나.
살며시 만지려 하니
파란 물결에 뼛속까지 서늘함이여.

▍直 譯

달이(月) 좋아(好) 잠을(宿) 잘 수가(能) 없어(不)
문을(門) 나서(出) 작은(小) 연못을(塘) 내려다보았네(臨).
연(荷) 꽃은(花) 고요히(寂) 이미(已) 다하였지만(盡)
오직(惟) 나만이(我) 향기를(香) 맡을(聞) 수 있네(能).
바람이(風) 불어(吹) 연(荷) 잎을(葉) 뒤집히니(翻)
물(水) 밑에서(底) 별(星) 하나(一) 나오네(出).
나는(我) 손으로(手) 그것을(之) 찾으려(探) 하니(欲)
파란(綠) 물결(波) 차가와(寒) 뼈에(骨) 스며드네(浸).

당신이 추구하는 것을 얻는다면 그것은 성공이다.
그러나 당신이 뭔가를 추구하면서 좋아한다면 그
것은 행복이다.
　　　　　　　　－베스사위,「멀티형인간」중에서－

제3장 五言短篇(오언단편)

樂(락) : 즐겨라.

知之者 不如好之者 好之者 不如樂之者
지지자 불여호지자 호지자 불여낙지자

아는 자는 좋아하는 자만 같지 못하고
좋아하는 자는 즐기는 자만 같지 못하니라.

- 出典(출전) : 論語 雍也第六(논어 옹야제육)

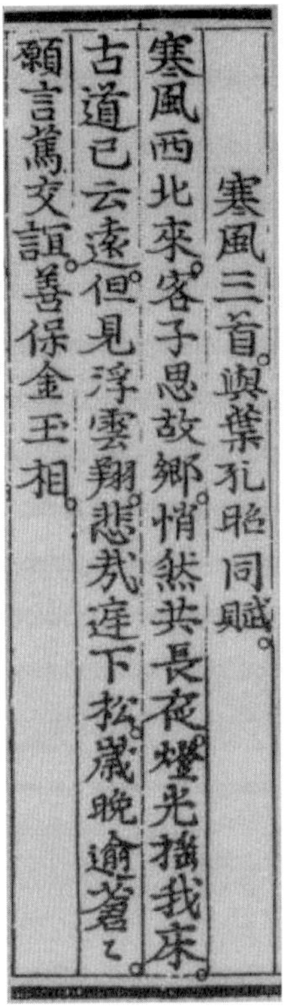

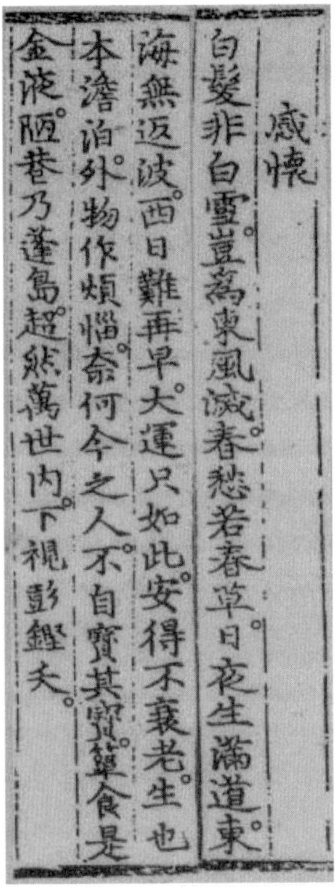

感懷

白髮非白雪豈爲東風滅春愁若春草日夜生滿道東
海無返波西日難再早大運只如此安得不襄老生也
本澹泊外物作煩惱奈何今之人不自寶其寶葷食是
金液陋巷乃蓬島超然萬世內下視彭鏗夭

寒風三首 與葉孔昭同賦

寒風西北來客子思故鄉悄然共長夜燈光搖我床
古道已云遠俚見浮雲翔悲哉達下松歲晚逾蒼乙
願言篤交誼善保金玉相

그림 87　　　그림 88

1. 寒風三首與葉孔昭同賦(한풍삼수여섭공소동부)

　　　　　　　- 牧隱 李 穡(목은 이 색) - 그림 87

寒風西北來 客子思故鄕 悄然共長夜 燈光搖我床 古道已云遠
但見浮雲翔 悲哉庭下松 歲晩逾蒼蒼 願言篤交誼 善保金玉相
한풍서북래 객자사고향 초연공장야 등광요아상 고도이운원
단견부운상 비재정하송 세만유창창 원언독교의 선보금옥상

　　찬바람은 서북에서 불어오고
　　나그네는 고향을 생각한다.
　　초연히 잠 못 드는 긴 밤을
　　등불만이 내 책상에 흔들린다.
　　옛날의 도는 이미 멀리 떠났고
　　보이는 것은 뜬구름 뿐.
　　슬프다 뜰 밑의 소나무여
　　세밑이 되자 더욱 창창하여라.
　　바라건대 사귀는 정 돈독히 하고
　　귀하신 몸을 잘 보전하시라.

▌直 譯

　　차가운(寒) 바람은(風) 서북에서(西北) 불어오고(來)
　　나그네(客子) 고향을(故鄕) 생각하네(思).
　　쓸쓸하게(悄然) 긴(長) 밤을(夜) 향하니(共)
　　등의(燈) 불빛만(光) 내(我) 침상에서(牀) 흔들리네(搖).
　　옛(古) 도리는(道) 이미(已) 멀어졌다고(遠) 말 하리니(云)
　　다만(但) 뜬(浮) 구름(雲) 높이 나르는 것을(翔) 보네(見).
　　슬프구나(悲哉) 뜰(庭) 아래(下) 소나무여(松)
　　한해가(歲) 저무니(晩) 더욱(逾) 푸르고(蒼) 푸르네(蒼).

바라며(願) 하고픈 말은(言) 사귀는(交) 정(誼) 도탑게 하고(篤)
금이나(金) 옥 같은(玉) 모습을(相) 잘(善) 지키게나(保).

2. 感懷(감회)

— 容齋 李 荇(용재 이 행) — 그림 88

白髮非白雪 豈爲東風滅 春愁若春草 日夜生滿道
東海無返波 西日難再早 大運只如此 安得不衰老
生也本澹泊 外物作煩惱 奈何今之人 不自寶其寶
簞食是金液 陋巷乃蓬島 超然萬世內 下視彭鏗夭
백발비백설 기위동풍멸 춘수약춘초 일야생만도
동해무반파 서일난재조 대운지여차 안득불쇠노
생야본담박 외물작번뇌 내하금지인 부자보기보
단사시금액 누항내봉도 초연만세내 하시팽갱요

흰 머리털은 흰 눈이 아니니
어찌 봄바람에 없어지리.
봄날 근심은 봄 풀 같아
밤낮으로 길에 가득 생기고.
동쪽 바다 물결은 되돌아오지 않고
서쪽 해는 다시 아침이 어려워라.
큰 운수는 이와 같을 뿐
어찌 쇠하고 늙지 않으리.
본래 담박한 생인데
바깥 사물이 번뇌를 만드는 것.
어찌하여 지금의 사람들은
그 보배를 보배로 여기지 않는고.

도시락밥은 바로 좋은 음식이요
누추한 거리가 곧 봉래산인걸.
온갖 세상일 관계치 아니하고
얕잡아 보고픈 오래 삶과 일찍 죽음.

▍直 譯

흰(白) 머리털이(髮) 흰(白) 눈이(雪) 아니거니(非)
어찌(豈) 봄(東) 바람인들(風) 없어지게(滅) 하겠는가(爲).
봄(春) 시름은(愁) 봄(春) 풀과(草) 같아(若)
밤(夜) 낮으로(日) 길에(道) 가득히(滿) 생겨나네(生).
동쪽(東) 바다는(海) 돌아오는(返) 물결(波) 없고(無)
서쪽(西) 해는(日) 두 번 다시(再) 새벽되기(早) 어렵다네(難).
큰(大) 운수는(運) 다만(只) 이와(此) 같을 뿐(如)
어찌(安) 쇠하고(衰) 늙지(老) 아니함을(不) 탐하겠는가(得).
생이란(生) 것은(也) 본래(本) 욕심이 없고(澹) 마음이 깨끗한 것(泊)
바깥(外) 사물이(物) 고민과(煩) 괴로움을(惱) 만드네(作).
어찌(奈) 어찌하여(何) 지금(今) 의(之) 사람들은(人)
그(其) 보배를(寶) 스스로(自) 보배롭다고(寶) 아니하는가(不).
대 광주리의(簞) 밥은(食) 이야말로(是) 금 같은(金) 진액이요(液)
좁고 지저분한(陋) 거리가(巷) 이에(乃) 신선이 사는 봉래산
이라네(蓬島).
온갖(萬) 세상(世) 안에서(內) 관계하려는 태도가 없다면(超然)
오래 삶과(彭鏗) 일찍 죽음을(夭) 얕보게 되리(下視).

☞ 낱말풀이 •簞食 : 대그릇에 담은 밥. 도시락 밥. •金液 : 황금의 액체. 즉 좋은 요리. •蓬島 : 봉래산. 즉 선경(仙境). •彭鏗 : 팔천년을 살았다는 팽조(彭祖)를 이름.

제4장 七言絕句(칠언절구)

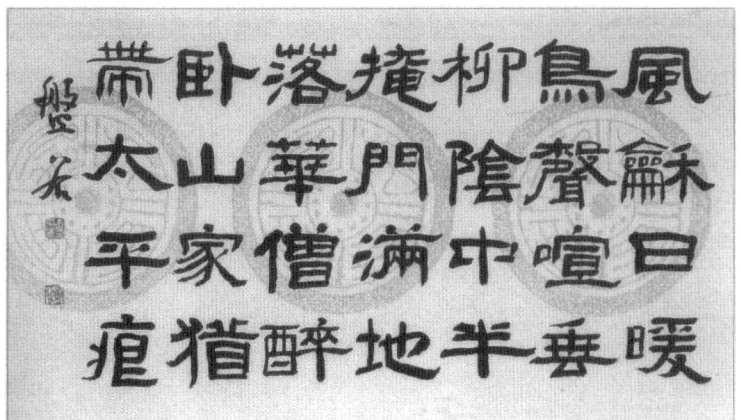

제 목 : 風和日暖 풍화일난
규 격 : 55 × 32cm(2002년 작)
내 용 : 본서 〈그림 92〉 참조

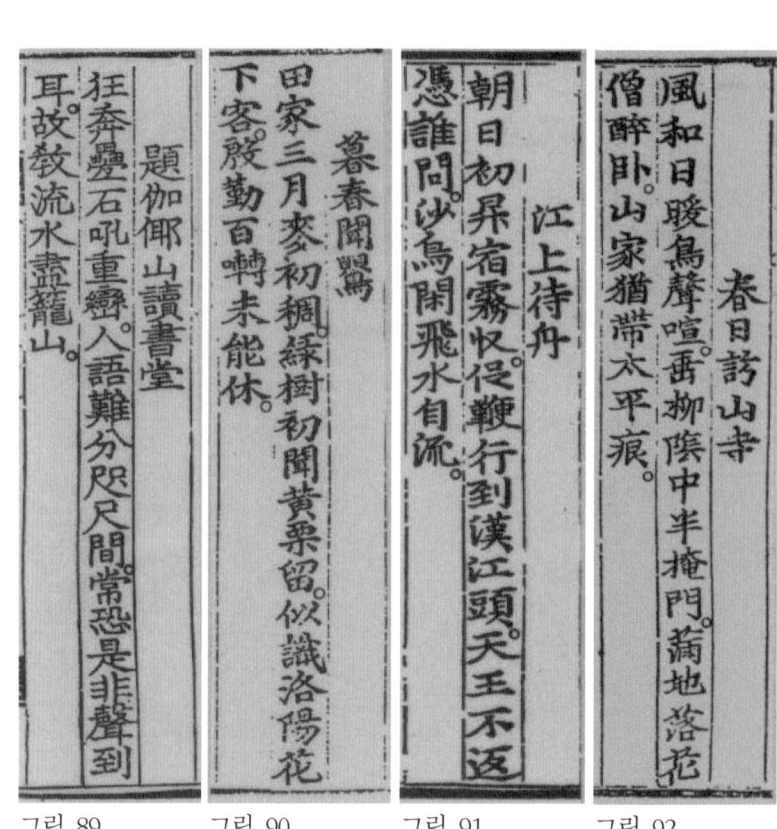

題伽倻山讀書堂
狂奔疊石吼重巒人語難分咫尺間常恐是非聲到耳故教流水盡籠山

暮春聞鶯
田家三月麥初稠綠樹初聞黃栗留似識洛陽花下客殷勤百囀未能休

江上待舟
朝日初昇宿霧收促鞭行到漢江頭天王不返憑誰問沙鳥閒飛水自流

春日詩山寺
風和日暖鳥聲喧画柳陰中半掩門僧醉臥山家猶帶太平痕

그림 89　　그림 90　　그림 91　　그림 92

1. 題伽倻山讀書堂(제가야산독서당)
　　　　　　　- 孤雲 崔致遠(고운 최치원) - 그림 89

狂奔疊石吼重巒　人語難分咫尺間
常恐是非聲到耳　故敎流水盡籠山
광분첩석후중만　인어난분지척간
상공시비성도이　고교유수진농산

미친 듯 돌 사이로 달리며 산을 울리니
말소리도 분간하기 어렵구나.
시비 따지는 소리 들릴까 두려워
흐르는 물로 귀먹게 하려 함인가.

▌直 譯

포개진(疊) 돌 사이를(石) 미친 듯이(狂) 달리며(奔) 겹겹(重) 산봉우리를(巒) 울리니(吼).
사람의(人) 말은(語) 여덟 치와(咫) 한자(尺) 사이도(間) 분간하기(分) 어려워라(難).
언제나(常) 옳고(是) 그른(非) 소리(聲) 귀에(耳) 닿을까(到) 두려워(恐),
일부러(故) 흐르는(流) 물로(水) 모두(盡) 산을(山) 에워싸게(籠 하려 함인가(敎).

　☞ 낱말풀이 •重巒 : 겹쳐진 산봉우리. •故敎 : 일부러 하게 함. •咫尺 : 여덟 치와 한자. 가까운 거리. 약간 조금.

2. 暮春聞鶯(모춘문앵)

　　　　　　　- 耆之 林 椿(기지 임 춘) - 그림 90

田家三月麥初穪　綠樹初聞黃栗留
似識洛陽花下客　殷勤百囀未能休
전가삼월맥초조 녹수초문황률유
사식락양화하객 은근백전미능휴

시골집 삼월에 보리가 익으면
푸른 나무숲에서 때때로 들리는 꾀꼬리 소리.
꽃을 좋아하는 서울 나그네를 알아보는 듯
그칠 줄 모르고 은근히 자꾸 지저귀네.

▍直 譯

시골(田) 집(家) 삼월은(三月) 보리가(麥) 비로소(初) 잘 익으려하고(穪).
푸른(綠) 나무에서(樹) 처음으로(初) 꾀꼬리(黃栗留) 소리 들리네(聞).
꽃(花) 아래(下) 서울(洛陽) 나그네를(客) 아는 것(識) 같이(似)
은근히(殷勤) 자꾸(百) 지저귀며(囀) 쉬려(休) 하지(能) 아니하네(未).

3. 江上待舟(강상대주)

　　　　　　- 白雲居士 李奎報(백운거사 이규보) - 그림 91

朝日初昇宿霧收　促鞭行到漢江頭
天王不返憑誰問　沙鳥閑飛水自流
조일초승숙무수 촉편행도한강두
천왕불반빙수문 사조한비수자류

밤안개 아침 햇살에 걷혀
닫는 말 휘몰아 한강 가.
천왕은 안 오니 뉘게 물을까.
한가로이 물새 날고 강물 흘러라.

▌直 譯

아침(朝) 해(日) 처음(初) 오르자(昇) 묵은(宿) 안개(霧) 걷히니(收)
닫는(行) 말채찍(鞭) 재촉해(促) 한강(漢江) 머리에(頭) 이르렀네(到).
천왕은(天王) 돌아오지(返) 아니하니(不) 누구(誰) 의지해(憑) 물을까(問)
모래밭(沙) 새는(鳥) 한가히(閑) 날고(飛) 물은(水) 절로(自) 흘러라(流).

☞ **낱말풀이** •促鞭 : 닫는 말에 말채찍을 가하다. •天王 : 천자. 여기서는 주소왕(周昭王).

4. 春日訪山寺(춘일방산사)

- 白雲居士 李奎報(백운거사 이규보) - 그림 92

風和日暖鳥聲喧　垂柳陰中半掩門
滿地落花僧醉臥　山家猶帶太平痕
풍화일난조성훤 수류음중반엄문
만지락화승취와 산가유대태평흔

부드러운 바람 따뜻한 햇볕 시끄러운 새소리
수양버들 그늘 속에 반쯤 열린 문.
뜰에 가득 떨어진 꽃에 취해 누운 스님
절은 아직 그대로 태평.

▌直 譯

바람(風) 부드럽고(和) 햇볕(日) 따뜻하여(暖) 새(鳥) 소리는(聲) 시끄러운데(喧)
버드나무(柳) 늘어진(垂) 그늘(陰) 속에(中) 문이(門) 반쯤(半) 닫혀있네(掩).
땅에는(地) 떨어진(落) 꽃(花) 가득하고(滿) 스님은(僧) 취해(醉) 누웠는데(臥)
산(山) 집에는(家) 아직도(猶) 매우(太) 평화로운(平) 흔적을(痕) 띠고 있네(帶).

제4장 七言絕句 117

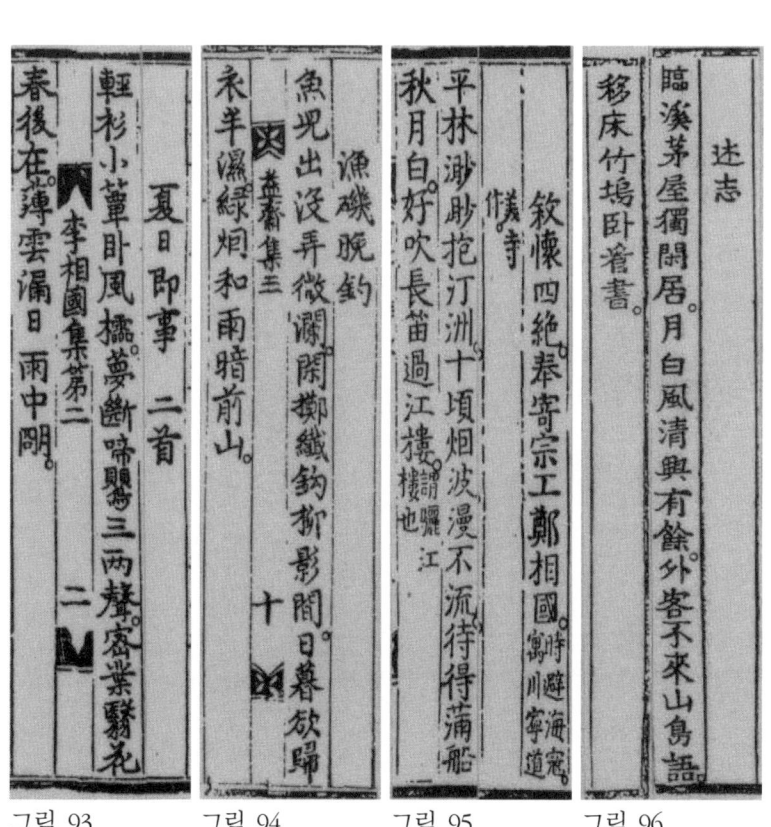

그림 93 그림 94 그림 95 그림 96

5. 夏日卽事(하일즉사)
　　　　－ 白雲居士 李奎報(백운거사 이규보) － 그림 93

　　輕衫小簟臥風欞　夢斷啼鶯三兩聲
　　密葉翳花春後在　薄雲漏日雨中明
　　경삼소점와풍령　몽단제앵삼양성
　　밀엽예화춘후재　박운루일우중명

　　얇은 옷 대자리 창 바람에 누웠다가
　　꾀꼬리 두세 소리에 깨어난 꿈.
　　촘촘한 잎에 가리어진 꽃은 봄이 간 뒤에 남아 있고
　　엷은 구름에 새어 나온 해는 비속에 밝아라.

▌直 譯

　　얇은(輕) 적삼에(衫) 작은(小) 대자리 깔고(簟) 바람 부는
　　(風) 격자창에(欞) 누웠다가(臥)
　　꾀꼬리(鶯) 울음(啼) 두(兩) 세(三) 소리에(聲) 꿈이(夢) 끊
　　어졌네(斷).
　　빽빽한(密) 잎에(葉) 가리어진(翳) 꽃은(花) 봄이(春) 간 뒤
　　에도(後) 남아있고(在)
　　엷은(薄) 구름에(雲) 새어나온(漏) 해는(日) 비(雨) 속에(中)
　　밝네(明).

6. 漁磯晚釣(어기만조)
― 益齋 李齊賢(익재 이제현) ― 그림 94

魚兒出沒弄微瀾　閑擲纖鉤柳影間
日暮欲歸衣半濕　綠烟和雨暗前山
어아출몰농미란　한척섬구유영간
일모욕귀의반습　녹연화우암전산

물결 희롱하는 어린 물고기
버들가지 사이엔 한가로운 낚싯대.
해는 저물고 반쯤 젖은 옷
아지랑이는 비속에 앞산을 가리고.

▌直 譯

고기(魚) 새끼(兒) 나타났다(出) 숨으며(沒) 잔잔한(微) 물결(瀾) 희롱하는데(弄)
줄(纖) 낚시(鉤) 버들(柳) 그늘(影) 사이로(間) 한가로이(閑) 드리우네(擲).
해(日) 저물어(暮) 돌아가려(歸) 하니(欲) 옷은(衣) 반쯤(半) 젖었는데(濕)
푸른(綠) 연기(烟) 비와(雨) 어울려(和) 앞(前) 산을(山) 숨기네(暗).

☞ 낱말풀이 •漁磯 : 낚시터. •纖鉤 : 줄낚시.

7. 敍懷四絶奉寄宗工鄭相國(서회사절봉기종공정상국)
－ 遁村 李　集(둔촌 이　집) － 그림 95

平林渺渺抱汀洲　十頃烟波漫不流
待得滿船秋月白　好吹長笛過江樓
평림묘묘포정주　십경연파만불류
대득만선추월백　호취장적과강루

아득한 들 숲은 모래섬을 안고
안개 자욱한 넓은 물결 흐르지 않고.
가을 밝은 달 배에 가득 싣고서
피리 길게 불며 강의 누각 지나가네.

▌直 譯

들의(平) 숲은(林) 아득하고(渺) 아득히(渺) 모래(汀) 섬을(洲) 안았는데(抱)
열(十) 이랑(頃) 안개 자욱한 물결은(烟波) 질펀하여(漫) 흐르지(流) 아니하네(不).
배에(船) 가득(滿) 가을(秋) 달(月) 흰빛을(白) 기다려(待) 얻어서(得)
즐겨(好) 길게(長) 피리(笛) 불며(吹) 강의(江) 누각을(樓) 지나가네(過).

☞ 낱말풀이 •樓 : 여강루(㘽江樓).

8. 述志(술지)

　　　　　　　－ 冶隱 吉 再(야은 길　재) － 그림 96

　　臨溪茅屋獨閑居　月白風淸興有餘
　　外客不來山鳥語　移床竹塢臥看書
　　임계모옥독한거　월백풍청흥유여
　　외객불래산조어　이상죽오와간서

　　홀로 한가로운 시냇가 띠 집
　　밝은 달 맑은 바람 남는 흥취.
　　손님은 오지 않고 산새소리만
　　대밭 평상에 누워 글을 읽네.

▮直 譯

시내(溪) 내려 뵈는(臨) 띠(茅) 집에(屋) 홀로(獨) 한가히(閑) 살매(居)
달(月) 밝고(白) 바람(風) 맑아(淸) 흥취(興) 남음(餘) 있네(有).
밖(外) 손님(客) 오지(來) 아니하니(不) 산(山) 새(鳥) 소리(語)
대나무(竹) 둑에(塢) 평상(床) 옮기고(移) 누워(臥) 책만(書) 보네(看).

☞ **낱말풀이** •竹塢 : 대밭언덕.

그림 97

題僧舍

山北山南細路分　道人汲井歸茅舍
松花舍雨露繽紛　一帶青烟染白雲

그림 98

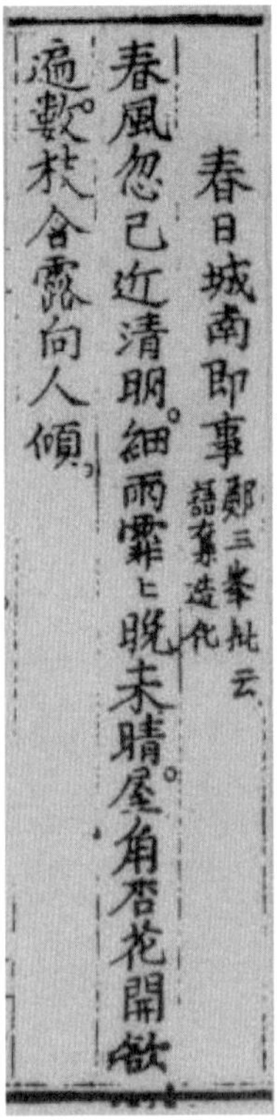

春日城南即事 鄭三峯 此云 語豪造化

春風忽已近清明　細雨霏霏晚未晴 屋角杏花開欲
遍數枝含露向人傾

그림 99

訪金居士野居

秋陰漠漠四山空　落葉無聲滿地紅 立馬溪橋問歸
路不知身在畵圖中。

그림 100

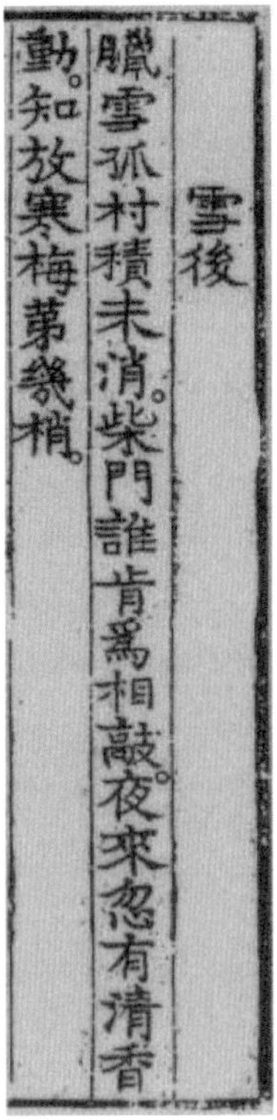

雪後

臘雪孤村積未消。柴門誰肯爲相敲夜來忽有淸香
動。知放寒梅數萼梢。

9. 題僧舍(제승사)

― 陶隱 李崇仁(도은 이숭인) ― 그림 97

山北山南細路分　松花含雨落繽紛
道人汲井歸茅舍　一帶靑烟染白雲
산북산남세로분　송화함우락빈분
도인급정귀모사　일대청연염백운

산 남북은 오솔길로 나뉘고
비에 젖은 송화 가루 어지러운데.
도인은 물 길어 초가로 돌아가고
흰 구름 물들이는 한 줄기 푸른 연기.

▌直 譯

산(山) 북쪽(北) 산(山) 남쪽은(南) 좁은(細) 길로(路) 나뉘고(分)
소나무(松) 꽃(花) 비를(雨) 머금고(含) 어지럽고(繽) 어지러이(紛) 떨어지는데(落).
도를 닦는(道) 사람(人) 샘물(井) 길어(汲) 띠(茅) 집으로(舍) 돌아가고(歸)
한(一) 줄기(帶) 푸른(靑) 연기만(烟) 흰(白) 구름(雲) 물들이네(染).

☞ 낱말풀이 •繽紛 : 어지러이 흩어진 모습. •道人 : 도를 닦는 사람.
•茅舍 : 띠로 지붕을 덮은 집. •靑烟 : 푸른 연기. 아지랑이.

10. 春日城南卽事(춘일성남즉사)

- 陽村 權 近(양촌 권 근) - 그림 98

春風忽已近淸明　細雨霏霏晚未晴
屋角杏花開欲遍　數枝含露向人傾
춘풍홀이근청명　세우비비만미청
옥각행화개욕편　수지함로향인경

봄바람 건 듯 부는 청명절
이슬비 보슬보슬 개이지 않고.
집 모퉁이 살구꽃 활짝 피우려
이슬 머금고 기우는 가지.

▌直 譯

봄(春) 바람(風) 문득(忽) 그치니(已) 청명에(淸明) 가깝고(近)
이슬비(細雨) 내리고(霏) 내리며(霏) 저물어도(晚) 개이지(晴) 아니하네(未).
집(屋) 모서리에(角) 살구(杏) 꽃(花) 두루(遍) 피고(開) 파서(欲)
서너(數) 가지(枝) 이슬(露) 머금고(含) 사람을(人) 향해(向) 기우네(傾).

☞ 낱말풀이 •忽已 : 문득 그치다. •霏霏 : 비나 눈이 내림. 조용히 내리는 눈이나 비. •屋角 : 지붕 모서리.

11. 訪金居士野居(방김거사야거)
         － 三峰　鄭道傳(삼봉 정도전) －　그림 99

秋陰漠漠四山空　落葉無聲滿地紅
立馬溪橋問歸路　不知身在畫圖中
추음막막사산공　낙엽무성만지홍
입마계교문귀로　부지신재화도중

가을 구름 막막하고 쓸쓸한 산
지는 잎 소리 없이 땅에 가득 붉고.
다리에 말 세워 돌아갈 길 묻나니
이 몸은 한 폭의 그림 속인 것을.

▌直 譯

가을의(秋) 낮은 구름(陰) 아득하고(漠) 아득하여(漠) 사방의(四) 산(山) 쓸쓸한데(空)
지는(落) 잎(葉) 소리(聲) 없이(無) 땅에(地) 가득(滿) 붉네(紅).
시내(溪) 다리에(橋) 말을(馬) 세워(立) 돌아 갈(歸) 길(路) 묻나니(問)
몸이(身) 그림과(畵) 그림(圖) 가운데(中) 있음을(在) 알지(知) 못하네(不).

☞ 낱말풀이 •居士 : 초야에 묻혀 사는 사람. •野居 : 초야에 묻혀 사는 곳.

12. 雪後(설후)

― 泰齋 柳方善(태재 유방선) ― 그림 100

臘雪孤村積未消 柴門誰肯爲相敲
夜來忽有淸香動 知放寒梅第幾梢
납설고촌적미소 시문수긍위상고
야래홀유청향동 지방한매제기초

외로운 마을에 녹지 않고 쌓인 섣달 눈
사립문을 누가 즐겨 두드리랴.
지난밤에 갑자기 피운 맑은 향기는
매화 꽃 몇 가지 피었음이라.

▌直 譯

섣달(臘) 눈이(雪) 외로운(孤) 마을에(村) 쌓여(積) 녹지(消) 않았으니(未)

섶나무(柴) 문을(門) 누가(誰) 즐겨(肯) 서로(相) 두드리려(敲) 하겠는가(爲).

밤이(夜) 와서야(來) 갑자기(忽) 맑은(淸) 향기(香) 움직임(動) 있으니(有)

다만(第) 몇(幾) 가지에(梢) 차가운(寒) 매화(梅) 핀 줄을(放) 알겠네(知).

제4장 七言絕句 127

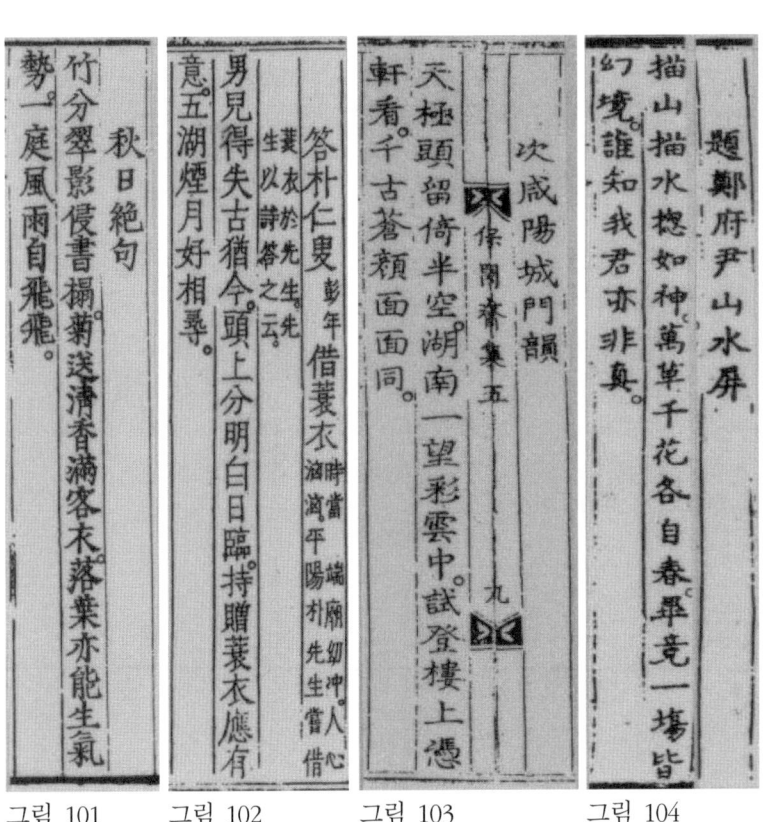

그림 101 그림 102 그림 103 그림 104

13. 秋日絕句(추일절구)

- 梅軒 權 遇(매헌 권 우) - 그림 101

竹分翠影侵書榻 菊送淸香滿客衣
落葉亦能生氣勢 一庭風雨自飛飛
죽분취영침서탑 국송청향만객의
낙엽역능생기세 일정풍우자비비

책상을 침노하는 푸른 대 그림자
나그네 옷에 가득한 국화 향기.
떨어진 나뭇잎도 기세부리며
비바람 치는 뜰을 날아다니네.

▌直 譯

대나무가(竹) 나눈(分) 푸른(翠) 그림자(影) 책상을(書榻) 침노하고(侵)
국화가(菊) 보낸(送) 맑은(淸) 향기(香) 나그네(客) 옷에(衣) 가득하네(滿).
떨어진(落) 잎(葉) 또한(亦) 능히(能) 기운의(氣) 형세를(勢) 살리며(生)
비(雨) 바람 부는(風) 온(一) 뜰에(庭) 저절로(自) 날고(飛) 나네(飛).

14. 答朴仁叟借蓑衣(답박인수차사의)
- 丹溪 赤村 河緯地(단계 적촌 하위지) - 그림 102

男兒得失古猶今 頭上分明白日臨
持贈蓑衣應有意 五湖煙月好相尋
남아득실고유금 두상분명백일임
지증사의응유의 오호연월호상심

사나이 얻고 잃음이 예나 이제나 같아
머리 위에 분명히 비추는 태양.
응당 도롱이 주는 뜻은
이슬비 내려도 찾아오라 함이리.

▌直 譯

사내(男) 아이(兒) 얻고(得) 잃음은(失) 예나(古) 이제나(今) 같아(猶)
머리(頭) 위에(上) 또렷하게(分明) 하얀(白) 해가(日) 내려보네(臨).
도롱이(蓑) 옷을(衣) 가져다(持) 보내 주는(贈) 뜻이(意) 응당(應) 있으리니(有)
다섯(五) 호수에(湖) 연기어린 은은한(煙) 달빛에도(月) 기꺼이(好) 찾아(尋) 보라 함이라(相).

15. 次咸陽城門韻(차함양성문운)
  - 保閑齋 申叔舟(보한재 신숙주) - 그림 103

天極頭留倚半空 湖南一望彩雲中
試登樓上憑軒看 千古蒼顏面面同
천극두류의반공 호남일망채운중
시등루상빙헌간 천고창안면면동

두류산은 하늘에 닿을 듯 솟고
호남은 채색 구름 속.
다락에 올라 사방을 보니
태고의 푸른 산봉우리.

▌直 譯

하늘에(天) 닿은(極) 두류산(頭留) 반쪽(半) 하늘에(空) 매달렸고(倚)
호남을(湖南) 한번에(一) 바라보니(望) 고운(彩) 구름(雲) 속이네(中).
시험 삼아(試) 다락(樓) 위에(上) 올라(登) 난간에(軒) 기대고(憑) 바라보니(看)
아득히 오랜(千古) 파란(蒼) 산 모양은(顏) 얼굴(面) 얼굴이(面) 한가지네(同).

☞ 낱말풀이 •頭留 : 두류산(頭流山). 지리산(智異山). •次韻 : 남이 지은 시의 운자(韻字)를 따서 시를 지음. 또는 그 시.

16. 題鄭府尹山水屛(제정부윤산수병)
　　　　　　　－ 乖厓 金守溫(괴애 김수온) － 그림 104

　　描山描水捴如神　萬草千花各自春
　　畢竟一場皆幻境　誰知我君亦非眞
　　묘산묘수총여신　만초천화각자춘
　　필경일장개환경　수지아군역비진

　　모두 신의 솜씨로 그린 산수
　　온갖 꽃과 풀은 제각기 봄.
　　끝내는 한바탕 환상의 경계거니
　　누가 알리 그대나 나나 모두 참이 아닌 것을.

▮直 譯

　　산을(山) 그리고(描) 물을(水) 그림은(描) 모두(捴) 신과(神) 같아(如)
　　만 가지(萬) 풀과(草) 천 가지(千) 꽃이(花) 서로(各) 저절로(自) 봄인데(春).
　　마침내(畢竟) 한(一) 마당이(場) 모두(皆) 허깨비의(幻) 지경이려니(境)
　　누가(誰) 알리(知) 나나(我) 그대나(君) 모두(亦) 참이(眞) 아닌 것을(非).

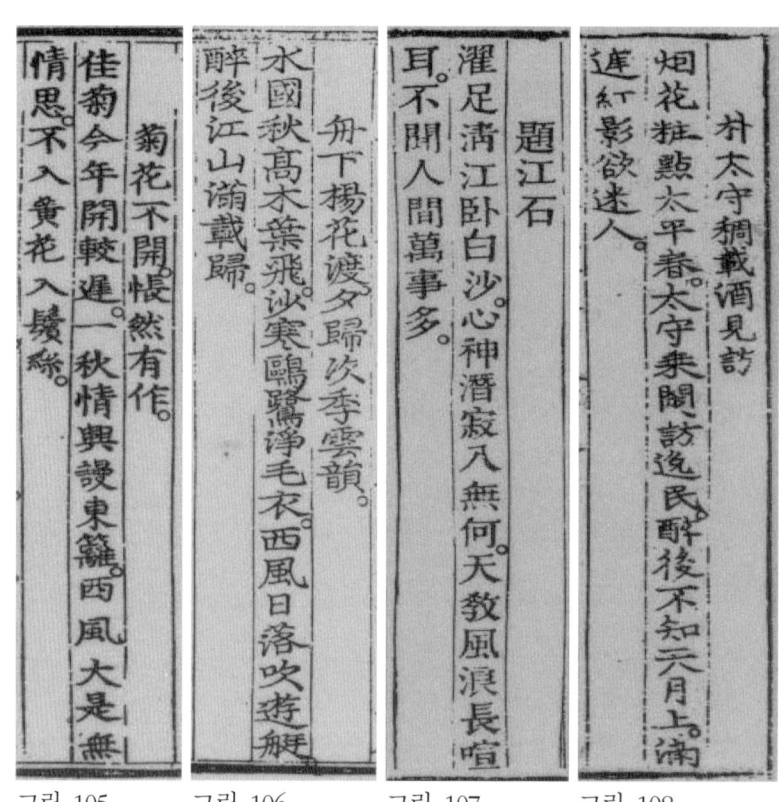

그림 105　　　　그림 106　　　　그림 107　　　　그림 108

17. 菊花不開悵然有作(국화불개창연유작)
  － 四佳 徐居正(사가 서거정) － 그림 105

佳菊今年開較遲　一秋情興謾東籬
西風大是無情思　不入黃花入鬢絲
가국금년개교지　일추정흥만동리
서풍대시무정사　불입황화입빈사

조금 더디게 핀 금년 국화꽃
울타리에 부질없는 정겨운 가을 흥취.
너무 무정한 서쪽 바람은
국화에 들지 않고 귀밑머리에 들었나.

▌直 譯

아름다운(佳) 국화가(菊) 올(今) 해에는(年) 견주어(較) 더디게(遲) 피어(開)
한(一) 가을의(秋) 정겨운(情) 흥취가(興) 동쪽(東) 울타리에서(籬) 게으름을 피우네(謾).
가을(西) 바람은(風) 거칠어(大) 이에(是) 정겨운(情) 생각이(思) 없으니(無)
누런(黃) 꽃에는(花) 들지(入) 아니하고(不) 실 같은(絲) 귀밑털에(鬢) 들었네(入).

18. 舟下楊花渡夕歸次季雲韻(주하양화도석귀차계운운)
－ 松溪 申用漑(송계 신용개) － 그림 106

水國秋高木葉飛 沙寒鷗鷺淨毛衣
西風日落吹遊艇 醉後江山滿載歸
수국추고목엽비 사한구로정모의
서풍일락취유정 취후강산만재귀

가을 깊어 마을에 나뭇잎이 날리고
모래 차가운데 갈매기 해오라기 털을 깨끗하게 한다.
지는 해에 갈바람은 놀이 배로 불고
취한 뒤에 강산만 가득 싣고 돌아온다.

▌直 譯

물(水) 나라에(國) 가을(秋) 높아(高) 나무(木) 잎(葉) 날리고(飛)
모래(沙) 차가운데(寒) 갈매기(鷗) 해오라기는(鷺) 털(毛) 옷을(衣) 깨끗하게 하네(淨).
갈(西) 바람은(風) 지는(落) 해에(日) 놀이(遊) 배로(艇) 불어오고(吹)
취한(醉) 뒤에(後) 강과(江) 산을(山) 가득(滿) 싣고(載) 돌아오네(歸).

☞ 낱말풀이 •次韻 : 한시(漢詩)에서 남이 지은 시의 운자(韻字)를 따서 지은 시. 또는 그 방법. •韻字 : 시(詩)나 부(賻)의 구말(句末)에 붙이는 글자.

19. 題江石(제강석)
　　　　　　－ 篠叢 洪裕孫(소총 홍유손) － 그림 107

濯足淸江臥白沙　心神潛寂入無何
天敎風浪長喧耳　不聞人間萬事多
탁족청강와백사　심신잠적입무하
천교풍랑장훤이　불문인간만사다

맑은 강 모래밭에 발 씻고 누웠으니
선경에 들어 고요한 심신.
풍랑만 귀를 시끄럽게 할 뿐
들리지 않는 인간의 부질없는 일들.

▍直 譯

맑은(淸) 강에(江) 발을(足) 씻고(濯) 흰(白) 모래에(沙) 누웠으니(臥)
마음과(心) 정신이(神) 고요에(寂) 잠겨(潛) 선경에(無何) 들어가네(入).
하늘이(天) 바람과(風) 물결로(浪) 하여금(敎) 길이(長) 귀를(耳) 시끄럽게 할 뿐(喧)
사람(人) 사이에(間) 온갖(萬) 일(事) 많아도(多) 들리지(聞) 아니하네(不).

　☞ 낱말풀이 •無何 : ①얼마 안 되어. 곧. ②아무 죄도 없음. ③무하유지향(無何有之鄕)의 준말. 선경(仙境).

20. 朴太守稠載酒見訪(박태수조재주견방)
― 慕齋 金安國(모재 김안국) ― 그림 108

烟花粧點太平春 太守乘閑訪逸民
醉後不知天月上 滿庭紅影欲迷人
연화장점태평춘 태수승한방일민
취후부지천월상 만정홍영욕미인

희부연 꽃으로 단장한 매우 평화스런 봄
틈을 타 숨은 백성 찾아온 태수.
술에 취해 하늘에 달 뜬 줄 몰랐는데
사람을 어지럽게 하는 꽃 그림자만 뜰에 가득.

▌直 譯

연기 어린(烟) 꽃으로(花) 그림을 그리듯(點) 단장한(粧) 매우(太) 평화로운(平) 봄(春)
태수는(太守) 한가로움을(閑) 타서(乘) 숨은(逸) 백성(民) 찾아왔네(訪).
취한(醉) 뒤라(後) 하늘에(天) 달(月) 오른줄(上) 알지(知) 못했는데(不)
뜰에(庭) 가득한(滿) 붉은(紅) 그림자(影) 사람을(人) 헤매게(迷) 하려하네(欲).

☞ 낱말풀이 •逸民 : 학문(學問)과 덕행(德行)이 있으면서도 세상을 피해 숨어 지내는 사람.

제4장 七言絕句

그림 109   그림 110   그림 111   그림 112

21. 示子芳(시자방)

- 石川 林億齡(석천 임억령) - 그림 109

古寺門前又送春 殘花隨雨點衣頻
歸來滿袖淸香在 無數山蜂遠趂人
고사문전우송춘 잔화수우점의빈
귀래만수청향재 무수산봉원진인

또 봄을 보내는 옛 절 문 앞
지는 꽃은 빗발 따라 자주 옷에 점을 찍고.
돌아올 때 옷소매에 가득한 맑은 향이 있어
멀리서 좇아오는 무수한 산벌들.

▌直 譯

옛(古) 절(寺) 문(門) 앞에서(前) 또(又) 보내는(送) 봄(春)
남아있던(殘) 꽃이(花) 빗발(雨) 따라(隨) 자주(頻) 옷에(衣) 점을 찍네(點).
돌아(歸) 오는데(來) 소매에(袖) 가득(滿) 맑은(淸) 향이(香) 있어(在)
셀 수(數) 없는(無) 산(山) 벌들이(蜂) 멀리서(遠) 사람을(人) 좇아 따라붙네(趂).

22. 大谷晝坐偶吟(대곡주좌우음)
                        - 大谷 成 運(대곡 성 운) - 그림 110

夏木成帷晝日昏 水聲禽語靜中喧
已知路絶無人到 猶倩山雲鎖洞門
하목성유주일혼 수성금어정중훤
이지로절무인도 유천산운쇄동문

여름 숲이 장막이루니 한낮에도 어둑어둑
물소리 새소리만 고요한 중에 시끄러워라.
길이 막혀 올 사람 없는 줄 알면서
오히려 산 구름 시켜 골짝 문 잠그네.

▎直 譯

여름(夏) 나무가(木) 장막을(帷) 이루니(成) 낮(晝) 해도(日) 어둡고(昏)
물(水) 소리(聲) 새(禽) 소리만(語) 고요한(靜) 가운데(中) 시끄럽네(喧).
길이(路) 막혀(絶) 올(到) 사람(人) 없는 줄(無) 이미(已) 알고 있는데(知)
오히려(猶) 산의(山) 구름(雲) 청하여(倩) 골짝(洞) 문을(門) 잠그네(鎖).

23. 無爲(무위)

― 晦齋 李彦迪(회재 이언적) ― 그림 111

萬物變遷無定態 一身閑適自隨時
年來漸省經營力 長對靑山不賦詩
만물변천무정태 일신한적자수시
연래점성경영력 장대청산불부시

변하고 바뀌어 정함이 없는 만물
때로 한가로이 즐기는 이 한 몸.
요즈음 경영하는 힘 살피며
시도 안 짓고 마주보는 청산.

▌直 譯

온갖(萬) 물건은(物) 달라지고(變) 바뀌어(遷) 정해진(定) 모양이(態) 없는데(無)
한(一) 몸(身) 한가로이(閑) 즐기며(適) 스스로(自) 때를(時) 따르네(隨).
여러 해 전부터(年來) 경영하는(經營) 힘(力) 차차(漸) 살피려(省)
오래(長) 푸른(靑) 산만(山) 마주하고(對) 시는(詩) 짓지(賦) 아니하네(不).

☞ 낱말풀이 •無爲 : 하는 일이 아무 것도 없음. •經營 : 방침 따위를 정하고 연구하여 일을 해 나감. 이익이 나도록 회사나 사업 따위를 운영함. •不賦詩 : 시를 짓지 아니함.

24. 贈安應休(증안응휴)
- 牛溪 成 渾(우계 성 혼) - 그림 112

一區耕鑿水雲中 萬事無心白髮翁
睡起數聲山鳥語 杖藜閑步遶花叢
일구경착수운중 만사무심백발옹
수기수성산조어 장려한보요화총

물과 구름 속에 농사짓는
신선 같은 하얀 늙은이.
산새 소리에 깨어나
한가로이 꽃길을 걷네.

▌直 譯

한(一) 지경에서(區) 밭 갈고(耕) 구멍 파니(鑿) 물과(水) 구름(雲) 속이요(中)
온갖(萬) 일(事) 마음에(心) 없는(無) 하얀(白) 머리털의(髮) 늙은이라네(翁).
잠에서(睡) 일어나게 하는(起) 서너(數) 소리는(聲) 산(山) 새(鳥) 소리요(語)
명아주(藜) 지팡이로(杖) 한가로이(閑) 걸으며(步) 꽃(花) 떨기를(叢) 두르네(遶).

☞ 낱말풀이 •耕鑿 : 밭을 갈고 샘을 파서 물을 마심. •杖藜 : 명아주 지팡이.

그림 113　　　그림 114　　　그림 115　　　그림 116

25. 尋伽倻山(심가야산)
　　　　　　－ 蓀谷 李 達(손곡 이 달) － 그림 113

中天笙鶴下秋霄　千載孤雲已寂廖
明月洞門流水在　不知何處武陵橋
중천생학하추소　천재고운이적료
명월동문유수재　부지하처무릉교

중천의 학은 가을밤에 내려오고
쓸쓸한 천 년 외로운 구름.
물엔 밝은 달 흘러내리는데
무릉(武陵) 다리는 어디인가.

▌直 譯

하늘(天) 가운데(中) 학이(鶴) 생황 소리를 내며(笙) 가을(秋) 밤에(宵) 내려오는데(下).
천(千) 년(載) 외로운(孤) 구름은(雲) 이미(已) 고요하고도(寂) 쓸쓸하네(寥).
밝은(明) 달은(月) 마을(洞) 문(門) 흐르는(流) 물에(水) 있는데(在)
어느(何) 곳이(處) 별천지로(武陵) 가는 다리인지(橋) 알지(知) 못하겠네(不).

　☞ 낱말풀이 •千載 : 천년. 武陵 : 무릉도원. 도연명(陶淵明)의 '도화원기(桃花源記)'에 나오는 별천지. 사람들이 화목하고 행복하게 살 수 있는 이상향(理想鄕). 유토피아. •笙 : 생황(笙篁). 아악(雅樂)에 쓰이는 관악기의 일종 19개. 또는 13개의 대나무 대롱으로 만들어 세워서 가로로 붊.

26. 月夜山映樓卽事(월야산영루즉사)
－ 疎庵 任叔英(소암 임숙영) － 그림 114

月光穿樹鶴巢空 霜葉蕭蕭乍有風
虛閣夜深涼露濕 玉簫聲斷綵雲中
월광천수학소공 상엽소소사유풍
허각야심량노습 옥소성단채운중

달빛 뚫은 나무 가지에 텅 빈 학의 보금자리
단풍잎 쓸쓸한데 잠시 이는 바람.
밤 깊은 빈집 이슬에 젖고
구슬퉁소는 비단구름 속으로.

▌直 譯

달(月) 빛은(光) 나무를(樹) 뚫는데(穿) 학의(鶴) 보금자리는(巢) 비어있고(空)
서리(霜) 잎(葉) 쓸쓸하게(蕭蕭) 잠시(乍) 바람(風) 있네(有).
빈(虛) 집은(閣) 밤(夜) 깊어(深) 서늘한(涼) 이슬에(露) 젖고(濕)
구슬(玉) 퉁소(簫) 소리(聲) 비단(綵) 구름(雲) 속으로(中) 끊어지네(斷).

☞ 낱말풀이 •穿樹 : 나무사이에 달빛이 비춤. •綵雲 : 고운 구름.

27. 絶句(절구)

― 東湖 文德敎(동호 문덕교) ― 그림 115

近來勤讀養生書 只爲經年病未除
最有一言眞藥石 淸心省事靜中居
근래근독양생서 지위경년병미제
최유일언진약석 청심성사정중거

요즈음 부지런히 읽는 양생서
고치지 못하는 오래된 병.
그러나 가장 좋은 약과 치료법은
마음 맑게 하고 일을 덜고 고요히 사는 것.

直 譯

요사이(近) 와서(來) 부지런히(勤) 삶을(生) 다스리는(養) 책을(書) 읽으나(讀)
다만(只) 해를(年) 지내게(經) 된(爲) 병은(病) 덜지(除) 못하였네(未).
가장(最) 교훈이 되는 유익한(藥石) 참(眞) 말(言) 한마디(一) 있으니(有)
마음을(心) 맑게 하고(淸) 일을(事) 덜고(省) 고요한(靜) 가운데(中) 살라하네(居).

☞ 낱말풀이 •養生 : 병에 걸리지 않고 섭생(攝生)을 함. •藥石 : ①약과 돌침. ②여러 가지 약재와 치료법. ③교훈이 되는 유익한 말.

28. 魚網(어망)

― 東淮 申翊聖(동회 신익성) ― 그림 116

寒食風前穀雨餘 磨腮魚隊上灘初
乘時盡物非吾意 故使兒童結網踈
한식풍전곡우여 마시어대상탄초
승시진물비오의 고사아동결망소

한식 지나 곡우 사이에
뺨을 비비며 여울에 오르는 고기떼.
때를 타 물건 얻는 것은 내 뜻 아니니
일부러 아이 시켜 성근 그물 뜨네.

▌直 譯

한식은(寒食) 바람(風) 앞이요(前) 곡우는(穀雨) 여유가 있는데(餘)
뺨을(腮) 비비는(磨) 고기(魚) 떼가(隊) 여울에(灘) 처음(初) 올라온다(上).
때를(時) 이용하여(乘) 물건을(物) 다 하는 것은(盡) 나의(吾) 뜻이(意) 아니니(非)
일부러(故) 아이(兒童) 시켜(使) 그물을(網) 성글게(踈) 맺는다(結).

☞ 낱말풀이 •寒食 : 명절의 이름. 동지에서부터 105일째 되는 날. 4월 5·6일쯤 임. 이날 나라에서는 종묘(宗廟)와 각 능원(陵園)에 제향(祭享)을 지내고 민간에서도 성묘(省墓)를 함. •穀雨 : 24절기의 여섯째. 곡식을 기르는 비라는 뜻. 양력 4월 20일경.

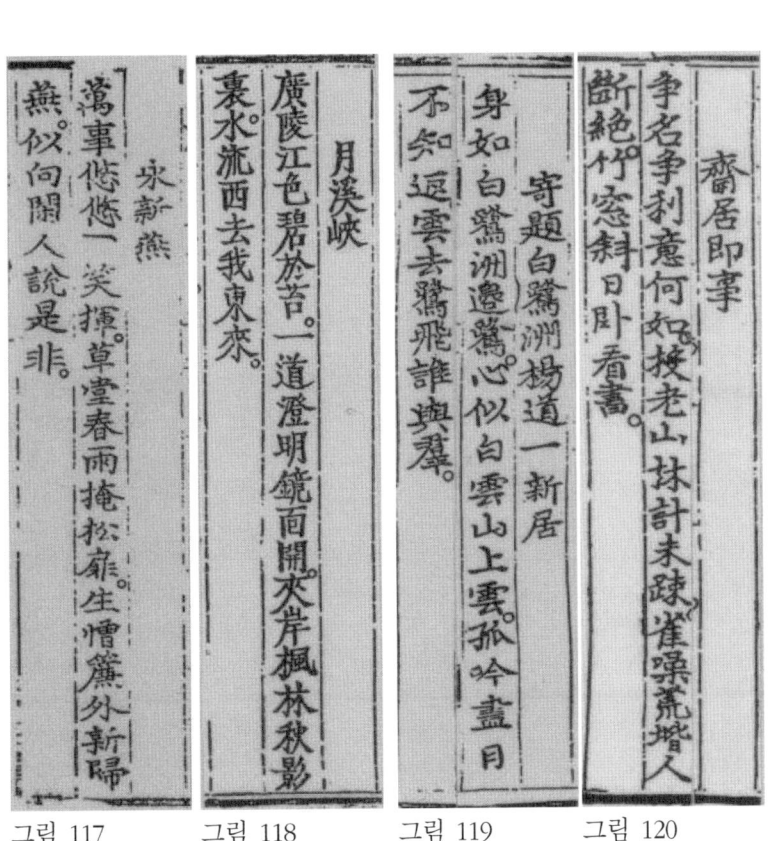

그림 117　　　그림 118　　　그림 119　　　그림 120

29. 咏新燕(영신연)
　　　　　　　－ 澤堂 李　植(택당 이　식) － 그림 117

萬事悠悠一笑揮　草堂春雨掩松扉
生憎簾外新歸燕　似向閑人說是非
만사유유일소휘　초당춘우엄송비
생증염외신귀연　사향한인설시비

세상만사는 한바탕 웃음이라
봄비 내리는데 초당엔 문 닫고.
뜻밖에 새로 돌아온 제비는
나를 향해 시비를 말하는 듯.

▮直 譯

온갖(萬) 일(事) 한가롭고(悠) 한가로이(悠) 한바탕(一) 웃음
으로(笑) 풀어놓자(揮).
풀(草) 집에(堂) 봄(春) 비 내리고(雨) 솔(松) 문짝은(扉) 닫
혔다(掩).
뜻밖에(生憎) 추녀(簾) 밖으로(外) 새로(新) 돌아온(歸) 제비
는(燕)
한가한(閑) 사람(人) 향하여(向) 옳고(是) 그름을(非) 말하는
것(說) 같다(似).

☞ 낱말풀이 •一笑揮 : 한바탕 웃음을 털어놓음. •掩松扉 : 소나무 사립문을
　　　　　닫음. 是非 : 제비가 지지배배 하고 노래하는 것을 是非로 느
　　　　　껴 적음. 옳은 것은 옳다하고 그런 것은 그르다고 함.

30. 月溪峽(월계협)

- 東洲 李敏求(동주 이민구) - 그림 118

廣陵江色碧於苔 一道澄明鏡面開
夾岸楓林秋影裏 水流西去我東來
광릉강색벽어태 일도징명경면개
협안풍림추영리 수류서거아동래

광릉의 강물 빛이 이끼보다 푸르러
외길이 밝고 맑아 거울로 열리었다.
양 언덕의 단풍 숲은 가을 그림자 속인데
물은 서쪽으로 흘러가고 나는 동쪽에서 온다.

▌直 譯

광릉의(廣陵) 강물(江) 빛이(色) 이끼(苔) 보다(於) 푸르러(碧)
하나의(一) 길(道) 맑고(澄) 밝아(明) 거울(鏡) 낯으로(面) 열리었네(開).
양쪽에 끼인(夾) 언덕의(岸) 단풍(楓) 숲은(林) 가을(秋) 그림자(影) 속인데(裏)
물은(水) 서쪽으로(西) 흘러(流) 가고(去) 나는(我) 동쪽에서(東) 오네(來).

31. 寄題白鷺洲楊道一新居(기제백로주양도일신거)
                    － 白洲 李明漢(백주 이명한) － 그림 119

身如白鷺洲邊鷺 心似白雲山上雲
孤吟盡月不知返 雲去鷺飛誰與羣
신여백로주변로 심사백운산상운
고음진월부지반 운거로비수여군

몸은 백로주의 해오라기
마음은 백운산의 구름.
종일토록 외로이 읊노라 돌아갈 줄 모르지만
구름 가고 백로도 가면 그 누구와 벗하리.

▮直 譯

몸은(身) 백로주(白鷺洲) 가의(邊) 해오라기와(鷺) 같고(如)
마음은(心) 백운산(白雲山) 위의(上) 구름과(雲) 같네(似).
외로이(孤) 달이(月) 다하도록(盡) 읊조리노라(吟) 돌아갈 줄 (返) 알지(知) 못하지만(不)
구름(雲) 가고(去) 해오라기(鷺) 날면(飛) 누구와(誰) 더불어(與) 무리 지을까(羣).

32. 齋居卽事(재거즉사)
　　　　　　　- 敬亭 李民宬(경정 이민성) - 그림 120

爭名爭利意何如　投老山林計未踈
雀噪荒堦人斷絶　竹窓斜日臥看書
쟁명쟁리의하여　투노산림계미소
작조황계인단절　죽창사일와간서

명예와 이익다툼 그 뜻이 어떠한지
늙어 산림에 들 계획 아직 트이지 않았네.
사람 자취 끊어져 참새 우짖는 거친 뜰
대나무 창으로 비낀 햇살에 누워 책을 보네.

▌直 譯

명예(名) 다툼(爭) 이익(利) 다툼(爭) 그 뜻이(意) 어떠하고
(何) 어떠한가(如).
늙어(老) 산(山) 숲에(林) 머물(投) 계획(計) 아직 트이지
(踈) 아니하였다(未).
참새(雀) 지저귀는(噪) 거친(荒) 뜰에(堦) 사람(人) 끊어지고
(斷) 끊어졌는데(絶).
대나무(竹) 창으로(窓) 비낀(斜) 햇살에(日) 누워(臥) 책을
(書) 본다(看).

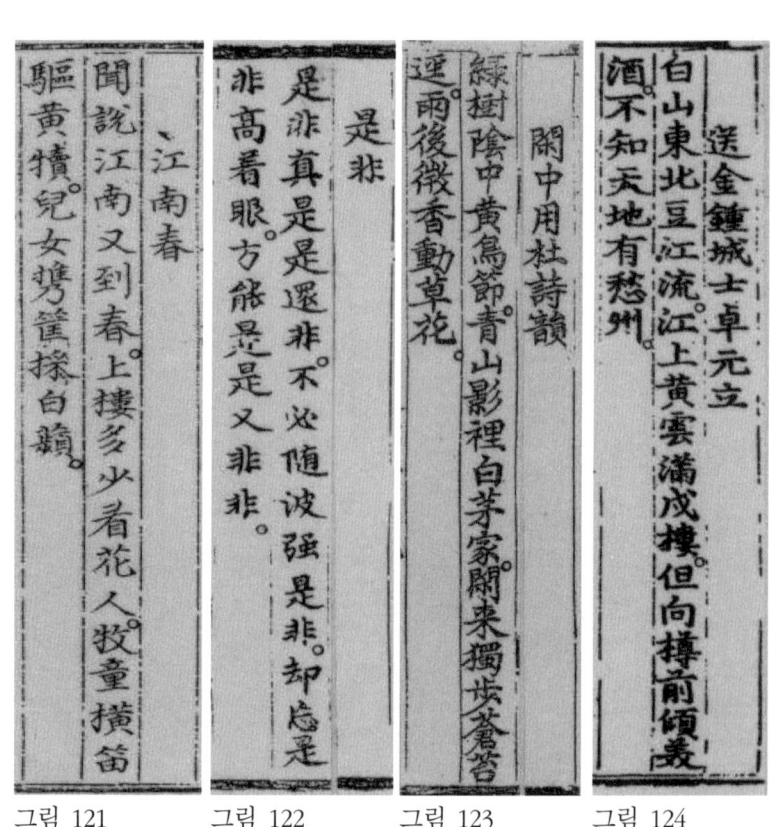

그림 121　　　그림 122　　　그림 123　　　그림 124

33. 江南春(강남춘)

- 葵窓 海原君 李 健(규창 해원군 이 건) - 그림 121

聞說江南又到春 上樓多少看花人
牧童橫笛驅黃犢 兒女携筐採白蘋
문설강남우도춘 상루다소간화인
목동횡적구황독 아여휴광채백빈

또 강남에 봄이 왔다니
다락에 올라 꽃구경하는 이 많겠지.
송아지 몰며 피리 부는 목동
광주리 갖고 흰 마름 캐는 계집아이.

▌直 譯

강(江) 남쪽에(南) 또(又) 봄이(春) 이르렀다는(到) 말이(說) 들리니(聞)
다락에(樓) 올라서(上) 꽃(花) 보는(看) 사람은(人) 많을지(多) 적을지(少).
소치는(牧) 아이는(童) 피리를(笛) 옆으로 불며(橫) 누런(黃) 송아지(犢) 몰고(驅)
어린(兒) 여인은(女) 광주리(筐) 들고(携) 흰(白) 마름을(蘋) 캐리(採).

34. 是非(시비)

- 遯溪 許 厚(둔계 허 후) - 그림 122

是非眞是是還非 不必隨波强是非
却忘是非高着眼 方能是是又非非
시비진시시환비 불필수파강시비
각망시비고착안 방능시시우비비

참 옳음도 시비하면 도로 그르나니
물결 따라 억지로 시비할 것 아니라네.
옳고 그름 모두 잊어버려야
옳으니 그르니 할 수 있겠지.

▌直 譯

참(眞) 옳음도(是) 옳으니(是) 그르니 하면(非) 옳음이(是)
도로(還) 그름이 되니(非)
반드시(必) 물결(波) 따라(隨) 억지로(强) 옳으니(是) 그르니
할 것이(非) 아니라네(不).
도리어(却) 옳고(是) 그름을(非) 잊고(忘) 높은데(高) 눈을
(眼) 붙여야만(着)
바야흐로(方) 옳음을(是) 옳다 하고(是) 또(又) 그름을(非)
그르다고(非) 할 수 있다네(能).

35. 閑中用杜詩韻(한중용두시운)
- 墨軒 龜谷 崔奇男(묵헌 귀곡 최기남) - 그림 123

綠樹陰中黃鳥節 靑山影裡白茅家
閑來獨步蒼苔逕 雨後微香動草花
녹수음중황조절 청산영리백모가
한래독보창태경 우후미향동초화

꾀꼬리 노니는 푸른 나무
푸른 산 속 하얀 띠 집.
한가하면 이끼 길 거닐고
비 갠 뒤의 풀과 꽃에 일렁이는 향기.

▌直 譯

푸른(綠) 나무(樹) 그늘(陰) 속은(中) 꾀꼬리의(黃鳥) 시절(節)
푸른(靑) 산(山) 그늘(影) 속에(裡) 하얀(白) 띠(茅) 집(家).
한가로움에(閑) 이르면(來) 홀로(獨) 파란(蒼) 이끼(苔) 길을(逕) 걷고(步)
비온(雨) 뒤엔(後) 은은한(微) 향기가(香) 풀(草) 꽃에서(花) 움직이네(動).

36. 送金種城士卓元立(송김종성사탁원립)
      - 東溟 鄭斗卿(동명 정두경) - 그림 124

白山東北豆江流 江上黃雲滿戍樓
但向樽前傾美酒 不知天地有愁州
백산동북두강류 강상황운만수루
단향준전경미주 부지천지유수주

백두산 동북으로 흐르는 두만강
수루에 가득한 강 위의 누른 구름.
술통 앞에서 맛난 술만 기울일 뿐
천지에 시름의 고을 있는 줄 모르리.

▌直 譯

백두산(白山) 동북쪽에(東北) 두만강이(豆江) 흐르고(流)
강(江) 위의(上) 누른(黃) 구름(雲) 수루에(戍樓) 가득하다(滿).
다만(但) 술통(樽) 앞을(前) 향해(向) 맛 좋은(美) 술만(酒) 기울일 뿐(傾)
하늘과(天) 땅에(地) 근심스러운(愁) 고을이(州) 있는 줄(有) 알지(知) 못하네(不).

☞ 낱말풀이 •戍樓 : 적군의 동정을 망보기 위하여 성 위에 만든 누각. 즉 성의 망루(望樓).

제4장 七言絕句

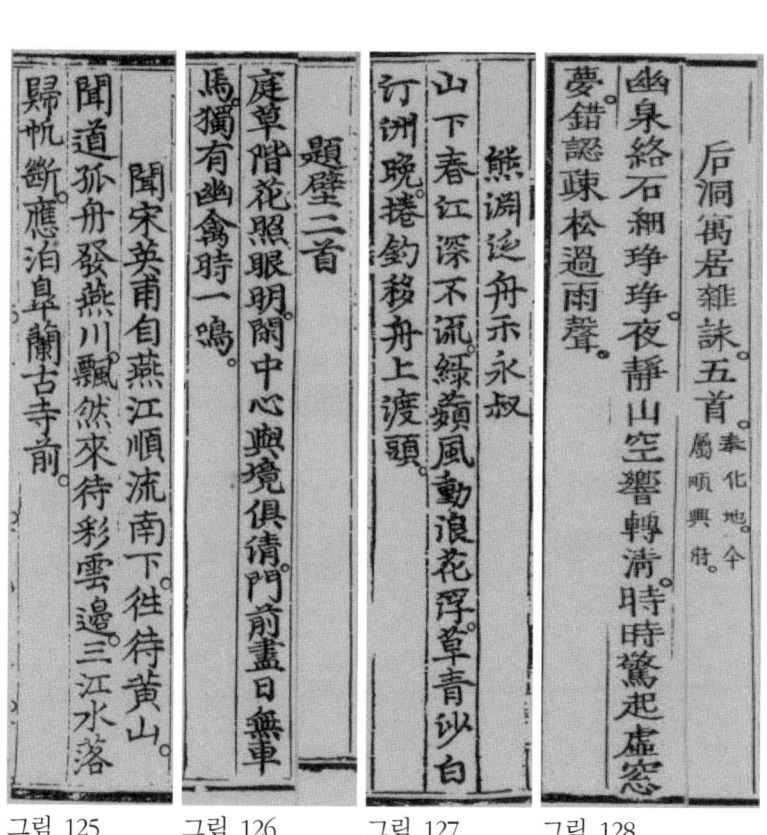

그림 125　　그림 126　　그림 127　　그림 128

37. 聞宋英甫自燕江順流南下往待黃山
　　(문송영보자연강순류남하왕대황산)

－ 龍西 尹元擧(용서 윤원거) － 그림 125

聞道孤舟發燕川　飄然來待彩雲邊
三江水落歸帆斷　應泊皐蘭古寺前
문도고주발연천　표연래대채운변
삼강수락귀범단　응박고란고사전

배가 홀로 연천을 떠났다는 말을 듣고
표연히 와서 기다리는 아름다운 구름 가.
물이 말라 끊겨진 뱃길
응당 고란의 옛 절 앞에 대었겠지.

▋直 譯

말을(道) 들으니(聞) 홀로(孤) 배가(舟) 연천을(燕川) 떠났다고 하기에(發)
나부끼듯(飄) 그렇게(然) 와서(來) 고운 빛깔의(彩) 구름(雲) 가에서(邊) 기다리네(待).
세(三) 강의(江) 물이(水) 떨어져(落) 오가는(歸) 배가(帆) 끊겼다니(斷)
응당(應) 고란이라는(皐蘭) 옛(古) 절(寺) 앞에(前) 대었겠네(泊).

38. 題壁(제벽)
　　　　　－ 靜虛堂 洪柱世(정허당 홍주세) － 그림 126

庭草階花照眼明　閑中心與境俱淸
門前盡日無車馬　獨有幽禽時一鳴
정초계화조안명　한중심여경구청
문전진일무거마　독유유금시일명

눈에 밝게 비추는 뜰의 풀과 꽃
한가로이 모두 맑은 마음과 경계.
종일토록 찾는 이 없는 문 앞에
때로 한번 씩 우는 깊숙한 새.

▌直 譯

뜰(庭) 풀과(草) 섬돌(階) 꽃은(花) 눈에(眼) 비추어(照) 밝고(明).
한가한(閑) 가운데(中) 마음과(心) 더불어(與) 장소가(境) 함께(俱) 맑네(淸).
문(門) 앞엔(前) 날이(日) 다하도록(盡) 수레도(車) 말도(馬) 없고(無).
홀로(獨) 숨은(幽) 새(禽) 있어(有) 때로(時) 한번씩(一) 우네(鳴).

☞ 낱말풀이 •幽禽 : 조용한 곳에 사는 새.

39. 熊淵泛舟示永叔(웅연범주시영숙)

– 眉叟 許 穆(미수 허 목) – 그림 127

山下春江深不流 綠蘋風動浪花浮
草靑沙白汀洲晚 捲釣移舟上渡頭
산하춘강심불류 녹빈풍동랑화부
초청사백정주만 권조이주상도두

깊어 흐르지 않는 산 밑의 봄 강
바람이 일어 푸른 물결에 뜨는 꽃.
해 저무는 물가에 풀은 푸르고 모래는 흰데
낚시 걷고 배 옮겨 오르는 나루.

▌直 譯

산(山) 아래(下) 봄(春) 강은(江) 깊어(深) 흐르지(流) 않고(不)
푸른(綠) 개구리밥에(蘋) 바람이(風) 일어나니(動) 물결에(浪) 꽃이(花) 뜨네(浮).
풀은(草) 푸르고(靑) 모래는(沙) 흰데(白) 물가(汀) 섬에(洲) 해가 저물어(晚)
낚시(釣) 걷고(捲) 배를(舟) 옮겨(移) 나루(渡) 꼭대기로(頭) 오르네(上).

40. 后洞寓居雜詠(후동우거잡영)
　　　　　－ 南坡 洪宇遠(남파 홍우원) － 그림 128

幽泉絡石細琤琤　夜靜山空響轉淸
時時驚起虛窓夢　錯認疎松過雨聲
유천락석세쟁쟁　야정산공향전청
시시경기허창몽　착인소송과우성

돌을 감도는 쟁쟁한 물소리
고요한 밤 빈 산에 맑은 메아리.
때때로 놀라 일어나는 빈창의 꿈
성근 소나무에 지나가는 빗소리인줄.

▎直 譯

고요한(幽) 샘은(泉) 돌을(石) 둘러(絡) 가늘게(細) 옥 소리로(琤) 쟁쟁(琤).
밤이(夜) 고요하고(靜) 산이(山) 비어(空) 소리(響) 더욱더(轉) 맑네(淸).
때(時) 때로(時) 놀라(驚) 일어나니(起) 빈(虛) 창의(窓) 꿈(夢)
성근(疎) 소나무에(松) 지나가는(過) 비(雨) 소리로(聲) 잘못(錯) 알겠네(認).

夜吟二首
西池落盡藕花香。虛閣秋生夜月凉。世間多少傷心事。都付風前一嘯長。

그림 129

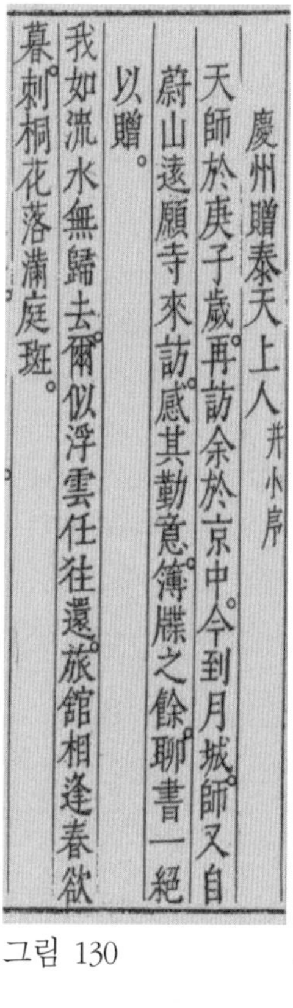

慶州贈泰天上人幷小序
天師於庚子歲再訪余於京中。今到月城師又自蔚山遠願寺來訪。感其勤意簿牒之餘聊書一絕以贈。
我如流水無歸去。爾似浮雲任往還。旅館相逢春欲暮。刺桐花落滿庭斑。

그림 130

龍潭竹枝詞
門前芳草綠初肥。籬外桃花紅未稀。罷釣歸來溪路晚。一輪明月照蘿衣。

그림 131

上太極亭 是日奉恩寺僧適來訪
寒塘水落石稜出。霜着巖楓一半紅。談罷小亭僧獨去。亂山秋色夕陽中。

그림 132

41. 夜吟(야음)

― 南坡 洪宇遠(남파 홍우원) ― 그림 129

西池落盡藕花香 虛閣秋生夜月凉
世間多少傷心事 都付風前一嘯長
서지락진우화향 허각추생야월량
세간다소상심사 도부풍전일소장

서쪽 못에 다 진 연꽃 향기
빈 집엔 시원한 가을 밤 달.
세상의 마음 아픈 일들일랑
모두 바람에 부쳐 휘파람 길게 한번.

▌直 譯

서쪽(西) 못에(池) 다(盡) 떨어진(落) 연(藕) 꽃(花) 향기(香)
빈(虛) 집은(閣) 가을에(秋) 나온(生) 밤(夜) 달이(月) 서늘하네(凉).
세상(世) 사이에(間) 많고(多) 적은(少) 마음(心) 아픈(傷) 일들(事)
모두(都) 바람(風) 앞에(前) 부쳐(付) 한번(一) 길게(長) 휘파람부네(嘯).

42. 慶州贈泰天上人(경주증태천상인)

— 葯泉 南九萬(약천 남구만) — 그림 130

我如流水無歸去 爾似浮雲任往還
旅館相逢春欲暮 刺棟花落滿庭斑
아여류수무귀거 이사부운임왕환
여관상봉춘욕모 자동화락만정반

나는 돌아갈 수 없는 흐르는 물
너는 마음대로 오가는 뜬구름.
서로 만나니 봄이 저물어
뜰에 가득 아롱지는 엄나무 꽃.

▌直 譯

나는(我) 흐르는(流) 물과(水) 같아(如) 돌아(歸) 갈 수(去) 없으나(無)
너는(爾) 뜬(浮) 구름(雲) 같아(似) 마음대로(任) 갔다가(往) 돌아오네(還).
나그네가(旅) 묵는 집에서(館) 서로(相) 맞나니(逢) 봄이(春) 저물려고(暮) 하는데(欲)
엄나무(刺桐) 꽃이(花) 떨어져(落) 뜰에(庭) 가득(滿) 무늬지네(斑).

43. 龍潭竹枝詞(용담죽지사)
　　　　　　- 葵亭 申厚載(규정 신후재) - 그림 131

門前芳草綠初肥 籬外桃花紅未稀
罷釣歸來溪路晚 一輪明月照蘿衣
문전방초록초비 이외도화홍미희
파조귀래계로만 일륜명월조라의

푸름이 살찌는 문 앞 꽃다운 풀
붉음이 짙은 울 밖의 복사꽃.
낚시 마치고 돌아오는 저문 시내 길에
둥글고 밝은 달이 여라 옷을 비추고.

▮直 譯

문(門) 앞(前) 꽃다운(芳) 풀엔(草) 푸름이(綠) 비로소(初) 살찌고(肥)
울(籬) 밖의(外) 복사(桃) 꽃엔(花) 붉음이(紅) 드물지(稀)
아니하네(未).
낚시(釣) 마치고(罷) 돌아(歸) 오는(來) 시내(溪) 길이(路) 저물어(晚)
하나의(一) 둥글고(輪) 밝은(明) 달은(月) 여라(蘿) 옷을(衣)
비추네(照).

☞ 낱말풀이 •竹枝詞 : 가사(歌詞)의 한 체(體).

44. 上太極亭(상태극정)
― 一峰 趙顯期(일봉 조현기) ― 그림 132

寒塘水落石稜出 霜着巖楓一半紅
談罷小亭僧獨去 亂山秋色夕陽中
한당수락석능출 상착암풍일반홍
담파소정승독거 난산추색석양중

차가운 연못에 물이 줄어 나온 돌 모서리
서리 내린 바위 단풍은 절반이 붉고.
이야기 마치자 중 혼자 떠나는 작은 뜰
가을 빛 어지러운 산 저녁볕 속이라.

│直 譯

차가운(寒) 못에(塘) 물이(水) 줄어(落) 돌(石) 모서리(稜) 나오고(出)
서리(霜) 붙은(着) 바위(巖) 단풍(楓) 한(一) 반은(半) 붉었네(紅).
이야기(談) 마친(罷) 작은(小) 정자에서(亭) 중(僧) 홀로(獨) 떠나는데(去)
어지러운(亂) 산의(山) 가을(秋) 빛은(色) 저녁(夕) 볕(陽) 가운데네(中).

제4장 七言絕句　167

그림 133
還懷二首
一畝沙田數間屋。東山明月北窓風。百年身世生涯足。長作堯衢擊壤翁。

그림 134
漫吟
九月西風曉稻黃寒林落葉盡迎霜田翁白酒來相餉漫興陶然醉夕陽。

그림 135
漫吟八絶 丁丑
山雨過來夕照遲瓜田鋤畢坐如箕。兒童報道溪魚上又試經綸理釣綸。

그림 136
百濟 扶餘縣
雨冷風凄去國愁巖花落盡水悠悠。泉臺寂寞誰相伴。同是江南歸合戾。

45. 遣懷(견회)

— 月洲 蘇斗山(월주 소두산) — 그림 133

一畝沙田數間屋 東山明月北窓風
百年身世生涯足 長作堯衢擊壤翁
일무사전수간옥 동산명월북창풍
백년신세생애족 장작요구격양옹

모래밭 한 이랑에 두어 칸 집
밝은 달은 동산이요 바람은 북 창.
만족할만한 백년의 한평생
길이 태평가 부르는 농부가 되리.

▌直 譯

한(一) 이랑(畝) 모래(沙) 밭에(田) 두어(數) 간(間) 집인데(屋)
동쪽(東) 산은(山) 밝은(明) 달이요(月) 북쪽(北) 창은(窓) 바람이네(風).
백년의(百年) 몸과(身) 세상(世) 생명의(生) 끝까지(涯) 만족하거니(足)
길이(長) 요임금(堯) 거리의(衢) 흙덩이를(壤) 치는(擊) 늙은 이가(翁) 되려네(作).

☞ 낱말풀이 •畝 : 이랑. 전답 면적의 단위. 6척(尺) 사방은 1보(步), 100보 (步)는 1무(畝). 1척(尺)은 약 30.3cm. •擊壤 : 격양가(擊壤歌). 중국 상고(上古)의 요(堯) 임금 때, 늙은 농부가 땅을 두드리며 천하가 태평함을 기리어 불렀다는 노래로, '세월이 태평함'을 기리어 부르는 노래.

46. 漫吟(만음)
　　　　　　－ 游齋 李玄錫(유재 이현석) － 그림 134

九月西風晩稻黃　寒林落葉盡迎霜
田翁白酒來相餉　漫興陶然醉夕陽
구월서풍만도황　한림락엽진영상
전옹백주래상향　만흥도연취석양

늦벼도 누런 구월의 갈바람
낙엽은 서리 맞아 차가운 숲.
늙은 농부가 권하는 막걸리
석양에 도연히 절로 취하는 흥취.

▌直 譯

구월의(九月) 가을(西) 바람에(風) 늦(晩) 벼가(稻) 누렇고(黃)
차가운(寒) 숲(林) 떨어지는(落) 잎이(葉) 모두(盡) 서리(霜) 맞았네(迎).
밭(田) 늙은이(翁) 흰(白) 술을(酒) 서로(相) 오라고 하여(來) 대접하니(餉)
넘쳐흐르는(漫) 흥취가(興) 기뻐서(陶) 그러하게(然) 저녁(夕) 볕에(陽) 취하네(醉).

☞ **낱말풀이** •田翁 : 늙은 농부. •白酒 : 흰 막걸리. •漫興 : 저절로 일어나는 흥취. •陶然 : 취하여 흥이 돋는 모양. 술이 거나하게 올라 기분이 좋은 모양.

47. 漫吟(만음)

- 順庵 安鼎福(순암 안정복) - 그림 135

山雨過來夕照遲 瓜田鋤畢坐如箕
兒童報道溪魚上 又試經綸理釣絲
산우과래석조지 과전서필좌여기
아동보도계어상 우시경륜리조사

너무 내린 산의 비로 저녁볕이 더디 뜨니
오이 밭에 김을 맨 뒤 발 뻗고 편히 앉았네.
아이들이 시내 고기 올랐다 하기에
경영을 시험 삼아 낚싯줄을 다스리네.

▌直 譯

산에(山) 비가(雨) 지나치게(過) 와서(來) 저녁(夕) 빛이(照) 더디니(遲)
오이(瓜) 밭에(田) 김매기를(鋤) 끝내고(畢) 곡식을 까부는 키(箕) 같이(如) 앉았네(坐).
아이들이(兒童) 시내(溪) 고기(魚) 올랐다고(上) 알리어(報) 말하니(道)
또한(又) 경영하고(經) 다스리는 것을(綸) 시험 삼아(試) 낚시(釣) 줄을(絲) 다스리네(理).

☞ 낱말풀이 •經綸 : 나라를 다스리는 일. 또는 그 방책.

48. 百濟(백제)

- 泠齋 歌商樓 柳得恭(영재 가상루 유득공) - 그림 136

雨冷風凄去國愁 巖花落盡水悠悠
泉臺寂寞誰相伴 同是江南歸命侯
우랭풍처거국수 암화락진수유유
천대적막수상반 동시강남귀명후

비바람 쓸쓸함은 나라 잃은 시름인데
바위 꽃 다 떨어졌어도 물은 유유히 흐르고.
적막한 물가의 돈대 누구와 서로 짝할까
강남의 귀명후(歸命侯) 그와 함께 노닐지.

直 譯

비는(雨) 차갑고(冷) 바람이(風) 쓸쓸함은(凄) 나라(國) 잃은(去) 근심이라(愁)
바위(巖) 꽃(花) 모두(盡) 떨어졌어도(落) 물은(水) 한가롭고(悠) 느긋하네(悠).
샘의(泉) 돈대(臺) 쓸쓸하고(寂) 쓸쓸하니(寞) 누구와(誰) 서로(相) 짝할까(伴)
강의(江) 남쪽(南) 귀명후(歸命侯) 그와(是) 함께 해야지(同).

☞ 낱말풀이 •歸命 : 불교에서, 몸과 마음을 바쳐 부처의 가르침에 따르는 일.

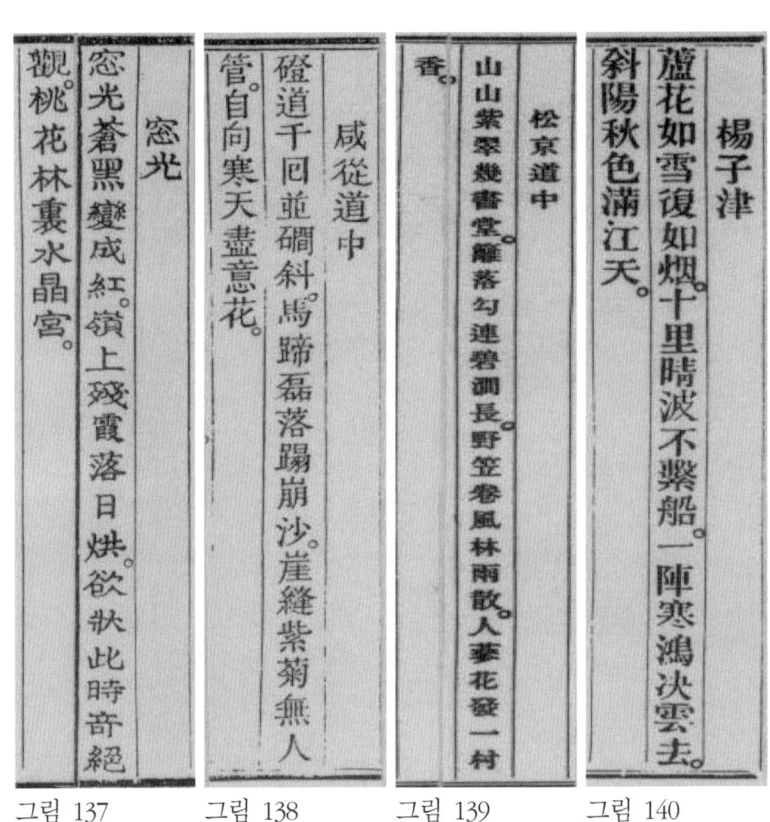

그림 137 그림 138 그림 139 그림 140

49. 窓光(창광)

- 滄起 李彦塡(창기 이언전) - 그림 137

窓光蒼黑變成紅 嶺上殘霞落日烘
欲狀此時奇絶觀 桃花林裏水晶宮
창광창흑변성홍 영상잔하락일홍
욕상차시기절관 도화림리수정궁

검푸르다 붉게 변하는 창 빛
산 위 남은 노을에 지는 해가 타는 듯.
이때 나타내려는 빼어난 경관은
복숭아 숲 속의 수정궁이라.

▮直 譯

창의(窓) 빛이(光) 푸르고(蒼) 검다가(黑) 변하여(變) 붉게(紅) 되니(成).
산봉우리(嶺) 위(上) 남은(殘) 노을에(霞) 지는(落) 해는(日) 횃불인 듯(烘).
이(此) 때(時) 기이하고(奇) 빼어난(絶) 경관을(觀) 나타내려(狀) 하니(欲).
복숭아(桃) 꽃(花) 숲(林) 속의(裏) 수정궁이라네(水晶宮).

50. 咸從道中(함종도중)
　　　　　- 臺山 金邁淳(대산 김매순) - 그림 138

磴道千回並磵斜　馬蹄磊落踏崩沙
崖縫紫菊無人管　自向寒天盡意花
등도천회병간사　마제뇌락답붕사
애봉자국무인관　자향한천진의화

비탈길 꼬불꼬불 비스듬한 산골 물
말 걸음은 쌓인 모래 밟네.
관리하는 사람 없는 절벽에 덮인 자줏빛 국화
찬 하늘을 향해 스스로 뜻을 다하네.

▌直 譯

돌 비탈(磴) 길(道) 천 번(千) 돌아(回) 산골 물과(磵) 아울러(並) 비스듬한데(斜)
말(馬) 발굽은(蹄) 높이 쌓여(磊落) 무너진(崩) 모래(沙) 밟네(踏).
벼랑을(崖) 꿰맨 듯한(縫) 자주 빛(紫) 국화(菊) 맡아 다스리는(管) 사람(人) 없어도(無)
스스로(自) 차가운(寒) 하늘(天) 향해(向) 꽃의(花) 뜻을(意) 다하네(盡).

　☞ 낱말풀이 •磊落 : ①도량이 넓어 자질구레한 일에 거리끼지 않는 모양. ②높이 쌓인 모양. ③큰 소리가 사방에서 들리는 모양. ④많은 과일이 열린 모양.

51. 松京道中(송경도중)

- 阮堂·秋史 金正喜(완당·추사 김정희) - 그림 139

山山紫翠幾書堂 籬落句連碧澗長
野笠卷風林雨散 人蔘花發一村香
산산자취기서당 이락구연벽간장
야립권풍림우산 인삼화발일촌향

산마다 아름다운데 서당은 몇이나 되는지
울타리에 시 읽는 소리 푸른 냇물은 유장하네.
들 삿갓에 바람이 불고 숲에는 비가 뿌리는데
한마을이 향기로운 인삼 꽃이여.

▌直 譯

산과(山) 산은(山) 자줏빛(紫) 비취빛인데(翠) 글(書) 집은(堂) 몇인고(幾).
울타리에서(籬) 울타리로(落) 글이(句) 이어지고(連) 푸른(碧) 산골 물은(澗) 길기도 하네(長).
들(野) 삿갓(笠) 바람이(風) 돌돌 감아 싸고(卷) 숲에는(林) 비가(雨) 흩어지는데(散).
인삼(人蔘) 꽃(花) 피어(發) 한(一) 마을이(村) 향기롭네(香).

52. 楊子津(양자진)

— 嘯齋 卞鍾運(소재 변종운) — 그림 140

蘆花如雪復如烟 十里晴波不繫船
一陳寒鴻決雲去 斜陽秋色滿江天
노화여설부여연 십리청파불계선
일진한홍결운거 사양추색만강천

눈 같고 연기 같은 갈꽃
십리 맑은 물에 배는 매여 있지 않고.
구름을 가르고 날아가는 한 떼의 추운 큰 기러기
강 하늘에 가득한 석양 가을빛이여.

▎直 譯

갈대(蘆) 꽃은(花) 눈(雪) 같고(如) 다시(復) 연기(烟) 같기도 하고(如).
십리(十里) 맑은(晴) 물결은(波) 배를(船) 매여 있게(繫) 아니하네(不).
한(一) 떼의(陣) 추운(寒) 큰 기러기(鴻) 구름을(雲) 가르고(決) 가니(去)
기우는(斜) 햇볕(陽) 가을(秋) 빛이(色) 강(江) 하늘에(天) 가득하네(滿).

제5장 七言律詩(칠언율시)

제 목 : 青山影裏 청산영리
규 격 : 35 × 127cm(2002년 작)
내 용 : 본서 〈그림 141〉 참조

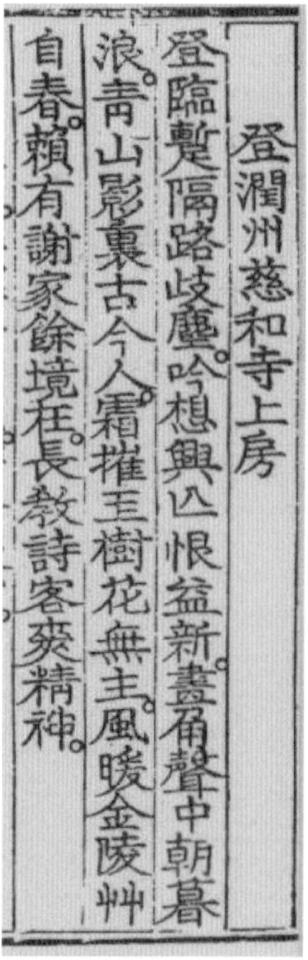

그림 141

登潤州慈和寺上房

登臨甈隔路歧塵吟想興亾恨益新
浪靑山影裏古今人霜摧玉樹花無主風暖金陵艸
自春賴有謝家餘境在長敎詩客爽精神

그림 142

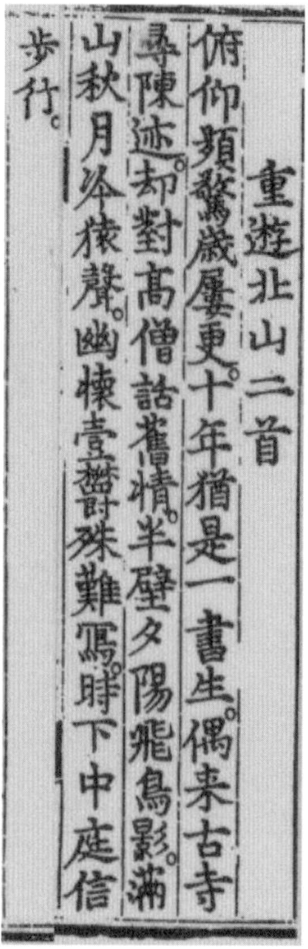

重遊北山二首

俯仰頻驚歲屢更十年猶是一書生偶來古寺
尋陳迹却對高僧話舊情半壁夕陽飛鳥影滿
山秋月冷猿聲幽楼壹舊討殊難駕時下中庭信
步行

그림 143

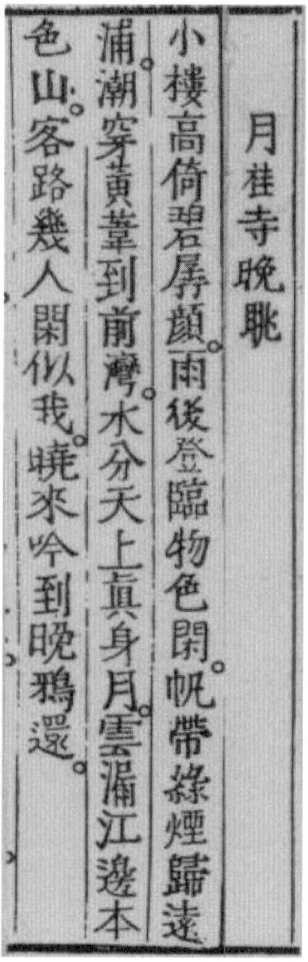

月桂寺晚眺

小檻高倚碧屛顔雨後登臨物色閒帆帶綠煙歸遠
浦潮穿黃葦到前灣水分天上眞身月雲漏江邊本
色山客路幾人閒似我曉來吟到晚鴉還

1. 登潤州慈和寺上房(등윤주자화사방)
　　　　　　－ 孤雲 崔致遠(고운 최치원) － 그림 141

　　登臨暫隔路岐塵　吟想興亡恨益新
　　畫角聲中朝暮浪　靑山影裏古今人
　　霜摧玉樹花無主　風暖金陵艸自春
　　賴有謝家餘境在　長敎詩客爽精神
　　등임잠격로기진　음상흥망한익신
　　화각성중조모랑　청산영리고금인
　　상최옥수화무주　풍난금능초자춘
　　뇌유사가여경재　장교시객상정신

　　세상 일 멀리하여 산에 오르면
　　더욱 한스러운 흥망 생각.
　　아침저녁 물결은 뿔피리 속에
　　청산 속에는 고금의 사람.
　　서리 꺾인 옥수엔 주인 없는 꽃
　　봄바람 따뜻한 금릉.
　　사령운의 남긴 경치 있어
　　시인들의 마음을 시원하게 하네.

▌直 譯

　　산에 올라(登) 내려다보면(臨) 잠시나마(暫) 갈림(岐) 길(路)
　　먼지와(塵) 떨어져(隔).
　　흥하고(興) 망함을(亡) 생각하며(想) 읊조리니(吟) 한스러움
　　(恨) 더욱(益) 새로워라(新).
　　그림같이 아름다운(畫) 뿔피리(角) 소리(聲) 속에는(中) 아침
　　(朝) 저녁(暮) 물결이요(浪).

푸른(靑) 산(山) 그늘(影) 속에는(裏) 예와(古) 오늘의(今) 사람이라(人).
서리에(霜) 꺾인(摧) 아름다운(玉) 나무에는(樹) 꽃의(花) 주인이(主) 없고(無)
바람이(風) 따뜻한(暖) 금릉에는(金陵) 풀이(艸) 절로(自) 봄이로다(春).
다행히(賴) 사령운이(謝家) 있었던(有) 장소(境) 남아(餘) 있어(在)
길이(長) 시 쓰는(詩) 나그네(客) 혼과(精) 마음을(神) 시원하게(爽) 한다(敎).

☞ 낱말풀이 •畫閣 : 뿔로 만든 아름다운 피리. •玉樹 : 재주가 뛰어난 사람의 비유, 또 홰나무의 이칭(異稱). •金陵 : 지명(地名). •謝家 : 사령운(謝靈運). 남조(南朝) 송(宋)나라의 시인. 문제(文帝) 때 시중(侍中)이 되었으나 참소(讒訴)를 당해 사형을 당하였음. 그의 시풍(詩風)은 후대(後代)에 큰 영향을 주었음.

2. 重遊北山(중유북산)

— 白雲居士 李奎報(백운거사 이규보) — 그림 142

俯仰頻驚歲屢更　十年猶是一書生
偶來古寺尋陳迹　却對高僧話舊情
半壁夕陽飛鳥影　滿山秋月冷猿聲
幽懷壹鬱殊難寫　時下中庭信步行
부앙빈경세루갱　십년유시일서생
우래고사심진적　각대고승화구정
반벽석양비조영　만산추월냉원성
유회일울수난사　시하중정신보행

여러 번 바뀐 해 자주 놀라
십년 동안 그대로 서생.
오랜 절 묵은 자취 찾다가

제5장 七言律詩   181

고승 만나 도리어 옛정 이야기.
벽에는 지는 해에 날아가는 새 그림자
가을달밤 산에는 잔나비 소리.
달래기 어려운 깊은 시름과 울기에
때로 마음 맡겨 거닐어 보는 뜰.

▎直 譯

굽어보나(俯) 우러러보나(仰) 세월이(歲) 여러 번(屢) 바뀜에 (更) 자주(頻) 놀라는데(驚)
십 년 동안(十年) 아직도(猶) 한갓(一) 글 하는(書) 백성(生) 이다(是).
우연히(偶) 옛(古) 절에(寺) 와(來) 묵은(陳) 자취(迹) 찾는데(尋)
문득(却) 높은(高) 스님(僧) 마주하고(對) 옛(舊) 정(情) 이야기한다(話).
반쪽(半) 벽에는(壁) 저녁(夕) 볕에(陽) 날아다니는(飛) 새(鳥) 그림자(影)
산엔(山) 가을(秋) 달(月) 가득한데(滿) 쓸쓸한(冷) 잔나비(猿) 소리(聲).
깊은(幽) 생각과(懷) 한결같은(壹) 울기(鬱) 유달리(殊) 없애기(寫) 어려워(難)
때로(時) 가운데(中) 뜰로(庭) 내려가(下) 걸음에(步) 맡겨(信) 거닌다(行).

☞ **낱말풀이** •俯仰 : 고개를 숙임과 쳐듦. 일상생활. •書生 : 학업을 닦는 젊은이. •壹鬱 : 한결같은 답답함.

3. 月桂寺晩眺(월계사만조)
― 梅湖 陣 澕(매호 진 화) ― 그림 143

小樓高倚碧屛顔　雨後登臨物色閑
帆帶綠煙歸遠浦　潮穿黃葦到前灣
水分天上眞身月　雲漏江邊本色山
客路幾人閑似我　曉來吟到晩鴉還
소루고의벽잔안　우후등임물색한
범대록연귀원포　조천황위도전만
수분천상진신월　운누강변본색산
객로기인한사아　효래음도만아환

푸른 산꼭대기에 매달린 작은 암자
비 온 뒤라 물색도 한가하고.
희부연 연기 속에 먼 개펄로 돌아가는 배
앞 여울로 밀려든 조수 누른 갈대를 뚫고.
물이 나뉘는 하늘에는 아름다운 달빛
본디 산 빛은 구름이 새는 강가.
나그네길 그 누가 나만큼 한가하랴
새벽에 시 읊으니 어느 듯 저녁.

▌直 譯

작은(小) 다락(樓) 높이(高) 의지하여(倚) 나약한(屛) 모습은(顔) 푸른데(碧)
비온(雨) 뒤(後) 올라(登) 내려다보니(臨) 만물의(物) 빛깔(色) 한가롭네(閑).
돛단배(帆) 푸른(綠) 연기(煙) 두르고(帶) 먼(遠) 개펄로(浦) 돌아가고(歸)

조수는(潮) 누른(黃) 갈대(葦) 뚫고(穿) 앞(前) 여울로(灣) 밀려드네(到).
물이(水) 나뉘는(分) 하늘(天) 위엔(上) 참(眞) 모습(身) 달이오(月)
구름(雲) 넘치는(漏) 강(江) 가엔(邊) 본디(本) 빛깔(色) 산이네(山).
나그네(客) 길(路) 몇(幾) 사람이나(人) 나와(我) 같이(似) 한가하랴(閑)
새벽이(曉) 와(來) 시 읊으며(吟) 저녁으로(晚) 이르니(到) 까마귀(鴉) 돌아오네(還).

☞ **낱말풀이** •晚眺 : 저녁의 풍경 •屛顔 : 산이 높고 험한 모양.

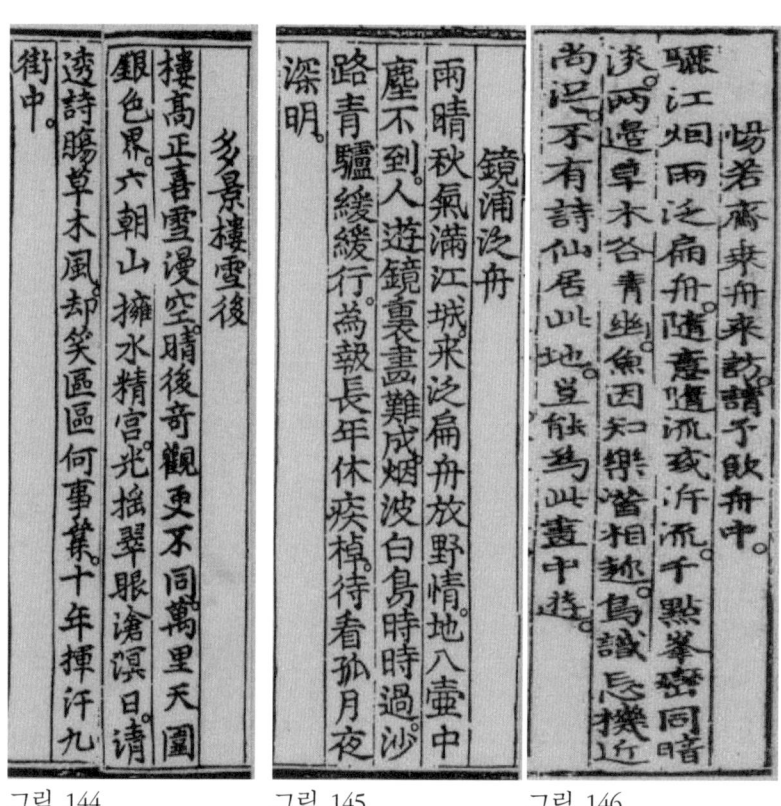

그림 144　　　　　그림 145　　　　　그림 146

4. 多景樓雪後(다경루설후)
             － 益齋 李齊賢(익재 이제현) － 그림 144

　　樓高正喜雪漫空　晴後奇觀更不同
　　萬里天圍銀色界　六朝山擁水精宮
　　光搖翠眼滄溟日　淸透詩腸草木風
　　却笑區區何事業　十年揮汗九街中
　　누고정희설만공　청후기관갱부동
　　만리천위은색계　육조산옹수정궁
　　광요취안창명일　청투시장초목풍
　　각소구구하사업　십년휘한구가중

　　높은 다락 하늘 가득 눈이 내리고
　　맑게 갠 뒤엔 기이한 경치.
　　은빛 세계를 두른 먼 하늘
　　산 품에 안긴 수정 궁전.
　　넓은 바다에 빛나는 태양
　　바람은 시의 마음을 맑게 하고.
　　우스워라 자질구레한 일
　　십 년 동안 많은 거리에 땀만 뿌리고.

▎直 譯

　　다락(樓) 높아(高) 진정(正) 기쁨은(喜) 하늘에(空) 어지러운(漫) 눈이요(雪)
　　맑은(晴) 뒤(後) 기이한(奇) 경치는(觀) 다시(更) 같지(同) 아니하네(不).
　　만(萬) 리의(里) 하늘은(天) 은(銀) 빛(色) 세계를(界) 빙 둘렀고(圍)

여섯(六) 조정의(朝) 산은(山) 수정궁(水精宮) 끌어안았네(擁).
푸른(翠) 눈에(眼) 반짝이는 빛은(光搖) 푸르고 큰(滄) 바다
의(溟) 해요(日).
시의(詩) 마음을(腸) 맑게(淸) 뚫는 것은(透) 풀(草) 나무에
(木) 이는 바람이네(風).
도리어(却) 우습구나(笑) 자질구레하고(區) 자질구레한(區)
무슨(何) 일(事) 일이던가(業)
십(十) 년(年) 땀(汗) 뿌린 곳은(揮) 많은(九) 거리(街) 가운
데네(中).

☞ **낱말풀이** •滄溟 : 창해(滄海). 또는 사방의 바다. •六朝 : 건업(建業)에 도
읍 한 여섯 나라. 곧 오(吳), 동진(東晉), 송(宋), 제(齊), 양
(梁), 진(陳). 문학상으로는 위(魏), 진(晉)에서 남북조(南北朝)
를 거쳐 수(隋)에 이르는 기간을 통칭함. •區區 : 작은 모양. 잘
다란 모양. •九 : 많은 수의 뜻으로 쓰임. •光搖翠眼滄溟日 : 사람
눈처럼 둥근 바다에서 솟아오르는 해는 눈동자를 연상하게 함.

5. 鏡浦泛舟(경포범주)

- 謹齋 安　軸(근재 안 축) - 그림 145

雨晴秋氣滿江城　來泛扁舟放野情
地入壺中塵不到　人遊鏡裏畵難成
烟波白鳥時時過　沙路靑驢緩緩行
爲報長年休疾棹　待看孤月夜深明
우청추기만강성　내범편주방야정
지입호중진부도　인유경리화난성
연파백조시시과　사로청려완완행
위보장년휴질도　대간고월야심명

비 멎은 강둑에 상쾌한 가을 빛
들길을 가듯 한가로이 떠가는 배.

호수 속 땅은 티끌도 이르지 않고
경포대 풍경은 한 폭의 그림.
안개 속에 노니는 하얀 새
모래사장에 걸음 느린 나귀.
사공아 오래토록 노를 젓지 말고
외로이 밝은 달 바라보자.

直 譯

비(雨) 개이니(晴) 가을(秋) 기운(氣) 강의(江) 도시에(城) 가득하고(滿)
물에 떠(泛) 오는(來) 작은(扁) 배는(舟) 들에(野) 놓인(放) 정이라(情).
병(壺) 속에(中) 든(入) 땅은(地) 티끌도(塵) 이르지(到) 아니하고(不)
사람이(人) 경포대(鏡) 속에(裏) 노니(遊) 그림(畵) 이루기(成) 어려워라(難).
안개 자욱한 수면에(烟波) 하얀(白) 새(鳥) 때(時) 때로(時) 지나가고(過)
모래(沙) 길엔(路) 푸른(靑) 나귀(驢) 느리고(緩) 느리게(緩) 다녀라(行).
알려(報) 두느니(爲) 긴(長) 세월(年) 빠르게 젓던(疾) 노(棹) 그치고(休)
깊은(深) 밤(夜) 밝히는(明) 외로운(孤) 달을(月) 기다려(待) 보아라(看).

☞ 낱말풀이 •壺中 : 항아리 속. 호수 한 가운데. •靑驢 : 나귀. •鏡裏 : 경포대(鏡浦臺).

6. 惕若齋乘舟來訪請予飮舟中
   (척약재승주래방청여음주중)

        － 柳巷 韓 脩(유항 한 수) － 그림 146

驪江烟雨泛扁舟 隨意隨流或泝流
千點峯巒同暗淡 兩邊草木各靑幽
魚因知樂潛相趂 鳥識忘機近尙浮
不有詩仙居此地 豈能爲此畫中遊
여강연우범편주 수의수류혹소류
천점봉만동암염 양변초목각청유
어인지락잠상진 조식망기근상부
불유시선거차지 기능위차화중유

여강의 이슬비에 조각배 띄워
마음대로 물에 따르고 거스르고.
어렴풋한 천 점의 산
푸르고 깊은 언덕의 풀 나무.
고기들은 즐거움 알아 서로 쫓고
새는 세상 일 잊을 줄 알아 가까이 날고.
시선(詩仙)이 여기 살지 않는다면
이런 그림 속에 어찌 놀 수 있으리.

▌直 譯

여강(驪江) 이슬비에(烟雨) 조각(扁) 배(舟) 띄우고(泛)
마음을(意) 따라(隨) 흐르는 물을(流) 따르기도 하고(隨) 혹은(或) 흐르는 물을(流) 거스르기도 하네(泝).
천(千) 점(點) 산봉우리(峯) 작은 산(巒) 한가지로(同) 어둡고(暗) 어렴풋하고(淡)

두(兩) 모퉁이(邊) 풀(草) 나무(木) 각각(各) 푸르고(靑) 그윽하네(幽).
고기는(魚) 즐거움(樂) 아는 것으로(知) 말미암아(因) 잠기었다(潛) 서로(相) 쫓고(趨)
새는(鳥) 위태로움을(機) 잊을 줄(忘) 알아(識) 가까이서도(近) 오히려(尙) 하늘에 뜨네(浮).
시의(詩) 신선이(仙) 이(此) 곳에(地) 살고(居) 있지(有) 아니하다면(不)
어찌(豈) 이(此) 그림(畫) 속에서(中) 능히(能) 놀 수(遊) 있겠는가(爲).

☞ **낱말풀이** •淡 : ①묽을 담. ②어렴풋할 염. •扁舟 : 작은 배. 편주(片舟).
　　　　　•泝流 : 흐르는 물을 거슬러 올라감. •趨 : 쫓아 감.

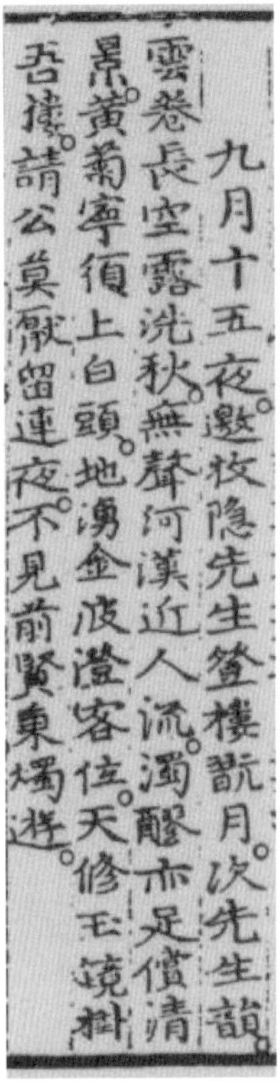

그림 149

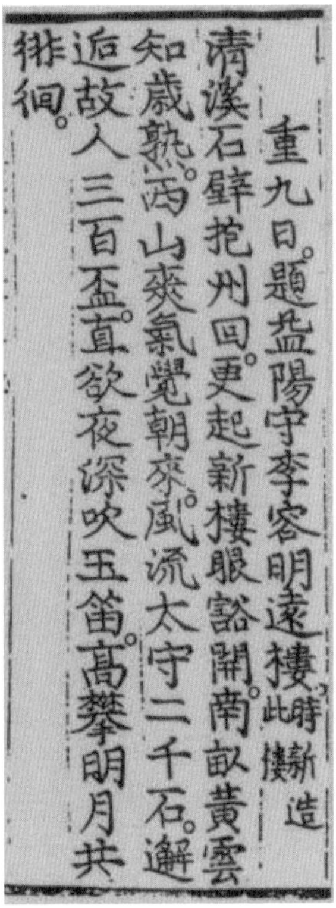

重九日。題益陽守李容明遠樓此時纔造
清溪石壁苍州回更起新樓眼豁開南畝黃雲
知歲熟兩山爽氣覺朝來風流太守二千石邂
近故人三百盃直欲夜深吹玉笛高攀明月共
徘徊

그림 148

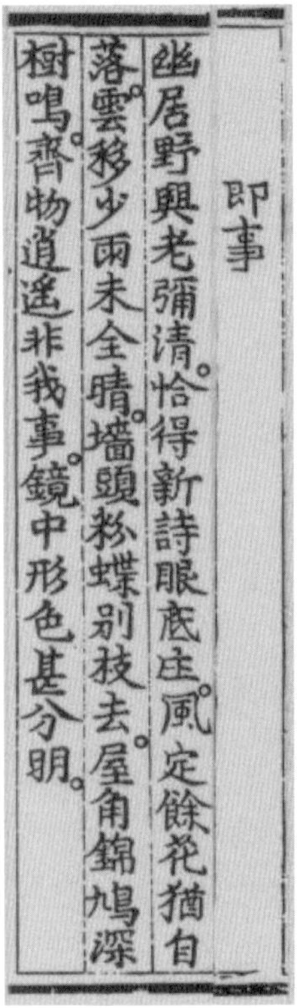

即事
幽居野興老彌清恰得新詩眼底庄風定餘花擁自
落雲移少雨未全晴墻頭教蝶別技去屋角錦鳩深
樹鳴齊物道遙非我事鏡中形色甚分明

그림 147

九月十五夜邀牧隱先生登樓翫月次先生韻
雲卷長空露洗秋無聲河漢近人流渭醪亦足償清
景黃菊寧煩上白頭地湧金波澄客位天修玉鏡拂
吾樓請公莫厭留連夜不見前賢東燭遊

7. 九月十五夜邀牧隱先生登樓翫月次先生韻
(구월십오야요목은선생등루완월차선생운)

― 柳巷 韓　脩(유항 한　수) ― 그림 147

雲卷長空露洗秋　無聲河漢近人流
濁醪亦足償淸景　黃菊寧須上白頭
地湧金波澄客位　天修玉鏡掛吾樓
請公莫厭留連夜　不見前賢秉燭遊
운권장공로세추　무성하한근인류
탁료역족상청경　황국영수상백두
지용금파징객위　천수옥경괘오루
청공막염유연야　불견전현병촉유

먼 하늘 구름 걷히니 이슬은 가을을 씻고
가까이 흐르는 소리 없는 은하수.
맑은 경치 감상하기에 탁주라도 넉넉하니
흰머리에 노란 국화 어찌 오르리.
땅에서 솟아 손의 자리 맑게 하는 금물결
하늘이 닦아 내 다락에 걸어준 옥거울.
부디 이 밤 내내 머물기를
옛날의 그 현인 촛불 밝히고 즐긴 것처럼.

▌直 譯

구름(雲) 걷힌(卷) 먼(長) 하늘에(空) 이슬은(露) 가을을(秋) 씻고(洗).
은하수는(河漢) 소리(聲) 없이(無) 사람(人) 가까이(近) 흐르네(流).
막걸리로도(濁醪) 맑은(淸) 경치(景) 보답하기(償) 또한(亦)

넉넉한데(足)
노란(黃) 국화(菊) 어찌(寧) 모름지기(須) 흰(白) 머리에(頭) 오르게 하리(上).
땅은(地) 금(金) 물결(波) 샘솟아(湧) 나그네(客) 자리를(位) 맑게 하고(澄)
하늘은(天) 옥(玉) 거울(鏡) 닦아(修) 내(吾) 다락에(樓) 걸어주네(掛).
바라나니(請) 그대는(公) 밤을(夜) 이어(連) 머물기를(留) 싫어하지(厭) 말지니(莫)
예전(前) 현인(賢) 보아오지(見) 못했는가(不) 촛불(燭) 잡고(秉) 놀았음을(遊).

☞ 낱말풀이 •牧隱 : 이름은 이색(李穡). 고려 때의 현인(賢人). •次韻 : 한시(漢詩)에서 남이 지은 운자(韻字)를 따서 시를 지음. 또는 그 방법. •韻子 : 시(詩)나 부(賦)의 구말(句末)에 붙이는 글자. •河漢 : 은하수(銀河水). •金波 : 금물결. 달이 비친 바다 물결의 형용. •玉鏡 : 옥거울. 달의 형용. •秉燭 : 촛불을 밝힘. '고인병촉야유(古人秉燭夜遊)'라는 이백(李白)의 글이 「춘야연도리원서(春夜宴桃李園序)」에 실려 있음.

8. 即事(즉사)

　　　　　　　- 牧隱 李　穡(목은 이　색) - 그림 148

幽居野興老彌淸　恰得新詩眼底生
風定餘花猶自落　雲移少雨未全晴
墻頭粉蝶別枝去　屋角錦鳩深樹鳴
齊物逍遙非我事　鏡中形色甚分明
유거야흥노미청　흡득신시안저생
풍정여화유자락　운이소우미전청
장두분접별지거　옥각금구심수명
제물소요비아사　경중형색심분명

더욱 좋은 숨어사는 흥취
새로운 시에 기쁨 얻고.
바람 없어도 남은 꽃 절로 떨어지고
구름이 옮겨가도 비는 가랑가랑.
담 머리의 나비는 꽃가지 떠나고
깊은 숲에서 우는 비둘기.
제물과 소요는 내 할 일 아니지만
못내 분명한 거울 속 그 형색.

直 譯

숨어(幽) 사는(居) 시골(野) 흥취(興) 늙을수록(老) 더욱(彌) 맑아(淸)
마치(恰) 새로운(新) 시가(詩) 눈(眼) 아래서(底) 얻어(得) 생기는 것 같네(生).
바람(風) 멈추어도(定) 남은(餘) 꽃(花) 오히려(猶) 저절로(自) 떨어지고(落)
구름(雲) 옮기어도(移) 드문(少) 비(雨) 온전히(全) 개이지(晴) 아니하네(未).
담장(墻) 머리(頭) 흰(粉) 나비(蝶) 다른(別) 가지로(枝) 가고(去)
집(屋) 모서리(角) 아름다운(錦) 비둘기(鳩) 깊은(深) 숲에서(樹) 우네(鳴).
제물과(齊物) 소요는(逍遙) 내(我) 일이(事) 아니나(非)
거울(鏡) 속(中) 모양과(形) 빛은(色) 너무(甚) 밝게(明) 분별되네(分).

☞ **낱말풀이** •幽居 : 은거(隱居). •眼底 : 안중(眼中). •粉蝶 : 흰 나비. 아름다운 나비. •齊物逍遙 : 모두 장자(莊子)의 논설(論說)로서 장자의 편명(篇名). 유유자적(悠悠自適)을 즐기며 천성을 잃지 않음. 특히 제물론(齊物論)은 장자의 중심사상을 나타낸 논설. 즉 세상의 시비진위(是非眞僞)를 모두 상대적으로 보고 하나로 돌아가야 한다는 주장.

9. 重九日題益陽守李容明遠樓
(중구일제익양수이용명원루)

- 圃隱 鄭夢周(포은 정몽주) - 그림 149

淸溪石壁抱州回　更起新樓眼豁開
南畝黃雲知歲熟　西山爽氣覺朝來
風流太守二千石　邂逅故人三百盃
直欲夜深吹玉笛　高攀明月共徘徊
청계석벽포주회　갱기신루안활개
남무황운지세숙　서산상기각조래
풍류태수이천석　해후고인삼백배
직욕야심취옥적　고반명월공배회

고을을 안고 도는 맑은 시내
눈앞이 트이는 우뚝 솟은 정자.
남쪽 밭엔 누런 곡식 물결치고
아침은 서쪽 맑은 산 기운에서 밝아오고.
많은 돈을 가진 풍류객
옛 벗 뜻밖에 만나면 많이 마시는 술.
깊은 밤 피리 불고파서
밝은 달 붙잡고 어정거리네.

▎直　譯

맑은(淸) 시내(溪) 바위(石) 절벽(壁) 고을을(州) 안고(抱)
도니(回).
다시(更) 세운(起) 새로운(新) 다락(樓) 눈이(眼) 넓게 트여
(豁) 열리네(開).
남쪽(南) 이랑(畝) 누런(黃) 구름이니(雲) 풍년으로(歲) 익음

을(熟) 알겠고(知)
서쪽(西) 산(山) 시원한(爽) 기운에(氣) 아침이(朝) 오고 있음을(來) 느끼겠네(覺).
풍류 태수는(風流太守) 이(二) 천(千) 섬이고(石)
옛 벗(故人) 뜻밖에 만나고(邂) 우연히 만나니(逅) 삼(三) 백의(百) 술잔이라네(盃).
곧(直) 밤(夜) 깊어(深) 옥(玉) 피리(笛) 불고(吹) 싶어(欲)
높이(高) 붙잡고 올라(攀) 밝은(明) 달과(月) 함께(共) 어정거리고(徘) 머뭇거리네(徊).

☞ **낱말풀이** •豁開 : 사방이 트이고 열림. •石 : ①돌 석. ②부피의 단위 섬 석. 한 섬은 열 말. 한 말은 약 18리터. •邂逅 : 우연히 만남. •故人 : 다정한 친구. •直欲 : 바로 ~을 하고자 함. •高攀 : 높은 곳에 오름.

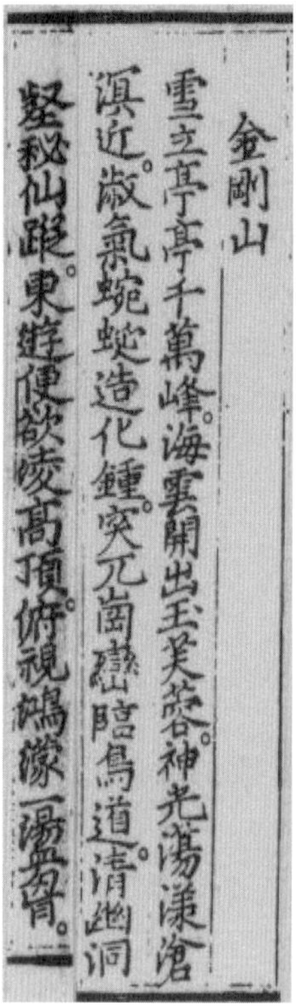

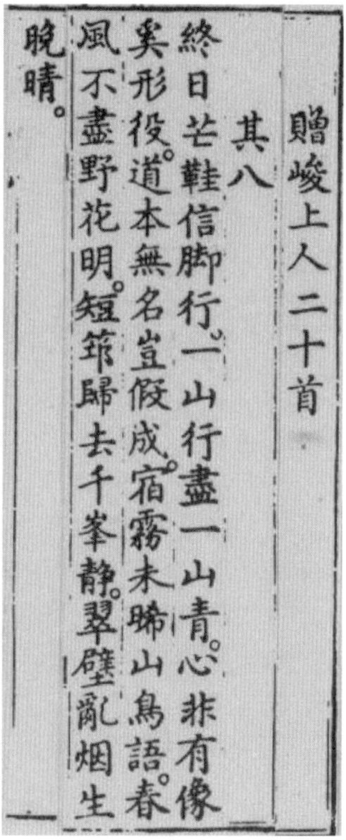

贈峻上人二十首

其八

終日芒鞋信脚行 一山行盡一山青 心非有像
奚形役道本無名 豈假成宿霧未晞山鳥語春
風不盡野花明 短筇歸去千峯靜 翠壁亂烟生
晚晴

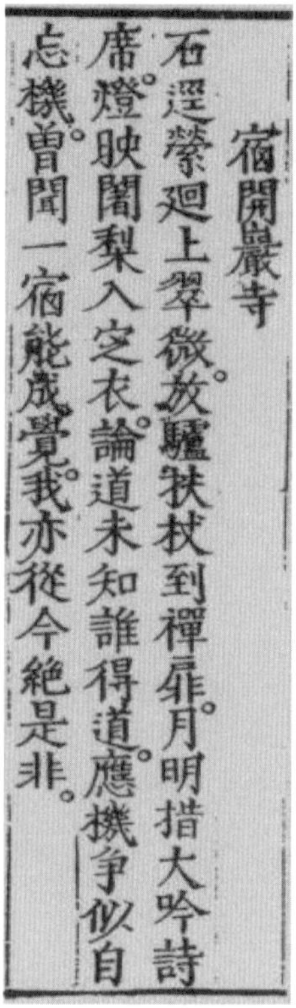

宿開巖寺

石逕縈廻上翠微 放驢欹杖到禪扉 月明指大吟詩
席 燈映閣梨入定衣 論道未知誰得道 應機爭似自
忘機 曾聞一宿能成覺 我亦從今絕是非

金剛山

雪立亭亭千萬峰 海雲開出玉芙蓉 神光蕩漾淸幽洞
溟近嶽氣蜿蜒造化鍾 突兀岡巒陪鳥道淸幽洞
堅秘仙蹤 東遊便欲凌高頂 俯視鴻濛一瀁盃

그림 150　　　그림 151　　　그림 152

10. 金剛山(금강산)

― 陽村 權 近(양촌 권 근) ― 그림 150

雪立亭亭千萬峰　海雲開出玉芙蓉
神光蕩漾滄溟近　淑氣蜿蜒造化鍾
突兀崗巒臨鳥道　淸幽洞壑秘仙蹤
東遊便欲凌高頂　俯視鴻濛一盪胸
설립정정천만봉　해운개출옥부용
신광탕양창명근　숙기완연조화종
돌올강만임조도　청유동학비선종
동유편욕능고정　부시홍몽일탕흉

하얗게 높이 솟은 천만 봉우리
부용꽃으로 피어나는 바다 구름.
출렁이는 햇빛은 끝없는 바다
산엔 맑은 기운 꿈틀꿈틀.
새나 날아다니는 우뚝 솟은 절벽
신선이 놀던 깊숙한 골짜기.
동쪽 높은 꼭대기에 올라
천지 굽어보며 가슴 한번 씻어 볼까.

▍直 譯

눈 내려(雪) 높이 솟고(亭) 높이 솟아(亭) 서있는(立) 일 천(千) 일 만(萬) 봉우리(峰)
바다(海) 구름(雲) 피어(開) 나니(出) 옥 같은(玉) 연꽃이네(芙蓉).
신비한(神) 빛(光) 넓게(蕩) 출렁이니(漾) 큰 바다(滄) 바다와(溟) 닮고(近)

맑은(淑) 기운(氣) 꿈틀꿈틀(蜿) 구불구불(蜒) 천지자연의 이치로(造化) 종이 되었네(鍾).
갑작스레(突) 우뚝한(兀) 언덕과(崗) 산은(巒) 새 날아 다니는(鳥) 길을(道) 내려다보고(臨)
맑고(淸) 그윽한(幽) 골짜기(洞) 골짜기엔(壑) 숨기어진(秘) 신선(仙) 자취(蹤).
동으로(東) 노닐어(遊) 문득(便) 하고자함은(欲) 높은(高) 꼭대기(頂) 범하여(凌)
천지자연의 원기(鴻濛) 굽어(俯) 보고(視) 가슴(胸) 한번(一) 씻어보는 것(盪).

☞ **낱말풀이** •亭亭 : 아름다운 모양. 높이 솟은 모양. •蕩漾 : 큰 물결이 일렁이는 모양. 물결이 거칠게 움직임. •滄溟 : 넓은 바다. •蜿蜒 : 용이나 뱀 따위가 구불구불 꿈틀거리며 기어가는 모양. 꾸물꾸물하는 모습. 造化 : 온 세상 만물을 낳고 자라게 하며 죽게 하는 천지자연의 이치. 인공으로는 어찌 할 수 없이 신통하게 된 사물. •鳥道 : 새만 날아 갈 수 있는 험한 길. •仙蹤 : 신선들이 놀던 자취. •鴻濛 : 우주. 천지자연의 원기(元氣).

11. 宿開巖寺(숙개암사)

— 梅軒 權 遇(매헌 권 우) — 그림 151

石逕縈廻上翠微　放驢扶杖到禪扉
月明措大吟詩席　燈映闍梨入芝衣
論道未知誰得道　應機爭似自忘機
曾聞一宿能成覺　我亦從今絶是非
석경영회상취미　방려부장도선비
월명조대음시석　등영사리입정의
논도미지수득도　응기쟁사자망기
증문일숙능성각　아역종금절시비

제5장 七言律詩 199

돌길 돌고 돌아 오른 산중턱
나귀 놓아두고 지팡이 짚고 이른 절 문.
달은 선비의 시 읊는 자리를 밝히고
등불은 선정에 든 중의 옷자락을 비치고.
도를 논하지만 그 누가 도를 얻었는지 알 수 없으니
세상을 따름이 어찌 세상을 잊음만 하랴.
일찍이 한 밤을 자도 깨달음을 얻었다고 들었으니
나 또한 이제부터 시비를 끊겠노라.

▌直 譯

돌(石) 길(逕) 돌고(縈) 돌아(迴) 산꼭대기에서 조금 못 미치는 곳에(翠微) 올라(上)
나귀(驢) 놓아두고(放) 지팡이(杖) 붙들고(扶) 절(禪) 문에(扉) 이르렀네(到).
달은(月) 청렴결백한 선비가(措大) 시를(詩) 읊는(吟) 자리에(席) 밝고(明)
등불은(燈) 선정에(定) 든(入) 높은 스님의(闍梨) 옷에(衣) 비치네(映).
도를(道) 논하지만(論) 누가(誰) 도를(道) 얻었는지(得) 알지(知) 못하니(未)
때를(機) 따름이(應) 어찌(爭) 스스로(自) 때를(機) 잊음과(忘) 같으랴(似).
일찍이(曾) 한번을(一) 자도(宿) 깨달음을(覺) 이룰(成) 수 있다고(能) 들었는데(聞)
나(我) 또한(亦) 이제(今) 부터(從) 옳거니(是) 그르거니 하는 것을(非) 끊겠네(絶).

12. 贈竣上人(증준상인)
― 梅月堂 金時習(매월당 김시습) ― 그림 152

終日芒鞋信脚行 一山行盡一山靑
心非有像奚形役 道本無名豈假成
宿霧未晞山鳥語 春風不盡野花明
短筇歸去千峯靜 翠壁亂烟生晚晴
종일망혜신각행 일산행진일산청
심비유상해형역 도본무명기가성
숙무미희산조어 춘풍부진야화명
단공귀거천봉정 취벽란연생만청

종일 짚신으로 다니는데
산하나 넘으면 산하나 푸르네.
마음이 없으니 몸도 한가롭고
진리는 이름도 거짓도 없는 것.
산새는 이슬 내린 아침에 지저귀고
꽃은 봄바람 살랑대는 들길에 피고.
지팡이 휘두르며 고요한 산으로 가니
안개 걷히고 상쾌하게 맑아지는 날씨.

▌直 譯

해가(日) 다 되도록(終) 짚신으로(芒鞋) 다리(脚) 펴서(信) 다니는데(行)
산(山) 하나(一) 거닐어(行) 다하면(盡) 산(山) 하나(一) 푸르네(靑).
마음엔(心) 모양이(像) 있지(有) 않거니(非) 어찌(奚) 몸에(形) 일을 시키고(役)

도는(道) 본디(本) 이름(名) 없거니(無) 어찌(豈) 거짓(假) 이루리(成).
묵은(宿) 이슬(露) 마르지도(晞) 아니하였는데(未) 산(山) 새(鳥) 소리(語)
봄(春) 바람(風) 다하지(盡) 아니하여(不) 들(野) 꽃(花) 밝네(明).
짧은(短) 지팡이로(筇) 돌아(歸) 가는(去) 천(千) 봉우리(峯) 고요하고(靜)
푸른(翠) 벽(碧) 어지러운(亂) 연기(烟) 저녁 때(晚) 개이게(晴) 되네(生).

☞ **낱말풀이** •芒鞋 : 짚신. •信脚行 : 다리를 쭉쭉 뻗고 걸음. •形役 : 부림을 당함. 마음이 육체의 부리는 바가 된다는 뜻으로 정신이 물질의 지배를 받음을 뜻함.

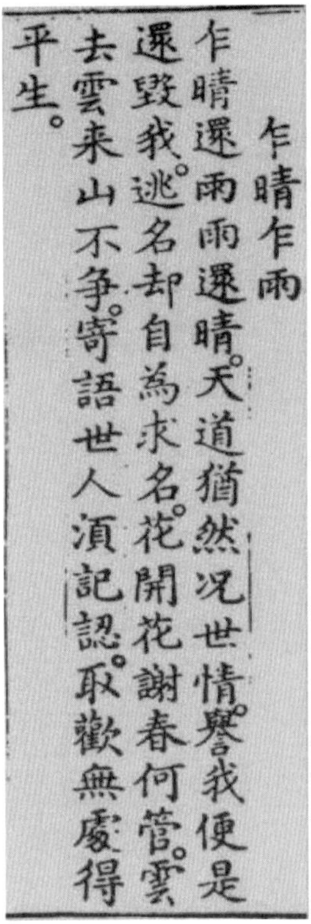

그림 153

乍晴乍雨

乍晴還雨雨還晴。天道猶然況世情。譽我便是還毀我。逃名却自為求名。花開花謝春何管。雲去雲來山不爭。寄語世人須記認。取歡無處得平生。

그림 154

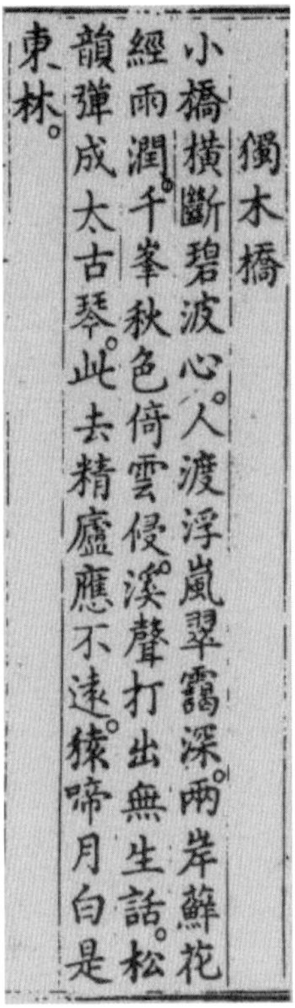

獨木橋

小橋橫斷碧波心。人渡浮嵐翠靄深。兩岸蘚花經雨潤。千峯秋色倚雲侵。溪聲打出無生話。松韻彈成太古琴。此去精廬應不遠。猿啼月白是東林。

그림 155

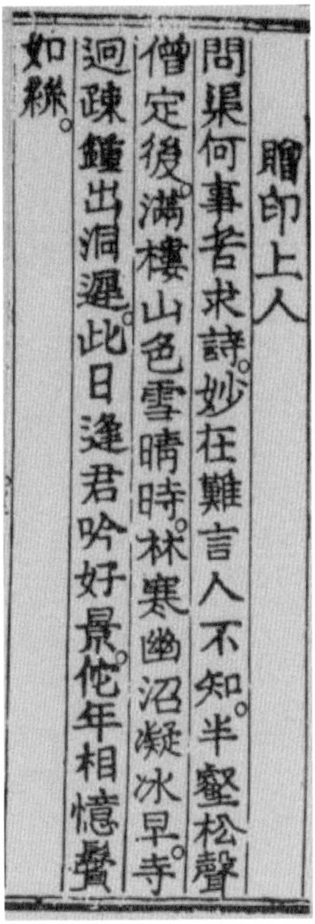

贈印上人

問渠何事苦求詩。妙在難言人不知。半壑松聲僧定後。滿樓山色雪晴時。枕寒幽沼凝冰早。寺迴疎鐘出洞遲。此日逢君吟好景。佗年相憶鬢如絲。

13. 乍晴乍雨(사청사우)

- 梅月堂 金時習(매월당 김시습) - 그림 153

乍晴還雨雨還晴　天道猶然況世情
譽我便是還毀我　逃名却自爲求名
花開花謝春何管　雲去雲來山不爭
寄語世人須記認　取歡無處得平生
사청환우우환청　천도유연황세정
예아편시환훼아　도명각자위구명
화개화사춘하관　운거운래산부쟁
기어세인수기인　취환무처득평생

개었다가 도로 비오다 개이고
하늘이 그렇거든 세상 물정이랴.
칭찬하더니 헐뜯고
명예 피하더니 공명 찾네.
봄이야 꽃이 피든 지든
산이야 구름이 가든 오든.
세상 사람이여 잊지 마오
기쁨은 어디서나 얻는 것.

▌直 譯

잠시(乍) 개었다가(晴) 다시(還) 비오고(雨) 비 오다가(雨) 도리어(還) 개이나니(晴)
하늘의(天) 도가(道) 오히려(猶) 그러하거늘(然) 하물며(況) 세상(世) 물정이랴(情).
나를(我) 칭찬하더니(譽) 쉽게(便) 도리어(還) 나를(我) 헐뜯게(毁) 되고(是)

이름을(名) 숨기다가(逃) 문득(却) 스스로(自) 이름을(名) 구
하려(求) 하네(爲).
꽃이(花) 피고(開) 꽃이(花) 시드는 것을(謝) 봄이(春) 어찌
(何) 맡아 다스리랴(管)
구름(雲) 가고(去) 구름(雲) 와도(來) 산은(山) 다투지(爭)
아니하네(不).
세상(世) 사람에게(人) 부치는(寄) 말을(語) 모름지기(須) 외
워(記) 알아야 할지니(認)
기쁨을(歡) 취함은(取) 곳(處) 없이(無) 보통(平) 생활에서도
(生) 얻게 된다네(得).

☞ 낱말풀이 •乍晴乍雨 : 개었다 다시 비가 옴. •猶然 : 오히려 그렇다.
　　　　　•逃名 : 이름을 숨겨 도피함.

14. 獨木橋(독목교)
　　　　　　― 梅月堂 金時習(매월당 김시습) ― 그림 154

小橋橫斷碧波心　人渡浮嵐翠靄深
兩岸蘚花經雨潤　千峯秋色倚雲侵
溪聲打出無生話　松韻彈成太古琴
此去精廬應不遠　猿啼月白是東林
소교횡단벽파심　인도부람취애심
양안선화경우윤　천봉추색의운침
계성타출무생화　송운탄성태고금
차거정려응불원　원제월백시동림

푸른 물에 외나무다리
뜬 남기 푸른 놀을 건너.
비 맞아 아름다운 언덕의 이끼 꽃
가을빛 천봉엔 구름 감돌고.

제5장 七言律詩 205

시내소리는 무생의 이야기
솔 소리는 태고의 거문고.
그 절 여기서 멀지 않겠거니
밝은 달에 잔나비 소리.

▌直 譯

작은(小) 다리는(橋) 푸른(碧) 물결(波) 한가운데를(心) 가로(橫) 자르고(斷).
사람이(人) 뜬(浮) 산 기운(嵐) 건너니(渡) 푸른(翠) 아지랑이(靄) 깊네(深).
양쪽(兩) 언덕(岸) 이끼(蘚) 꽂은(花) 지나가는(經) 비에(雨) 젖고(潤).
천(千) 봉의(峯) 가을(秋) 빛은(色) 구름에(雲) 연유하여(倚) 침노되네(侵).
시내(溪) 소리는(聲) 삶과(生) 관계없는(無) 이야기를(話) 치어(打) 내고(出).
솔(松) 소리는(韻) 먼(太) 옛날의(古) 거문고(琴) 연주(彈) 이루네(成).
여기서(此) 절로(精廬) 감이(去) 응당(應) 멀지(遠) 않겠거니(不)
원숭이(猿) 하얀(白) 달빛에(月) 우니(啼) 바로(是) 동림이네(東林).

☞ 낱말풀이 •精廬 : 학문을 닦거나 책을 읽는 곳. 곧 학교. 또는 정사(精舍). •東林 : 절 이름. •嵐 : 산 기운. 산 속에 생기는 아지랑이 같은 기운. 산에 끼는 푸른 기운. •靄 : 아지랑이. 구름이 길게 낀 모양. 자욱하게 낀 기운.

15. 贈印上人(증인상인)
― 木溪 姜 渾(목계 강 혼) ― 그림 155

問渠何事苦求詩　妙在難言人不知
半壑松聲僧定後　滿樓山色雪晴時
林寒幽沼凝氷早　寺逈疎鍾出洞遲
此日逢君吟好景　佗年相憶鬢如絲

문거하사고구시　묘재난언인부지
반학송성승정후　만루산색설청시
임한유소응빙조　사형소종출동지
차일봉군음호경　타년상억빈여사

무슨 일로 애써 시를 짓나
사람들이 알지 못할 오묘한 뜻.
중이 잠드니 깊은 골 소나무 소리
눈이 개이니 다락에 산 빛 가득.
차가운 숲 깊은 소에는 이른 얼음
골짝을 더디 나오는 먼 절 종소리.
오늘 그대와 좋은 경치 읊지만
다음 해 생각할 때는 귀밑머리 실 같으리.

▌直 譯

그대에게(渠) 묻나니(問) 무슨(何) 일로(事) 힘써(苦) 시를(詩) 구하는고(求)
신묘함은(妙) 말하기(言) 어려운데(難) 있음을(在) 사람들이(人) 알지(知) 못하네(不).
골짜기(壑) 반쯤(半) 솔(松) 소리는(聲) 스님(僧) 잠든(定) 뒤요(後)

다락에(樓) 가득한(滿) 산(山) 빛은(色) 눈이(雪) 개인(晴) 때라네(時).
숲이(林) 차가와(寒) 깊은(幽) 소에는(沼) 얼음(氷) 어는 것이(凝) 빠르고(早)
절이(寺) 멀어(逈) 드문(疎) 종소리는(鍾) 산골짜기에서(洞) 나옴이(出) 더디네(遲).
이(此) 날(日) 그대(君) 맞나(逢) 좋은(好) 경치(景) 읊조리지만(吟)
다른(佗) 해에(年) 서로(相) 생각하면(憶) 귀밑털이(鬢) 실(絲) 같으리(如).

☞ **낱말풀이** •渠 : 도랑. 그. 그 사람. 어찌. 연(蓮). •絲 : 실. 전하여 노인의 형용. 머리털이 셈. 半 : 반. 한창. 가장.

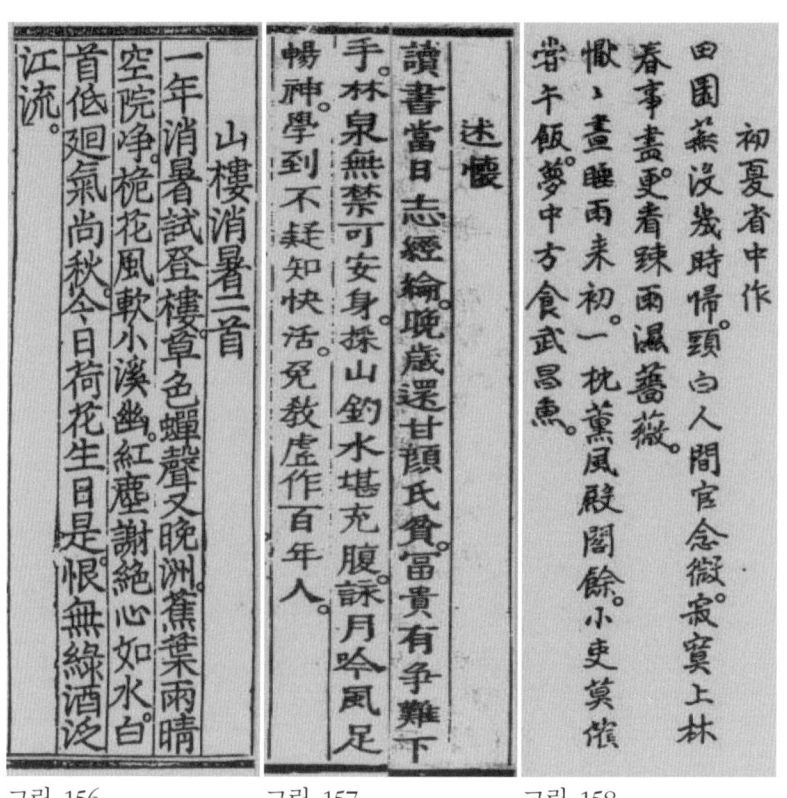

그림 156　　　　　그림 157　　　　　그림 158

16. 山樓消暑(산루소서)

- 藍溪 表沿沫(남계 표연말) - 그림 156

一年消暑試登樓 草色蟬聲又晚洲
蕉葉雨晴空院淨 梔花風軟小溪幽
紅塵謝絶心如水 白首低廻氣尙秋
今日荷花生日時 恨無綠酒泛江流

일년소서시등루 초색선성우만주
초엽우청공원정 괴화풍연소계유
홍진사절심여수 백수저회기상추
금일하화생일시 한무녹주범강류

일 년 더위 씻으려 다락집에 오르니
풀빛 매미소리에 해 저문 모래 섬.
파초 잎에 비 개이니 깨끗한 빈집
치자 꽃에 부드러운 바람 그윽한 시내.
붉은 티끌 사절하니 마음은 물과 같고
흰머리 아래로 돌리니 기후는 아직 가을이라.
저 연꽃도 바로 오늘이 핀 날
강에 띄울 술 없어 못내 한스럽네.

▮直 譯

한(一) 해(年) 더위(暑) 씻으려고(消) 시험 삼아(試) 다락에(樓) 오르니(登)
풀(草) 빛과(色) 매미(蟬) 소리에(聲) 또(又) 해질 무렵의(晚) 섬이라네(洲).
파초(蕉) 잎에(葉) 비(雨) 개니(晴) 빈(空) 집이(院) 깨끗하고(淨)

치자나무(梔) 꽃에(花) 바람은(風) 하늘하늘(軟) 작은(小) 시내(溪) 그윽하네(幽).
붉은(紅) 티끌(塵) 거절하여 물리치니(謝絶) 마음은(心) 물(水) 같고(如)
흰(白) 머리(首) 숙여(低) 빙빙 도니(廻) 기후는(氣) 오히려(尙) 가을이네(秋).
오늘(今日) 연꽃도(荷花) 피어난(生) 날이(日) 이때라(時)
강에(江) 흘려(流) 띄울(泛) 푸른 빛(綠) 술(酒) 없음을(無) 한스러워하네(恨).

17. 述懷(술회)

— 花潭 徐敬德(화담 서경덕) — 그림 157

讀書當日志經綸 晩歲還甘顔氏貧
富貴有爭難下手 林泉無禁可安身
採山釣水堪充腹 詠月吟風足暢神
學到不疑知快活 勉敎虛作百年人

독서당일지경륜 만세환감안씨빈
부귀유쟁난하수 임천무금가안신
채산조수감충복 영월음풍족창신
학도불의지쾌활 면교허작백년인

큰 뜻 지닌 독서에
오히려 즐거운 안씨의 가난.
부귀에는 다툼이 있고
자연은 금하는 이 없어 편안하네.
배는 나물 캐고 고기 낚아 채우고
마음은 영풍음월로 맑게.

이제 학문 트여 즐거우니
할 일 없는 인생에서 벗어나게 되네.

▮直 譯

책을(書) 읽는(讀) 그(當) 날엔(日) 경영하고(經) 다스리는데(綸) 뜻하고(志)

늘그막에(晚歲) 다시(還) 안씨의(顔氏) 가난을(貧) 달게 여기네(甘).

부하고(富) 귀함은(貴) 다툼이(爭) 있어(有) 손에서(手) 내려 놓기(下) 어렵고(難)

숲과(林) 샘은(泉) 금함이(禁) 없어(無) 몸을(身) 편안히(安) 할 수 있네(可).

산에서(山) 나물 캐고(採) 물에서(水) 낚시하니(釣) 배를(腹) 채워(充) 견딜 만하고(堪)

달을(月) 읊고(詠) 풍경을(風) 읊조리니(吟) 정신을(神) 맑게 하기에(暢) 넉넉하네(足).

학문이(學) 의심할 바(疑) 없는 데에(不) 이르니(到) 상쾌하고(快) 생기 있음을(活) 알겠고(知)

할 일(作) 없는(虛) 백(百) 년(年) 인생에서(人) 벗어나게(免) 하네(敎).

☞ **낱말풀이** •林泉無禁 : 자연을 보아도 금할 사람이 없음. •顔氏 : 안회(顔回 BC591?~421?). 중국 춘추시대(春秋時代) 노(魯)나라의 현인. 자(字)는 자연(子淵). 자(字)를 따서 안연(顔淵)이라고도 함. 학덕이 높고 재질이 뛰어나 공자의 가장 촉망받는 제자였으며, 빈곤하고 불우하였으나 개의치 않고 성내거나 잘못한 일이 없으므로, 공자 다음가는 성인으로 받들어졌음. 그래서 '안자(顔子)'라고 높여 부르기도 함.

18. 初夏省中作(초하성중작)
― 蛟山 許 筠(교산 허 균) ― 그림 158

田園蕪沒幾時歸　頭白人間官念微
寂寞上林春事盡　更看踈雨濕薔薇
懕懕晝睡雨來初　一枕薰風殿閣餘
小吏莫催嘗午飯　夢中方食武昌魚
전원무몰기시귀　두백인간관념미
적막상림춘사진　갱간소우습장미
염염주수우래초　일침훈풍전각여
소리막최상오반　몽중방식무창어

전원이 거칠거니 언제나 돌아갈까
늙은 몸이라 벼슬 할 생각 적네.
쓸쓸한 숲엔 봄이 다 하고
장미는 성근 빗발에 젖고.
내리는 비에 고요한 낮 졸음
집안 가득 온화한 바람.
점심 먹으라고 재촉 말게
한참 생선 먹는 꿈이라네.

▌直 譯

밭과(田) 동산이(園) 거칠어(蕪) 없어지려하니(沒) 어느(幾) 때나(時) 돌아갈고(歸)
머리(頭) 흰(白) 이 사람(人間) 벼슬(官) 생각(念) 적다네(微).
고요하고(寂) 쓸쓸한(寞) 위(上) 숲엔(林) 봄의(春) 일이(事) 다하고(盡)
다시(更) 성근(踈) 비에(雨) 젖는(濕) 장미를(薔薇) 보네(看).

편안하고(懕) 넉넉한(懕) 낮(晝) 잠은(睡) 비(雨) 오면서(來) 시작되었고(初)
한(一) 베개(枕) 온화한(薰) 바람은(風) 궁전과(殿) 누각에(閣) 남아있네(餘).
작은(小) 벼슬아치야(吏) 낮(午) 밥(飯) 맛보라고(嘗) 재촉을(催) 말라(莫)
꿈(夢) 속에서(中) 바야흐로(方) 무창의(武昌) 고기를(魚) 먹는다네(食).

☞ **낱말풀이** •省 : 관청. 대궐. •小吏 : 지위가 낮은 관리. •武昌 : 중국 호북성(湖北省) 무한시(武漢市)에 있는 구(區). 한양과 함께 삼국시대(三國時代)에는 오(吳)나라의 손권(孫權)이 점거했던 이름난 고을. 양자강(揚子江)과 한수(漢水)의 강을 건너는 데 적합한 지점을 이루었기 때문에 예로부터 쟁탈지점이 되어 왔음. 명소가 많고, 이백(李白)의 시에 나오는 황학루(黃鶴樓)의 사적은 사산(蛇山)의 서쪽에 있음.

214　影印이 있는 韓國漢詩眞寶

그림 161

嶺東歸思
多年苦歷路歧塵又向喬州試問津愁怯暮秋如大敵醉憐明月若佳人登樓斷覺江山遠覽物頻驚鷺節候新萬里倦遊歸未得西風吹夢海東濱蕪戟作課病

그림 160

秋日登園址高岡二首
自愛秋山行復坐手持團扇陣西風野人縱稻夕陽裡擇子得梨霜藥中萬事無機者向盡百年有命豈終窮儵然獨返林亭暝已見昏鴉集一叢

그림 159

次前韻示舍弟季眞寂度二首
滿地梨花門不開紛紛蜂蝶過墻來空庭睡起對芳草何處笛聲吹落梅鬢色定從春後改韶光偏向客中催
義人千里斷消息日暮碧雲愁未裁

19. 次前韻示舍弟季直叔度(차전운시사제계직숙도)

　　　　－ 仙源 金尙容(선원 김상용) － 그림 159

　　滿地梨花門不開　紛紛蜂蝶過墻來
　　空庭睡起對芳草　何處笛聲吹落梅
　　鬢色定從春後改　韶光偏向客中催
　　美人千里斷消息　日暮碧雲愁未裁
　　만지이화문불개　분분봉접과장래
　　공정수기대방초　하처적성취락매
　　빈색정종춘후개　소광편향객중최
　　미인천리단소식　일모벽운수미재

　　문도 열지 않은 뜰에 가득 핀 배 꽃
　　어지러이 담을 넘어오는 벌 나비.
　　잠에서 깨어나 마주하는 아름다운 풀
　　어디서 들리는 피리소리에 매화는 떨어지고.
　　귀밑털 빛깔은 봄 지난 뒤 피어나
　　아름다운 빛은 오로지 나그네를 재촉하고.
　　천리 밖 미인의 소식 끊기니
　　해 저문 구름 속에 가눌 수 없는 시름이여.

▌直 譯

　　배(梨) 꽃(花) 땅에(地) 가득하여(滿) 문도(門) 열지(開) 아니하였는데(不)
　　벌(蜂) 나비는(蝶) 어지럽고(紛) 어지러이(紛) 담을(墻) 넘어(過) 오네(來).
　　쓸쓸한(空) 집(庭) 잠에서(睡) 일어나(起) 꽃다운(芳) 풀을(草) 마주하면(對)

어느(何) 곳에서(處) 피리(笛) 소리(聲) 불어(吹) 매화를(梅) 떨어지게 하네(落).
귀밑머리(鬢) 빛은(色) 반드시(必) 봄이(春) 지난 뒤를(後) 좇아(從) 바뀌고(改)
아름다운(韶) 빛은(光) 오로지(偏) 나그네(客) 가운데를(中) 향해(向) 재촉하네(催).
아름다운(美) 사람(人) 천리(千里) 소식(消息) 끊겼으니(斷)
해(日) 저문(暮) 푸른(碧) 구름에(雲) 근심을(愁) 마름질하지(裁) 못하네(未).

☞ 낱말풀이 •次韻 : 남이 지은 운자(韻字)를 따서 시를 지음. 또는 그 시.
•韻字 : 시(詩)나 부(賦)의 구말(句末)에 붙이는 글자.

20. 秋日登園北高岡(추일등원북고강)
― 九畹 李春元(구원 이춘원) ― 그림 160

自愛秋山行復坐　手持團扇障西風
野人獲稻夕陽裡　穉子得梨霜葉中
萬事無機看向盡　百年有命豈終窮
翛然獨返林亭暝　已見昏鴉集一叢
자애추산행부좌　수지단선장서풍
야인획도석양리　치자득리상엽중
만사무기간향진　백년유명기종궁
유연독반림정명　이견혼아집일총

가을 산을 사랑해 거닐다 앉아
손에 든 부채로 막아보는 갈바람.
들사람은 석양 속에 벼를 거두고
어린애는 서리 잎 속에 배를 얻고.
거짓 없이 바라보는 모든 일

백년의 이 목숨을 어찌 모두 끝내랴.
해 저문 이 정자로 돌아와
한 떨기에 모여 있는 까치 떼 바라보네.

▌直 譯

스스로(自) 가을(秋) 산을(山) 사랑해(愛) 거닐다가(行) 다시(復) 앉고(坐)

손에(手) 둥근(團) 부채(扇) 들고(持) 가을(西) 바람(風) 막아보네(障).

들(野) 사람은(人) 벼를(稻) 저녁(夕) 볕(陽) 속에서(裡) 거두고(獲)

어린(穉) 아이는(子) 배를(梨) 서리(霜) 잎(葉) 가운데서(中) 얻네(得).

온갖(萬) 일(事) 거짓(機) 없이(無) 자상하게(盡) 향하여(向) 바라보고(看)

백년(百年) 있는(有) 목숨을(命) 어찌(豈) 모두(窮) 끝내랴(終).

홀로(獨) 빠르게(翛然) 돌아오니(返) 숲(林) 정자에(亭) 해는 저물고(暝)

이미(已) 한(一) 떨기에(叢) 모여 있는(集) 저녁(昏) 갈 까마귀(鴉) 바라보네(見).

☞ **낱말풀이** •鴉 : 갈 까마귀. 목과 배만 희고, 그 밖의 부분은 검으며 까마귀보다 작음. 중국 동북 지방이나 시베리아에 살며 늦가을부터 봄까지 우리나라에서 겨울을 남. 곡식에 해를 끼침.

21. 嶺東歸思(영동귀사)
- 疎庵 任叔英(소암 임숙영) - 그림 161

多年苦厭路岐塵　又向喬州試問津
愁怯暮秋如大敵　醉憐明月若佳人
登樓漸覺江山遠　覽物頻驚節候新
萬里倦遊歸未得　西風吹夢海東濱
다년고염로기진　우향교주시문진
수겁모추여대적　취련명월약가인
등루점각강산원　남물빈경절후신
만리권유귀미득　서풍취몽해동빈

길 먼지 괴로워했던 여러 해
또 교주를 향해 나루를 묻는구나.
큰 적인 듯이 겁나는 늦가을
취하면 미인처럼 어여삐 생각하는 밝은 달.
다락에 높이 오를수록 강산이 멀어짐을 깨닫고
사물을 보며 새로운 절후에 자주 놀라고.
만리 밖의 나그네 돌아가지 못하는데
갈바람 어지러운 해동의 물가.

┃直 譯

많은(多) 해(年) 갈림(岐) 길(路)에서 먼지를(塵) 싫어하고
(厭) 괴로워했는데(苦)
또(又) 교주를(喬州) 향하는(向) 나루터를(津) 시험 삼아(試)
묻는구나(問).
근심스럽고(愁) 두려운(怯) 늦은(暮) 가을(秋) 큰(大) 적(敵)
같이하고(如)

취하면(醉) 밝은(明) 달을(月) 아름다운(佳) 사람과(人) 같이(若) 어여삐 여기네(憐).
다락에(樓) 오르며(登) 강과(江) 산이(山) 멀어짐을(遠) 점차(漸) 깨닫고(覺)
만물을(物) 살펴보며(覽) 시기와(節) 철의(候) 새로움에(新) 자주(頻) 놀라네(驚).
만리에서(萬里) 물리도록(倦) 노느라(遊) 돌아감을(歸) 얻지(得) 못하니(未)
가을(西) 바람은(風) 바다(海) 동쪽(東) 물가로(濱) 마음 어지러이(夢) 부네(吹).

☞ 낱말풀이 •問津 : '나루터가 있는 곳을 묻다' 라는 뜻으로, '학문에 들어가는 길을 물음' 의 비유.

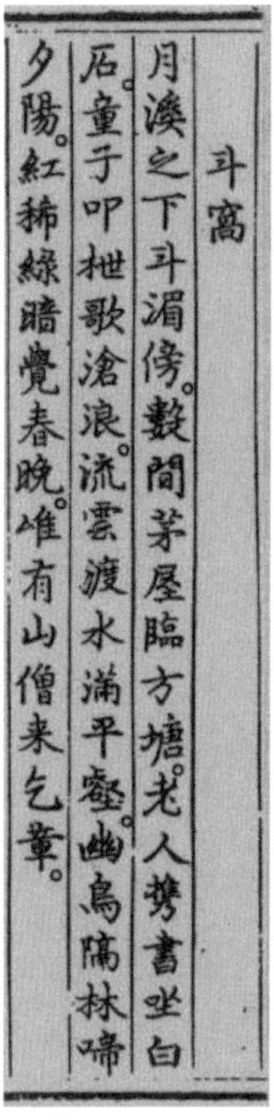

斗窩

月溪之下斗湄傍。數間茅屋臨方塘。老人携書坐白石。童子叩枻滄浪流。雲渡水滿平蕪。幽鳥隔林啼夕陽。紅杏綠瞻覺春晚。唯有山僧來乞章。

그림 162

水鐘寺

簪倚高樓第一層。石壇秋葉露華凝。羣山裊裊三縣大水湝湝謁二陵。烟際喚船沽酒客。月邊飛錫渡江僧。酬來暫借蒲團睡。古壁蓮花照佛燈。

그림 163

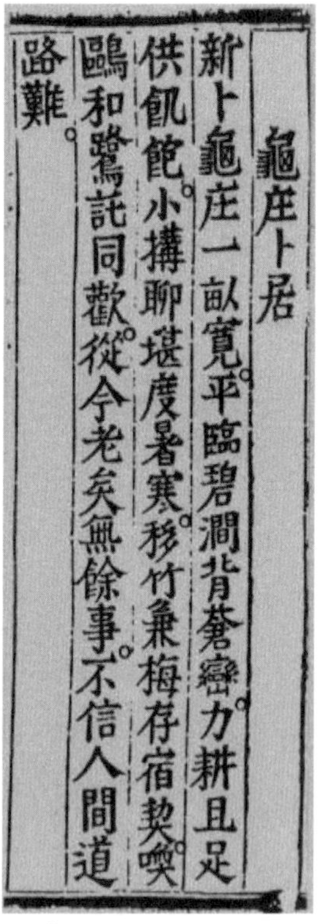

龜庄卜居

新卜龜庄一畒寬。平臨碧澗背蒼巒。力耕且足供飢飽。小搆聊堪度暑寒。移竹兼梅存宿契。鷗和鷺訐同歡。從今老矣無餘事。不信人間道路難。

그림 164

22. 斗窩(두와)
― 東淮 申翊聖(동회 신익성) ― 그림 162

  月溪之下斗湄傍 數間茅屋臨方塘
  老人携書坐白石 童子叩枻歌滄浪
  流雲渡水滿平壑 幽鳥隔林啼夕陽
  紅稀綠暗覺春晚 唯有山僧來乞章
  월계지하두미방 수간모옥임방당
  노인휴서좌백석 동자고예가창랑
  유운도수만평학 유조격림제석양
  홍희녹암각춘만 유유산승래걸장

  월계 밑 두미 곁
  못 가에 두어 간의 띠 집.
  책을 들고 돌에 앉은 노인
  노를 치며 창랑가(滄浪歌)를 부르는 아이.
  구름 흘러 물 건너 골짝에 가득하고
  숨은 새는 숲 너머 저녁볕에 지저귀고.
  꽃 드물고 풀만 짙어 봄이 늦은 때
  마침 중이 와 글을 청하고.

▌直 譯

월계(月溪)의(之) 아래요(下) 두미의(斗湄) 곁에(傍)
몇(數) 간(間) 띠(茅) 집이(屋) 모난(方) 못을(塘) 내려다보네(臨).
늙은(老) 사람(人) 책을(書) 들고(携) 하얀(白) 돌에(石) 앉았고(坐)
아이는(童子) 노를(枻) 두드리며(叩) 창랑가를(滄浪) 노래하네(歌).
흐르는(流) 구름은(雲) 물을(水) 건너(渡) 골짜기에(壑) 가득 차(滿) 평평하고(平)

숨어있는(幽) 새는(鳥) 숲을(林) 사이하여(隔) 저녁(夕) 볕에
(陽) 우네(啼).
붉음은(紅) 드물고(稀) 푸름은(綠) 깊숙하여(暗) 봄이(春) 저
문 줄(晚) 알겠느니(覺)
오직(唯) 산에(山) 스님(僧) 있어(有) 글을(章) 빌리러(乞) 오네(來).

☞ 낱말풀이　•滄浪 : 창랑가(滄浪歌). 어부(漁夫)의 노래. 무슨 일이든지 자
　　　　　　연적으로 되어가는 대로 맡겨야 함을 노래 함. 굴원(屈原)의
　　　　　　초사(楚辭)에 있는 글.

23. 水鍾寺(수종사)
　　　　　　　　- 白洲 李明漢(백주 이명한) - 그림 163

暮倚高樓第一層　石壇秋葉露華凝
羣山袞袞蟠三縣　大水滔滔謁二陵
烟際喚船沽酒客　月邊飛錫渡江僧
酣來暫借蒲團睡　古壁蓮花照佛燈
모의고루제일층　석단추엽로화응
군산곤곤반삼현　대수도도알이능
연제환선고주객　월변비석도강승
감래잠차포단수　고벽연화조불등

해 저물어 높은 다락 첫 층에 기대는데
석단의 가을 잎에 어리는 이슬 꽃.
연이어져 삼현(三縣)에 서린 산들
큰물은 넘쳐흘러 이릉(二陵)을 뵈옵고.
연기 어린 물가에 배를 불러 술을 사는 나그네
달 아래 석장(錫杖) 날리며 강 건너는 중.
술 취하면 잠깐 동안 방석 빌려 자는데
옛 벽의 연꽃에 비추이는 부처의 등불이여.

▌直 譯

저물어(暮) 높은(高) 다락(樓) 차례(第) 처음(一) 층에(層) 기대니(倚)

돌(石) 단(壇) 가을(秋) 잎에(葉) 이슬(露) 꽃이(華) 엉기었네(凝).

무리 진(羣) 산은(山) 연이어지고(袞) 연이어져(袞) 세(三) 고을에(縣) 서리었고(蟠)

큰(大) 물은(水) 넘치고(溜) 넘쳐흘러(溜) 두(二) 큰 언덕을(陵) 뵈옵네(謁).

연기 어린(烟) 가장자리에서(際) 배를(船) 불러(喚) 술(酒) 사는(沽) 나그네(客)

달(月) 가에(邊) 지팡이(錫) 날리며(飛) 강을(江) 건너가는(渡) 스님이여(僧).

술 마시며 즐기다가(酣來) 잠시(暫) 부들 풀로 만든 둥근 방석(蒲團) 빌려서(借) 자는데(睡)

옛(古) 벽(壁) 연(蓮) 꽃에는(花) 부처의(佛) 등불이(燈) 비추이네(照).

24. 龜庄卜居(귀장복거)

              - 梧峰 申之悌(오봉 신지제) - 그림 164

新卜龜庄一畝寬　平臨碧澗背蒼巒
力耕且足供飢飽　小搆聊堪度暑寒
移竹兼梅存宿契　喚鷗和鷺託同歡
從今老矣無餘事　不信人間道路難
신복귀장일무관　평임벽간배창만
역경차족공기포　소구료감도서한
이죽겸매존숙계　환구화로탁동환
종금노의무여사　불신인간도로난

한 이랑도 넉넉한 새 오두막
앞엔 맑은 물 뒤엔 푸른 산.
힘써 밭 갈면 배불릴 수 있고
추위 더위 피할 수 있는 작은 집.
오래된 약속 대나무 매화 옮기고
함께 즐기는 해오라기 갈매기.
별 일 없는 늘그막
세상살이 어렵다는 말 믿지 않으리.

直 譯

새로이(新) 거북만한(龜) 농막을(庄) 고르니(卜) 한(一) 이랑
도(畝) 넓은데(寬)
바르게(平) 푸른(碧) 계곡의 시내를(澗) 내려다보고(臨) 푸른
(蒼) 뫼를(巒) 등졌네(背).
힘써(力) 밭가니(耕) 또(且) 주린 것을(飢) 배부르도록(飽)
이바지하기에(供) 족하고(足)
작게(小) 얽어 만드니(搆) 애오라지(聊) 더위와(署) 추위를
(寒) 건너(度) 견딜만하네(堪).
묵은(宿) 약속이(契) 있었던(存) 대나무와(竹) 아울러(兼) 매
화를(梅) 옮기고(移)
갈매기(鷗) 불러(喚) 해오라기와(鷺) 같이(和) 함께(同) 즐기
도록(歡) 부탁하네(託).
지금부터(從今) 늙어질(老)터이니(矣) 나머지(餘) 일(事) 없
겠고(無)
사람(人) 사이의(間) 도리(道) 길(路) 어렵다는 것(難) 믿지
(信) 아니하려네(不).

☞ 낱말풀이 •龜庄 : 오두막. 즉 거북 형상으로 된 집.

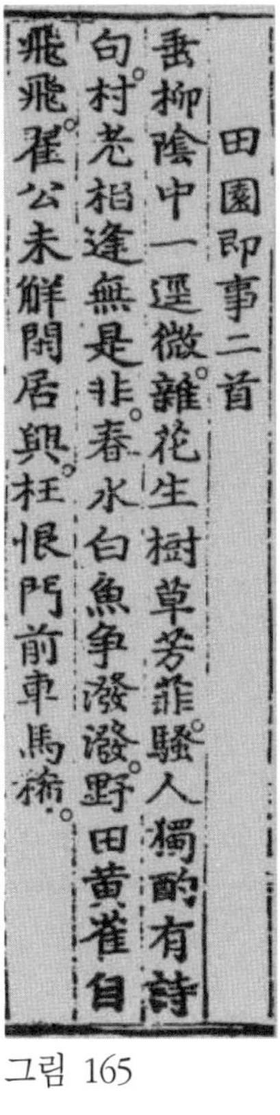

제5장 七言律詩 225

그림 165

田園即事二首

蠶柳陰中一逕微　雜花生樹草芳菲騷人獨酌有詩
句村老相逢無是非春水白魚爭潑潑野田黃雀自
飛飛崔公未解閒居興枉恨門前車馬稀。

그림 166

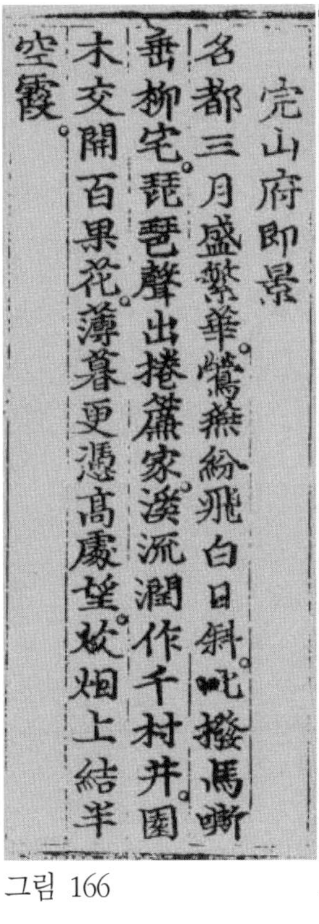

完山府即景

名都三月盛繁華鶯燕紛飛白日斜叱撥馬嘶
蠶柳宅琵琶聲出捲簾家溪流潤作千村井園
木交開百果花薄暮更憑高處望炊烟上結半
空霞。

그림 167

詠風

來從何處去何處。無臭無形但有聲。赤壁曾焚曹子
舶。滁陽虛散項家兵。飜雲轉漢天樞動。盪海掀山地
軸傾。捲我屋頭茅蓋盡。月光穿漏照心明。

25. 田園卽事(전원즉사)
― 東溟 鄭斗卿(동명 정두경) ― 그림 165

垂柳陰中一逕微 雜花生樹草芳菲
騷人獨酌有詩句 村老相逢無是非
春水白魚爭潑潑 野田黃雀自飛飛
翟公未解閑居興 枉恨門前車馬稀

수유음중일경미 잡화생수초방비
소인독작유시구 촌노상봉무시비
춘수백어쟁발발 야전황작자비비
적공미해한거흥 왕한문전거마희

수양버들 그늘 속에 작은 길 하나
온갖 꽃과 싱그러운 나무 그리고 향기로운 풀.
시인은 혼자 술 마셔도 시가 있고
시골노인 서로 만나도 시비가 없고.
다투어 튀어 오르는 봄물의 하얀 물고기
스스로 날아오르는 들밭의 노란 참새.
적공(翟公)은 아직 한가한 흥취 알지 못하고
부질없이 문 앞에 가마 드묾만 탓함이여.

■直 譯

수양버들(柳) 드리운(垂) 그늘(陰) 속에(中) 좁은 길(逕) 하나(一) 숨어 있고(微).
뒤섞인(雜) 꽃(花) 싱싱한(生) 나무(樹) 풀은(草) 엷게(菲) 향기롭네(芳).
시인(騷人) 홀로(獨) 술 마시나(酌) 시의(詩) 글이(句) 있고(有)
시골(村) 늙은이(老) 서로(相) 만나도(逢) 옳다 거니(是) 그르다 거니(非) 아니하네(無).
붐(春) 물의(水) 하얀(白) 고기는(魚) 다투어(爭) 물을 튀기며(潑) 솟고(潑)
들(野) 밭(田) 노란(黃) 참새(雀) 스스로(自) 날아(飛) 오르네(飛).
적공은(翟公) 한가로이(閑) 사는(居) 흥을(興) 아직 깨닫지(解) 아니하고(未)
문(門) 앞에(前) 수레와(車) 말이(馬) 드묾을(稀) 헛되이(枉) 원망스러워하네(恨).

☞ 낱말풀이 •騷人 : 시인. •翟公 : 적공서문(翟公書門). 한(漢) 나라 사람. 정위(廷尉)가 되었을 때 방문객이 앞을 다투어 닥쳤으나, 벼슬에서 물러난 후에는 방문객이 없었는데 그 뒤에 다시 정위(廷尉)가 되니 방문객이 많이 찾아 왔으므로 적공(翟公)이 그 문에 글을 써 붙여 인정이 경박한 것을 탄식했다는 고사.

26. 完山府卽景(완산부즉경)

- 靑霞 權克中(청하 권극중) - 그림 166

名都三月盛繁華 鶯燕紛飛白日斜
叱撥馬嘶垂柳宅 琵琶聲出捲簾家
溪流潤作千村井 園木交開百果花
薄暮更憑高處望 炊烟上結半空霞
명도삼월성번화 앵연분비백일사
질발마시수유택 비파성출권렴가
계류윤작천촌정 원목교개백과화
박모갱빙고처망 취연상결반공하

이름난 도시의 번화한 삼월
하얀 해 기울었는데 꾀꼬리와 제비 어지러이 날고.
버드나무 드리운 집엔 반발하는 말울음

발을 걷는 집에서 들리는 비파소리.
시냇물 흘러 온 마을의 우물물 적시고
동산 나무들은 온갖 과일 꽃과 어우러지고.
황혼에 다시 높은 곳 의지하여 바라보니
벌써 저녁 짓는 연기 하늘 놀에 닿고.

直 譯

이름난(名) 도시의(都) 삼월은(三月) 성하여(盛) 많고(繁) 화려하고(華)

꾀꼬리와(鶯) 제비는(燕) 어지러이(紛) 날고(飛) 하얀(白) 해는(日) 기울었네(斜).

꾸짖음에(叱) 튀기는(撥) 말(馬) 울음소리는(嘶) 버드나무(柳) 드리운(垂) 집(宅).

비파(琵琶) 소리(聲) 나오는 곳은(出) 발을(簾) 걷은(捲) 집(家).

시냇물(溪) 흘러(流) 온(千) 마을의(村) 우물을(井) 적시게(潤) 되고(作)

동산(園) 나무는(木) 백 가지의(百) 과일(果) 꽃과(花) 섞이어(交) 피었네(開).

땅거미에(薄暮) 다시(更) 의지하여(憑) 높은(高) 곳(處) 바라보니(望)

밥 짓는(炊) 연기(烟) 올라(上) 반쪽(半) 하늘(空) 놀에(霞) 묶이었네(結).

27. 詠風(영풍)

- 尤庵 宋時烈(우암 송시열) - 그림 167

來從何處去何處 無臭無形但有聲
赤壁曾焚曹子舶 濉陽虛散項家兵
飜雲轉漢天樞動 蕩海掀山地軸傾
捲我屋頭茅蓋盡 月光穿漏照心明
내종하처거하처 무취무형단유성
적벽증분조자박 수양허산항가병
번운전한천추동 탕해흔산지축경
권아옥두모개진 월광천루조심명

어디서 와서 어디로 가는 가
냄새도 모습도 없고 오직 소리뿐.
조조의 전함 불태운 적벽(赤壁) 바람
항우의 군사 흩어지게 한 수양(濉陽) 바람.
구름 뒤집고 비 쏟아지게 하여 하늘이 진동하고
바다를 끓게 하고 산을 번쩍 들면 지축이 기우네.
내 집의 덮은 띠를 모두 다 걷은 것은
달빛 새어 들어 내 마음을 밝히려 함인가.

▮直 譯

어느(何) 곳으로(處) 부터(從) 왔다가(來) 어느(何) 곳으로(處) 가는가(去)
냄새도(臭) 없고(無) 모양도(形) 없고(無) 다만(但) 소리만(聲) 있네(有).
적벽에서는((赤壁) 일찍이(曾) 조조의(曹子) 큰 배를(舶) 불태웠고(焚)

수양에서는(濉陽) 항우의(項家) 군사를(兵) 흩어지게 하여(散) 없애버렸네(虛).
구름을(雲) 뒤집고(飜) 은하수를(漢) 굴러 옮겨(轉) 하늘의(天) 고동을(樞) 움직이고(動)
바다를(海) 흩어지게 하고(蕩) 산을(山) 번쩍 들어(掀) 땅의(地) 굴대를(軸) 기울게 하네(傾).
나의(我) 집(屋) 머리에(頭) 덮은(蓋) 띠를(茅) 다(盡) 걷은 것은(捲)
달(月) 빛이(光) 구멍으로(穿) 새어서(漏) 마음을(心) 밝게(明) 비추려 함이라(照).

☞ **낱말풀이** •天樞 : 하늘의 중심. 북두칠성(北斗七星)의 첫째 별. 추성(樞星). •地軸 : 지대의 중심에 있다고 상상한 축(軸). •赤壁 : 가어현(嘉漁縣) 동북쪽. 양자강에 있음. 주유(周瑜)가 조조(曹操)를 격파한 곳. •曹子 : 조조(曹操)를 가리킴. •濉陽 : 땅이름. 하남성(河南省) 상구현(商邱縣) 남쪽에 있음. •項家 : 항우(項羽)를 가리킴. 사면초가(四面楚歌)가 여기서 나왔음. 한고조(漢高祖)와 천하를 다투다가 전사(戰死) 하였음.

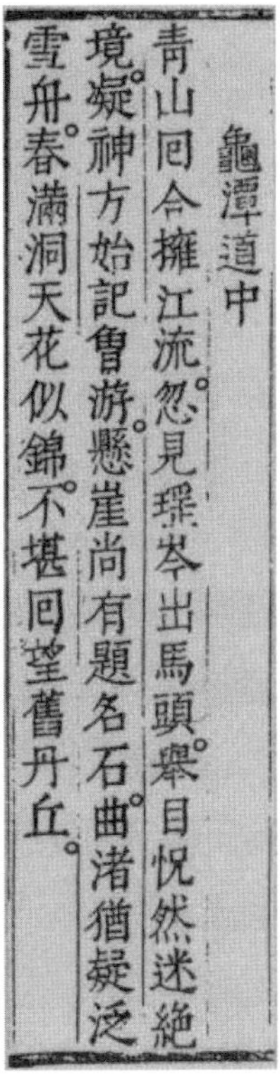

龜潭道中
青山回合擁江流忽見孱岑出馬頭舉目悅然迷絕境凝神方始記曾游懸崖尚有題名石曲渚猶疑泛雪舟春滿洞天花似錦不堪回望舊丹丘

松簷
斫却青山松樹枝短簷高架碧參差何憂赤日炎蒸過末許斜風急雨吹黃雀競巢欣有託白雲來宿不須期匡床睡罷悠然處贏得凉陰滿泗厓

夜坐
荷宜踈雨竹宜風分外清源閉戶中休把是非從我問願將憂樂與人同官榮謝覺恩難報袖短還慚舞末工偶得新詩誰共詠夜來床下有秋虫

그림 168　　　그림 169　　　그림 170

28. 夜坐(야좌)

― 淸溪 洪 葳(청계 홍 위) ― 그림 168

荷宜踈雨竹宜風　分外淸涼閉戶中
休把是非從我問　願將憂樂與人同
官榮漸覺恩難報　袖短還慚舞未工
偶得新詩誰共詠　夜來床下有秋虫

하의소우죽의풍　분외청량폐호중
휴파시비종아문　원장우락여인동
관영점각은난보　수단환참무미공
우득신시수공영　야래상하유추충

연꽃에는 가랑비 대숲에는 바람
닫은 문에 넘치는 맑고 시원함이여.
옳고 그름일랑 묻지 말고
걱정과 즐거움일랑 남과 함께.
벼슬은 영화로워 그 은혜 갚기 어렵고
춤은 소매 짧아 능하지 못해 부끄럽고.
우연히 얻은 새로운 시 누구와 함께 읊을까
밤이 되자 평상 밑에 가을벌레 소리.

▌直 譯

연에는(荷) 마땅히(宜) 성긴(踈) 비요(雨) 대에는(竹) 마땅히(宜) 바람이고(風)
분수(分) 밖의(外) 맑고(淸) 서늘함이(凉) 닫은(閉) 문(戶) 속이네(中).
옳고(是) 그름(非) 나(我) 좇아(從) 물음(問) 가지는 것(把) 그만두고(休)

장차(將) 근심과(憂) 즐거움을(樂) 다른 사람과(人) 더불어(與) 함께(同) 하기 바라네(願).
벼슬의(官) 영화(榮) 차차(漸) 깨달으니(覺) 그 은혜(恩) 갚기(報) 어렵고(難)
소매(袖) 짧으니(短) 도리어(還) 부끄러움은(慚) 춤이(舞) 교묘하지(工) 아니함이네(未).
우연히(偶) 얻은(得) 새로운(新) 시(詩) 누구와(誰) 함께(共) 읊을꼬(詠)
밤(夜) 오자(來) 평상(床) 아래(下) 가을(秋) 벌레(虫) 있네(有).

☞ 낱말풀이 •分外 : 분수(分數)의 밖. 과분(過分).

29. 松簷(송첨)

— 南坡 洪宇遠(남파 홍우원) — 그림 169

斫却靑山松樹枝　短簷高架碧參差
何憂赤日炎曦逼　未許斜風急雨吹
黃雀競巢欣有託　白雲來宿不須期
匡床睡罷悠然處　贏得凉陰滿酒巵
작각청산송수지　단첨고가벽참치
하우적일염희핍　미허사풍급우취
황작경소흔유탁　백운래숙불수기
광상수파유연처　영득량음만주치

푸른 산에서 찍어낸 소나무 가지
짧은 처마에 들쭉날쭉 높이 걸어 놓으니.
걱정 할 것도 없는 붉은 해 불꽃 더위
걱정 할 것도 없는 긴 바람 거센 비.
누른 참새 다투어 집 지으니 기쁘고

흰 구름은 돌아가지 않아도 되고.
잠을 깨니 느긋한 곳
시원한 그늘에 넘치는 술잔이여.

直 譯

푸른(靑) 산(山) 솔(松) 나무(樹) 가지(枝) 찍어(斫) 물리쳐(却)
짧은(短) 처마에(簷) 높이(高) 건너지르니(架) 푸름이(碧) 뒤섞이고(參) 어긋나네(差).
어찌(何) 붉은(赤) 해의(日) 더운(炎) 햇빛(曦) 닥치는 것(逼) 걱정하랴(憂)
비스듬한(斜) 바람(風) 갑작스런(急) 비(雨) 부는 것(吹) 허락하지(許) 아니하네(未).
노란(黃) 참새(雀) 다투어(競) 보금자리 지으니(巢) 맡김이(託) 있어(有) 기쁘고(欣)
흰(白) 구름(雲) 와(來) 자도(宿) 반드시(須) 때가(期) 없네(不).
편한(匡) 침상(牀) 잠(睡) 그치고(罷) 느긋하니(悠) 그러한(然) 곳에(處)
서늘한(凉) 그늘은(陰) 넘치도록(嬴) 얻고(得) 술은(酒) 잔에(卮) 가득하네(滿).

☞ 낱말풀이 •斫却 : 찍어 벰. •參差 : 고르지 않은 모양. •匡牀 : 침대.

30. 龜潭道中(귀담도중)

- 退憂堂 金壽興(퇴우당 김수흥) - 그림 170

靑山回合擁江流 忽見瑤岑出馬頭
擧目怳然迷絶境 凝神方始記曾游
懸崖尙有題名石 曲渚猶疑泛雪舟
春滿洞天花似錦 不堪回望舊丹丘
청산회합옹강류 홀견요잠출마두
거목황연미절경 응신방시기증유
현애상유제명석 곡저유의범설주
춘만동천화사금 불감회망구단구

청산은 돌아 모여 흐르는 강을 껴안고
문득 말머리에서 나오는 옥 같은 봉우리.
눈은 황홀하게 뛰어난 곳으로 미혹되고
정신을 모으니 비로소 생각나는 옛 놀던 일.
벼랑에 아직도 있는 이름 적은 돌
굽은 물가는 하얀 눈에 뜬 배인 듯.
봄은 익어 꽃이 비단 같은 동천
차마 머리 돌려 옛 단구 못 보리.

▌直 譯

푸른(靑) 산은(山) 돌아(回) 모여(合) 흐르는(流) 강을(江) 끌어안고(擁)
문득(忽) 보면(見) 아름다운 옥(瑤) 봉우리가(岑) 말(馬) 머리에서(頭) 나오네(出).
눈을(目) 들면(擧) 황홀하고(怳) 그러하게(然) 뛰어난(絶) 곳에(境) 미혹되고(迷)

정신을(神) 모으니(凝) 바야흐로(方) 비로소(始) 일찍이(曾) 놀던 일이(游) 생각나네(記).
달아맨(懸) 벼랑에는(崖) 오히려(尙) 이름(名) 적은(題) 돌이(石) 있고(有)
굽은(曲) 물가는(渚) 오히려(猶) 흰 눈에(雪) 띄운(泛) 배로(舟) 의심이 되네(疑).
봄이면(春) 신선이 사는 세계인 동천엔(洞天) 꽃이(花) 비단(錦) 같이(似) 가득하고(滿)
머리 돌려(回) 옛(舊) 신선이 산다는 단구를(丹丘) 바라보는 것을(望) 감당하지(堪) 못하겠네(不).

☞ **낱말풀이** •凝神 : 정신을 집중시킴. •洞天 : 신선이 사는 세계. 산과 내에 둘러싸인 경치 좋은 곳. 동학(洞壑). •丹丘 : 신선이 사는 곳. 밤이나 낮이나 늘 밝은 나라라고 함.

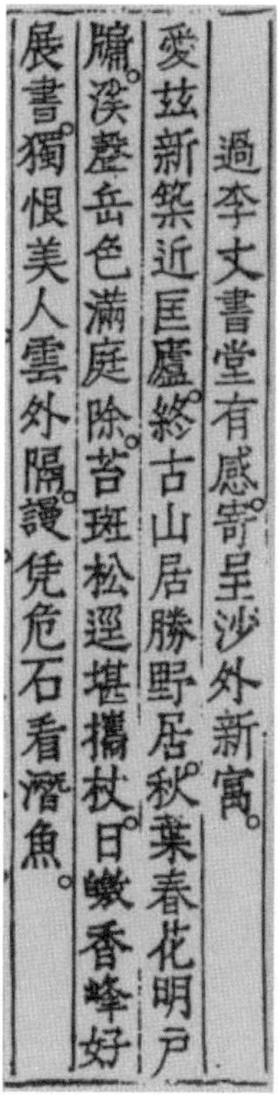

제5장 七言律詩 237

그림 171

過李丈書堂有感寄呈沙外新寓。
愛茲新築近匡廬終古山居勝野居
簷溪聲岳色滿庭除苔斑松逕堪攜杖
秋葉春花明戶牖
展書獨恨美人雲外隔謾憑危石看潛魚。

그림 172

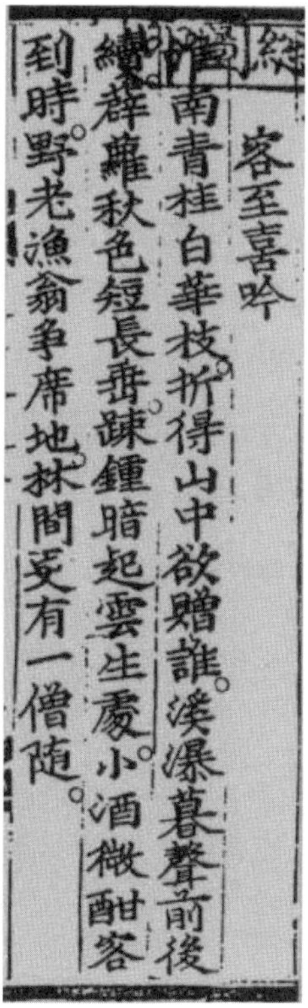

客至喜吟
門南青挂白華枝折得山中欲贈誰
溪瀑暮聲前後
繞群蘿秋色短長垂疎鍾暗起雲生處小酒微酣客
到時野老漁翁爭席地抺間笑有一僧隨。

그림 173

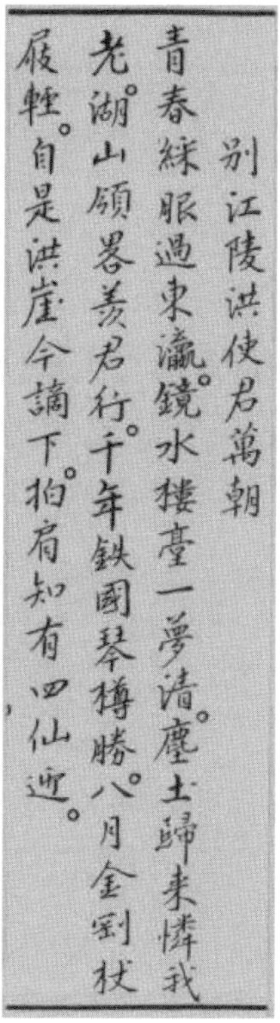

別江陵洪使君萬朝
青春綠眼過東瀛鏡水樓臺一夢清塵土歸來愧我
老湖山頒暮羨君行千年鐵國琴樽勝八月金罍杖
履輕自是洪崖今謫下拍肩知有四仙迎。

31. 過李丈書堂有感寄呈沙外新寓
(과이장서당유감기정사외신우)

　　　　　　　　- 明齋 尹 拯(명재 윤 증) - 그림 171

　　愛玆新築近匡廬　終古山居勝野居
　　秋葉春花明戶牖　溪聲岳色滿庭除
　　苔斑松逕堪攜杖　日皦香峰好展書
　　獨恨美人雲外隔　謾凭危石看潛魚
　　애자신축근광려　종고산거승야거
　　추엽춘화명호유　계성악색만정제
　　태반송경감휴장　일교향봉호전서
　　독한미인운외격　만빙위석간잠어

　　좋아하는 새로 지은 비뚤어진 오두막집
　　예로부터 산에 사는 것이 들에 사는 것보다 좋다했네.
　　가을 잎 봄꽃은 창을 밝히고
　　시내 소리 산 빛깔은 뜰에 가득하고.
　　지팡이로 즐길만한 이끼 낀 솔 길
　　책을 펴기에 좋은 햇빛 밝고 향기로운 봉우리.
　　구름 밖에 있는 미인을 홀로 한하며
　　부질없이 돌에 기대 들여다보는 물고기.

▌直 譯

　　새로(新) 지은(築) 이 집은(玆) 비뚤어진(匡) 오두막집에(廬)
　　비슷하여(近) 좋아하느니(愛)
　　옛날에도(終古) 산에(山) 사는 것이(居) 들에(野) 사는 것
　　(居) 보다 낫다했네(勝).
　　가을(秋) 잎(葉) 봄(春) 꽃은(花) 지게문의(戶) 창을(牖) 밝히고(明)

시내(溪) 소리(聲) 산(岳) 빛깔은(色) 뜰(庭) 섬돌에(除) 가득하네(滿).
이끼(苔) 무늬(斑) 솔(松) 길은(逕) 지팡이를(杖) 들고(攜) 즐길만하고(堪)
햇빛(日) 밝은(皦) 향기로운(香) 봉우리는(峰) 책을(書) 펴기에(展) 좋네(好).
아름다운(美) 사람(人) 구름(雲) 밖으로(外) 멀어짐을(隔) 홀로(獨) 한탄하고(恨)
공연히(謾) 위태로운(危) 돌에(石) 기대어(凭) 숨은(潛) 물고기를(魚) 바라보네(看).

32. 客至喜吟(객지희음)
- 壺谷 南龍翼(호곡 남용익) - 그림 172

離南靑桂白華枝　折得山中欲贈誰
溪瀑暮聲前後續　薜蘿秋色短長垂
踈鍾暗起雲生處　小酒微酣客到時
野老漁翁爭席地　林間夐有一僧隨
이남청계백화지　절득산중욕증수
계폭모성전후속　벽라추색단장수
소종암기운생처　소주미감객도시
야노어옹쟁석지　임간갱유일승수

남쪽의 계수나무 흰 꽃가지를
산중에서 꺾어 누구에게 주려하는고.
시내 폭포 저문 소리는 앞뒤로 이어지고
덩굴 풀의 가을빛은 짧고 길게 드리우고.
구름 생기는 곳에서 몰래 일어나는 성근 종소리
손님 왔을 때 약간 취하는 술.

들 늙은이 고기잡이 늙은이와 자리다툼하는 곳에
숲 속에 있는 또 한 중이 그를 따른다.

▌直 譯

남쪽의(離南) 푸른(靑) 계수나무(桂) 하얀(白) 꽃(花) 가지를(枝)
산(山) 중에서(中) 꺾어(折) 얻어(得) 누구에게(誰) 주고자
(贈) 하는가(欲).
시내(溪) 폭포(瀑) 저문(暮) 소리는(聲) 앞(前) 뒤로(後) 이
어지고(續)
줄사철나무(薜) 담쟁이덩굴의(蘿) 가을(秋) 빛은(色) 짧고
(短) 길게(長) 드리웠네(垂).
성근(疎) 종소리는(鍾) 몰래(暗) 구름(雲) 생기는(生) 곳에서
(處) 일어나고(起)
적게(小) 마신 술은(酒) 손님이(客) 이르는(到) 때에야(時)
조금(微) 무르익네(酣).
들(野) 늙은이와(老) 고기잡이(漁) 늙은이는(翁) 자리의(席)
땅(地) 다투고(爭)
숲(林) 사이에는(間) 다시(夏) 한(一) 스님이(僧) 따르고(隨)
있네(有).

33. 別江陵洪使君萬朝(별강능홍사군만조)
     - 退堂 柳命天(퇴당 유명천) - 그림 173

  靑春綵服過東瀛 鏡水樓臺一夢淸
  塵土歸來憐我老 湖山領畧羨君行
  千年鐵國琴樽勝 八月金剛杖屨輕
  自是洪崖今謫下 拍肩知有四仙迎
  청춘채복과동영 경수루대일몽청
  진토귀래련아노 호산영략선군행

제5장 七言律詩 241

천년철국금준승 팔월금강장극경
자시홍애금적하 박견지유사선영

젊은 나이 비단옷으로 동영을 지나면
꿈도 맑은 경포 다락.
속세로 돌아오면 내 늙음 어여삐 여겨
그대 걸음도 그리워하는 호수와 산.
천년 철국(鐵國)이라 거문고와 술도 좋고
팔월의 금강산은 지팡이 신발도 가볍고.
이 큰 벼랑으로부터 떨어져 내리면
어깨 두드리며 맞이하는 네 분의 신선.

▎直 譯

젊고(靑) 젊은 때에(春) 비단 옷(綵) 입고(服) 동쪽(東) 바다를(瀛) 지나면(過)
거울 같은(鏡) 물가(水) 다락(樓) 집엔(臺) 한줄기(一) 꿈이(夢) 맑으리(淸).
먼지(塵) 흙으로(土) 돌아(歸) 오면(來) 내(我) 늙음을(老) 어여삐 여겨(憐)
호수와(湖) 산이(山) 대강을(畧) 알아차리고(領) 그대의(君) 걸음(行) 그리워하리(羨).
천년(千年) 강릉엔(鐵國) 거문고(琴) 술통(樽) 훌륭하고(勝)
팔월의(八月) 금강산은(金剛) 지팡이(杖) 신발(屨) 가벼우리(輕).
이(是) 큰(洪) 벼랑으로(崖) 부터(自) 이제(今) 좌천되어(謫) 떨어지면(下)
어깨를(肩) 두드리며(拍) 신선(仙) 넷이(四) 맞이하고(迎) 있음을(有) 알리(知).

☞ 낱말풀이 •鐵國 : 강릉(江陵)을 가리킴. •四仙 : 영랑(永郞), 술랑(述郞) 등 신라의 네 화랑.

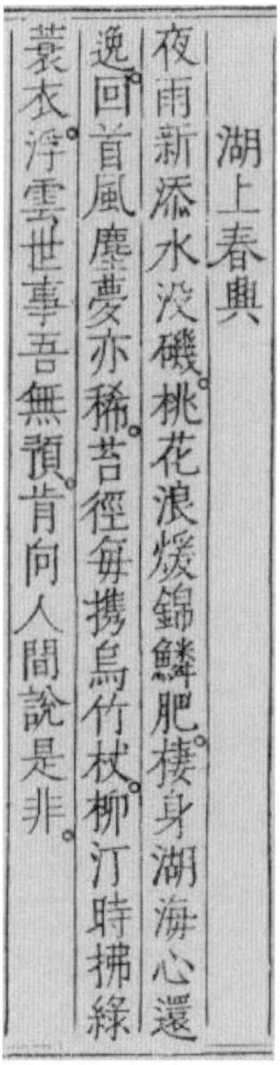

그림 176

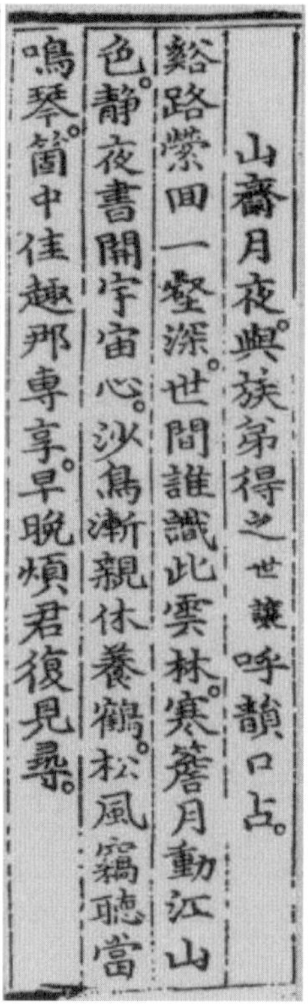

山齋月夜與族弟得之世謙呼韻口占。

谿路縈回一壑深。世間誰識此雲林。蒼崖月動江山色。靜夜書開宇宙心。沙鳥漸親休養鶴。松風竊聽富鳴琴。箇中佳趣那專享。早晚煩君復見尋。

그림 175

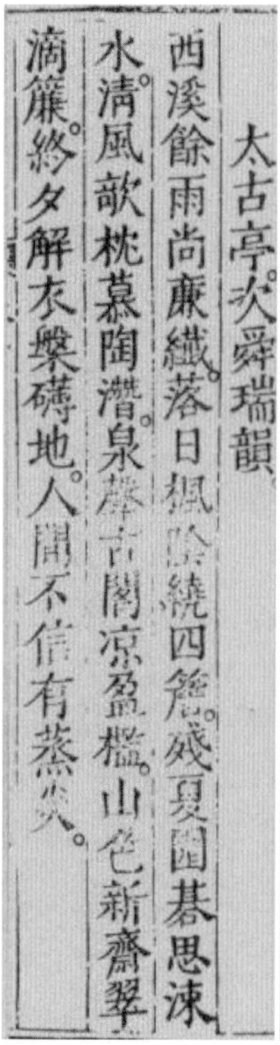

太古亭次舜瑞韻。

西溪餘雨尚廉纖。落日楓陰繞四簷。殘夏圍棋思凍水。淸風欹枕慕陶潛。泉聲古閣凉盈檻。山色新齋翠滴簾。終夕解衣樂磅礴。地人間不信有蒸炎。

그림 174

湖上春興

夜雨新添水沒磯。桃花浪煖錦鱗肥。捿身湖海心還逸。回首風塵夢亦稀。苔徑每携烏竹杖。柳汀時拂綠蓑衣。浮雲世事吾無賴。肯向人間說是非。

34. 湖上春興(호상춘흥)

- 絅庵 申 琓(경암 신 완) - 그림 174

夜雨新添水沒磯 桃花浪煖錦鱗肥
棲身湖海心還逸 回首風塵夢亦稀
苔徑每携烏竹杖 柳汀時拂綠蓑衣
浮雲世事吾無預 肯向人間說是非

야우신첨수몰기 도화랑난금린비
서신호해심환일 회수풍진몽역희
태경매휴오죽장 유정시불록사의
부운세사오무예 긍향인간설시비

밤비에 물이 불어 잠긴 물가
복사꽃 뜬 물 따뜻하여 살진 고기들.
호해에 몸을 두니 마음이 다시 즐겁고
세상 일 바라보면 꿈 또한 드물다.
이끼 길에서 늘 짚는 검은 대지팡이
버들 물가에서 때때로 터는 푸른 도롱이.
관심 없는 뜬구름 세상일
어찌 사람을 향해 옳고 그름 말하리.

▌直 譯

밤(夜) 비(雨) 새로(新) 더하여(添) 물가는(磯) 물에(水) 잠기었고(沒)

복사(桃) 꽃(花) 물결(浪) 따뜻하니(煖) 비단(錦) 물고기(鱗) 살지네(肥).

호수와(湖) 바다에(海) 몸이(身) 쉬니(棲) 마음은(心) 도로(還) 즐겁고(逸)

바람(風) 먼지로(塵) 머리를(首) 돌리면(回) 꿈도(夢) 또한(亦) 드무네(稀).
이끼(苔) 길에는(徑) 늘(每) 검은(烏) 대(竹) 지팡이를(杖) 짚고(携)
버드나무(柳) 물가에서는(汀) 때때로(時) 푸른(綠) 도롱이(蓑) 옷을(衣) 터네(拂).
뜬(浮) 구름(雲) 세상(世) 일에(事) 나는(吾) 관여함이(預) 없나니(無)
즐겨(肯) 사람(人) 사이를(間) 향해(向) 옳고(是) 그름을(非) 말하겠는가(說).

35. 太古亭次舜瑞韻(태고정차순서운)

- 夢窩 金昌集(몽와 김창집) - 그림 175

西溪餘雨尙廉纖　落日楓陰繞四簷
殘夏圍碁思涑水　淸風欹枕慕陶潛
泉聲古閣凉盈檻　山色新齋翠滴簾
終夕解衣槃礴地　人間不信有蒸炎
서계여우상렴섬　낙일풍음요사첨
잔하위기사속수　청풍의침모도잠
천성고각량영함　산색신재취적렴
종석해의반박지　인간불신유증염

서쪽 시내 남은 비는 아직도 보슬보슬
저녁 해에 처마를 두른 단풍 그늘.
늦여름에 바둑 두니 생각나는 사마광
맑은 바람에 베개 기대니 그리운 도잠.
시원한 샘물 소리 옛집의 난간에 가득하고

산 빛깔의 푸름은 새 서재 발에 떨어지고.
저녁 내내 옷을 풀고 단정히 앉았으니
세상에 무더위 있는 줄 모르리.

▌直 譯

서쪽(西) 시내의(溪) 남은(餘) 비는(雨) 오래토록(尙) 끊어질 듯(廉) 가늘고(纖)
떨어지는(落) 해에(日) 단풍(楓) 그늘이(陰) 네(四) 처마를(簷) 둘렀네(繞).
남은(殘) 여름(夏) 바둑(碁) 사냥에(圍) 사마광을(涑水) 생각하고(思)
맑은(淸) 바람에(風) 베개(枕) 기대고(欹) 도연명을(陶潛) 그리워하네(慕).
옛(古) 집의(閣) 샘(泉) 소리에(聲) 서늘함이(凉) 난간에(檻) 가득 차고(盈)
산(山) 빛깔이(色) 새(新) 서재의(齋) 푸른(翠) 발에(簾) 방울져 떨어지네(滴).
저녁이(夕) 끝나도록(終) 옷을(衣) 풀고(解) 땅에(地) 소반(槃) 다리 뻗고 앉았으니(礴)
사람(人) 사이에(間) 찌는(蒸) 더위(炎) 있다는 것(有) 믿지(信) 못하겠네(不).

☞ **낱말풀이** •廉纖: 가랑비가 내리는 모양. 이슬비가 내리는 모양. •涑水: 송나라 때의 학자이며 명상(名相)인 사마광(司馬光). 사마광이 산서성(山西省) 하현(夏縣) 속수(涑水) 사람이었기 때문. 陶潛: 동진(東晋)의 시인(詩人). 심양(潯陽) 사람으로 자(字)는 연명(淵明). 명장(名將) 간(侃)의 증손(曾孫). 주제주(州祭酒)의 벼슬을 시작으로 나중에 팽택(彭澤)의 영(令)이 되었으나, 80여일 만에 '귀거래사(歸去來辭)'를 읊고 벼슬을 떠나 전원(田園) 생활을 즐겼음. 그의 시(詩)는 기품(氣品)이 높고 생(生)에 대한 애정이 넘쳐 있는 것이 특색임. •槃礴: 책상다리를 하고 앉음. 반슬(槃膝).

36. 山齋月夜與族弟得之呼韻口占
   (산재월야여족제득지호운구점)

　　　　　　－ 滄溪 林 泳(창계 임 영) － 그림 176

谿路縈回一壑深　世間誰識此雲林
寒簷月動江山色　靜夜書開宇宙心
沙鳥漸親休養鶴　松風竊聽當鳴琴
箇中佳趣那專享　早晩煩君復見尋
계로영회일학심　세간수식차운림
한첨월동강산색　정야서개우주심
사조점친휴양학　송풍절청당명금
개중가취나전향　조만번군부견심

시내 길 돌고 돌아 깊은 산골
이 구름과 숲을 세간에 누가 알리.
차가운 처마 달에는 강산의 빛깔
고요한 밤 책에는 우주의 마음.
모래 새와 친해져 학은 기르지 않고
몰래 듣는 솔바람 거문고 소리.
아름다운 이 흥취 어찌 혼자 하리
조만간 그대 다시 보고자.

▌直 譯

시내(谿) 길(路) 돌고(縈) 돌아(回) 한(一) 산골짝(壑) 깊으니(深).
세상(世) 사이에(間) 누가(誰) 알리(識) 이(此) 구름과(雲) 숲을(林).
차가운(寒) 처마에(簷) 달이(月) 움직이니(動) 물과(江) 산(山)

빛이고(色)
고요한(靜) 밤(夜) 책을(書) 펼치니(開) 하늘처럼(宇) 무한한(宙) 마음이네(心).
모래의(沙) 새(鳥) 점점(漸) 친해지니(親) 학(鶴) 기르는 것(養) 쉬고(休)
솔(松) 바람(風) 몰래(竊) 들으니(聽) 거문고(琴) 울림에(鳴) 당하네(當).
그(箇) 가운데(中) 아름다운(佳) 흥취를(趣) 어찌(那) 홀로(專) 누리리(享)
머지않아(早晩) 번거롭더라도(煩) 그대(君) 다시(復) 찾아(尋) 보겠네(見).

☞ 낱말풀이 •口占 : ①읊조림. ②문서에 의하지 않고 말로써 전달함.
　　　　　•縈回 : 굽이쳐 돎.

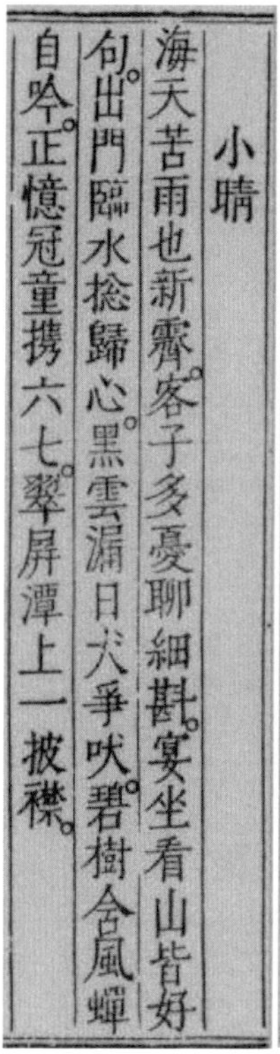

그림 177

小晴
海天苦雨也新霽客子多憂聊細斟。宴坐看山皆好句出門臨水撚歸心黑雲漏日犬爭吠碧樹含風蟬自吟正憶冠童携六七翠屏潭上一披襟。

그림 178

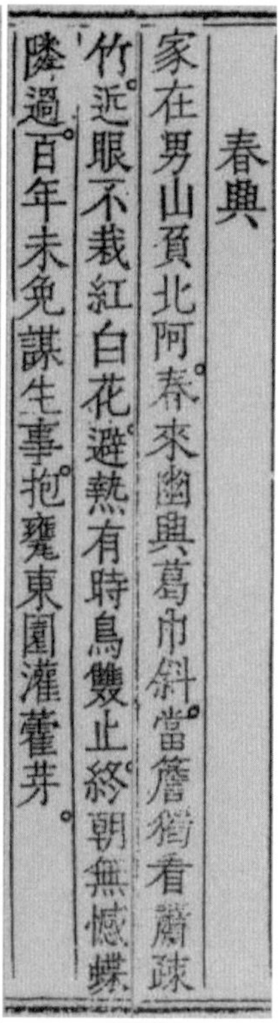

春興
家在男山頁北阿春來幽興葛巾斜當簷獨看薔疎竹近眼不栽紅白花避熱有時鳥雙止終朝無憾蝶隣過百年未免謀生事抱甕東園灌藿芽。

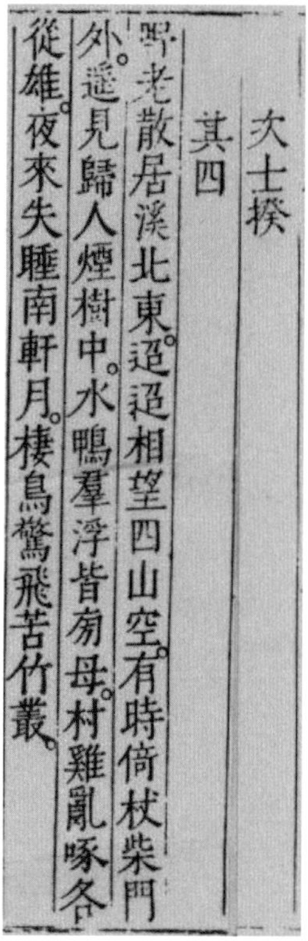

그림 179

次士撰
其四
野老散居溪北迢迢相望四山空有時倚杖柴門外遙見歸人煙樹中水鴨羣浮皆冇母村雞亂啄各從雄夜來失睡南軒月棲鳥驚飛苦竹叢。

37. 小晴(소청)
― 北軒 金春澤(북헌 김춘택) ― 그림 177

    海天苦雨也新霽 客子多憂聊細斟
    宴坐看山皆好句 出門臨水捴歸心
    黑雲漏日犬爭吠 碧樹含風蟬自吟
    正憶冠童携六七 翠屛潭上一披襟
    해천고우야신제 객자다우료세짐
    연좌간산개호구 출문임수총귀심
    흑운루일견쟁폐 벽수함풍선자음
    정억관동휴육칠 취병담상일피금

    지루한 비 막 개인 바다 하늘
    정도 많아 주고받는 술.
    산을 보면 다 좋은 시 구
    바다에 가면 모두 고향 그리움.
    검은 구름 속에서 해 나오면 다투어 짖는 개
    바람 머금은 푸른 나무엔 매미소리.
    진정 어른 아이 예닐곱과
    숲 속 연못가에서 풀어보려는 속마음.

▮直 譯

바다(海) 하늘에(天) 장마가(苦雨) 또한(也) 새로이(新) 개이고(霽)
나그네(客子) 근심이(憂) 많아(多) 애오라지(聊) 드물게(細) 술잔을 주고받네(斟).
편히(宴) 앉아(坐) 산을(山) 보니(看) 모두(皆) 좋은(好) 글이요(句)
문을(門) 나와(出) 물을(水) 내려다보니(臨) 모두(捴) 돌아가려는(歸) 마음뿐이네(心).

검은(黑) 구름이(雲) 해를(日) 새게 하면(漏) 개는(犬) 다투어(爭) 짖고(吠).
푸른(碧) 나무(樹) 바람(風) 머금으면(含) 매미(蟬) 저절로(自) 노래하네(吟).
진정(正) 생각은(憶) 어른과(冠) 아이(童) 여섯(六) 일곱(七) 이끌고(攜)
푸른(翠) 병풍 두른(屛) 연못(潭) 가에서(上) 한번(一) 마음(襟) 풀어보는 것이네(披).

☞ 낱말풀이 •小晴 : 적게 갬. 잠깐 동안 갬. •苦雨 : 장마. 사람을 괴롭히므로 이르는 말. •披襟 : 옷깃을 열어젖힘. 흉금(胸襟)을 털어놓음.

38. 春興(춘흥)

― 崇岳 林昌澤(숭악 임창택) ― 그림 178

家在男山負北阿　春來幽興葛巾斜
當簷獨看蕭疎竹　近眼不栽紅白花
避熱有時鳥雙止　終朝無憾蝶隣過
百年未免謀生事　抱甕東園灌藿芽
가재남산부북아　춘래유흥갈건사
당첨독간소소죽　근안부재홍백화
피열유시조쌍지　종조무감접린과
백년미면모생사　포옹동원관곽아

집은 북쪽 언덕을 등진 남산(男山)에 있고
봄 흥이 일면 비껴쓰는 갈건.
처마에서 홀로 쓸쓸하고 성근 대 바라보고
눈 가까이는 가꾸지도 않는 붉고 흰 꽃.
더위를 피해 때로는 새들이 짝 지어 오고
아침엔 걱정 없이 나비들이 이웃으로 지나가고.

살아가는 일 오래토록 면하지 못해
독을 안고 동쪽 콩 밭에 물을 대네.

▌直 譯

집은(家) 남산에(男山) 있어(在) 북쪽(北) 언덕을(阿) 등졌는데(負)
봄이(春) 오면(來) 그윽한(幽) 흥에(興) 갈포 두건을(葛巾) 비스듬히 하네(斜).
처마를(簷) 마주하고(當) 홀로(獨) 쓸쓸하고(蕭) 성근(疎) 대를(竹) 바라보는데(看)
눈(眼) 가까이엔(近) 심지(栽) 아니한(不) 붉고(紅) 흰(白) 꽃이네(花).
더위(熱) 피해(避) 때에(時) 있어(有) 새들은(鳥) 짝이 되어(雙) 머물고(止)
아침을(朝) 마치도록(終) 근심(憾) 없이(無) 나비가(蝶) 이웃으로(隣) 지나가네(過).
백년(百年) 벗어나지(免) 못함은(未) 삶을(生) 꾀하는(謀) 일이라(事)
단지를(甕) 안고(抱) 동쪽(東) 밭(園) 콩(藿) 싹에(芽) 물을 대네(灌).

☞ **낱말풀이** •男山(남산) : 개성부 동쪽 2리에 있는 산. 이규보(李奎報)의 기(記)와 정추(鄭樞)의 시가 있음.

39. 次士揆(차사규)

— 昆侖 崔昌大(곤륜 최창대) — 그림 179

野老散居溪北東　沼沼相望四山空
有時倚杖柴門外　遙見歸人煙樹中
水鴨羣浮皆旁母　村雞亂啄各從雄
夜來失睡南軒月　棲鳥驚飛苦竹叢
야노산거계북동　초초상망사산공

유시의장시문외 요견귀인연수중
수압군부개방모 촌계란탁각종웅
야래실수남헌월 서조경비고죽총

시내 북동에 흩어져 사는 시골 늙은이
멀리 바라보면 사방 적적한 산.
때로 사립문 밖에서 지팡이에 기대고
멀리 희부연 나무속에서 돌아오는 사람.
물오리 떼 지어 떠다녀도 모두 어미 곁이요
시골 닭 먹일 어지러이 쪼다가도 각기 수컷 따르고.
밤새껏 잠 못 이룬 남쪽 난간 달에
자던 새 놀라 깨어 왕대 떨기로 날아가고.

▌直 譯

시골(野) 늙은이는(老) 시내(溪) 북쪽(北) 동쪽으로(東) 흩어져(散) 사는데(居)
멀고(迢) 멀리(迢) 서로(相) 바라보아도(望) 사방의(四) 산은(山) 비어있고(空).
때에(時) 있어(有) 땔나무(柴) 문(門) 밖에서(外) 지팡이에(杖) 기대고(倚)
연기 끼인(煙) 나무(樹) 속에서(中) 돌아오는(歸) 사람을(人) 멀리서(遙) 보네(見).
물(水) 오리(鴨) 떼 지어(羣) 떠다녀도(浮) 모두(皆) 어미(母) 곁이고(旁)
시골(村) 닭(鷄) 어지러이(亂) 쪼아대도(啄) 각기(各) 수컷(雄) 따르네(從).
밤이(夜) 와도(來) 잠을(睡) 잃은(失) 남쪽(南) 추녀의(軒) 달에(月)
보금자리에 깃든(棲) 새는(鳥) 왕대(苦竹) 떨기로(叢) 놀라(驚) 날아가네(飛).

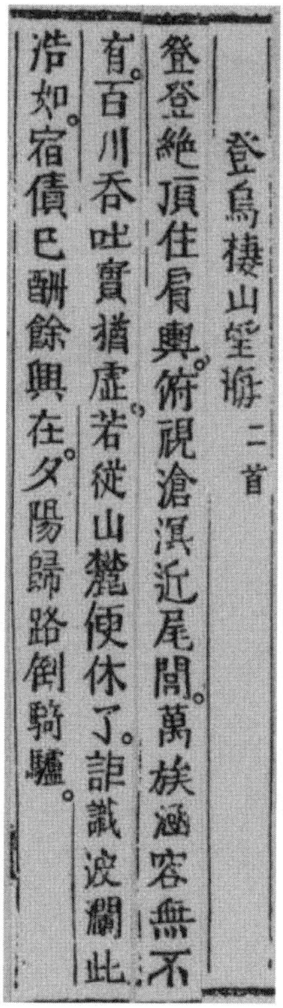

제5장 七言律詩 253

그림 180: 登絕頂住肩輿俯視滄溟近尾閭萬族涵容無不有百川吞吐實猶虛若從山麓便休了詎識波瀾此浩如宿債已酬餘興在夕陽歸路倒騎驢
登烏棲山室遊 二首

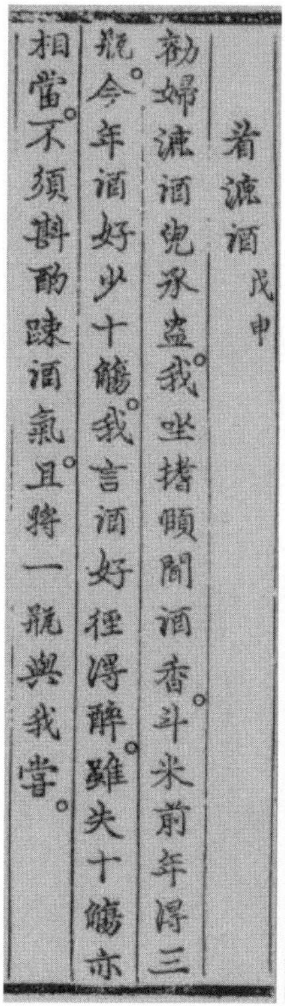

그림 181: 着漉酒 戊申
勸婦漉酒兜承盃我坐搔頤間酒香斗米前年得三甕今年酒好少十觴我言酒好徑得醉雖失十觴亦相當不須斟酌豫酒氣且持一甕與我嘗

그림 182: 東臺
明月空江雪後臺水晶官殿上元開寒多白塔三更出霧盡青山兩岸來異代文章還寂寞幾人天地此徘徊何當鼓枻桃花水與爾垂竿石上苔

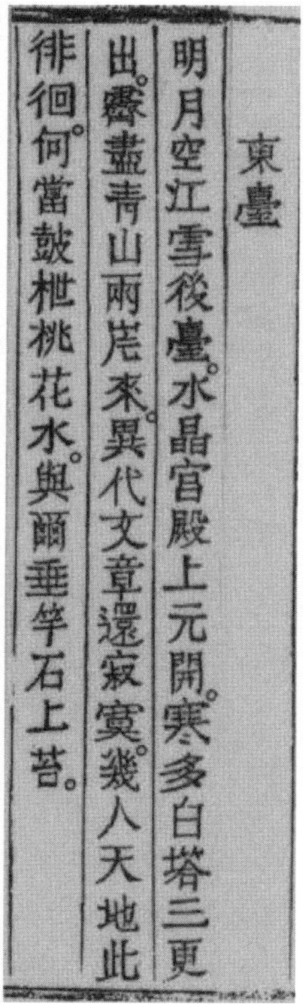

40. 登烏棲山望海(등오서산망해)
－ 三患齋 蔡之洪(삼환재 채지홍) － 그림 180

登登絶頂住肩輿 俯視滄溟近尾閭
萬族涵容無不有 百川呑吐實猶虛
若從山麓便休了 詎識波瀾此浩如
宿債已酬餘興在 夕陽歸路倒騎驢

등등절정주견여 부시창명근미려
만족함용무불유 백천탄토실유허
약종산록편휴료 거식파란차호여
숙채이수여흥재 석양귀로도기려

오르고 올라 맨 꼭대기에 가마 세우고
푸른 바다 굽어보니 가까운 미려(尾閭).
모든 것 받아들여 없는 것 없고
온갖 내 삼키고 토하니 가득 차도 오히려 빈 듯.
만약 산기슭에서 그냥 쉬었더라면
이 물결이 이처럼 넓은 줄 어찌 알리.
묵은 빚 갚고도 흥이 남아
나귀 거꾸로 타고 돌아가는 석양 길.

▎直 譯

오르고(登) 올라(登) 더 없는(絶) 꼭대기에(頂) 어깨(肩) 가마를(輿) 세우고(住)
푸른(滄) 바다(溟) 굽어(俯) 보니(視) 바다 물이 샌다는 꼬리(尾) 문이(閭) 가깝네(近).
모든(萬) 무리를(族) 받아드리고(涵) 받아들여(容) 있지(有) 아니한 것이(不) 없고(無)

온갖(百) 내를(川) 삼키고(呑) 토해내(吐) 가득 차도(實) 오히려(猶) 빈 듯(虛).
만약(若) 산(山) 기슭에(麓) 나아가서(從) 곧(便) 쉬고(休) 끝나버렸다면(了)
어찌(詎) 물결(波) 물결이(瀾) 이와(此) 같이(如) 넓은 줄을(浩) 알았으리(識).
묵은(宿) 빚을(債) 이미(已) 갚고도(酬) 흥이(興) 남아(餘) 있으니(在)
저녁(夕) 볕(陽) 돌아가는(歸) 길엔(路) 나귀를(驢) 거꾸로(倒) 타고 가리(騎).

☞ 낱말풀이 •肩輿 : 사람 둘이 앞뒤에 메는 가마. •尾閭 : 대해(大海)의 밑에 있는 해수(海水)가 쉴 사이 없이 샌다는 곳.

41. 看漉酒(간록주)
　　　　　　　　－ 雷淵 南有容(뇌연 남유용) － 그림 181

勸婦漉酒兒承盎　我坐拄頤聞酒香
斗米前年得三瓶　今年酒好少十觴
我言酒好徑得醉　雖失十觴亦相當
不須斟酌疎酒氣　且將一瓶與我嘗
권부록주아승앙　아좌지이문주향
두미전년득삼병　금년주호소십상
아언주호경득취　수실십상역상당
불수짐작소주기　차장일병여아상

아내는 술 거르고 아이는 동이로 받고
나는 턱 괴고 앉아 술 냄새 맡고.
작년에는 한 말 쌀로 세 병을 걸렀는데
금년에는 술이 잘 돼 열 잔이나 적다네.

술이 잘 돼 일찍 취한다면
열 잔 잃더라도 그게 그것 아닌가.
술기운이 적다고 짐작하지 말 것이니
우선 내게 한 병 주어 맛보게 하게나.

▎直 譯

아내에게(婦) 권하여(勸) 술(酒) 거르게 하고(漉) 아이는(兒) 동이를(盎) 받들게 하고(承)
나는(我) 앉아(坐) 턱을(頤) 괴고(搘) 술(酒) 향기를(香) 맡는다(聞).
말(斗) 쌀로(米) 앞(前) 해엔(年) 세(三) 항아리를(瓶) 얻었었는데(得)
올(今) 해엔(年) 술이(酒) 잘 되어(好) 열(十) 잔이나(觴) 적다고(少).
내(我) 말은(言) 술이(酒) 좋아(好) 빠르게(徑) 취함을(醉) 얻게 된다면(得)
비록(雖) 열(十) 잔을(觴) 잃더라도(失) 또한(亦) 서로(相) 마땅하리라(當).
모름지기(須) 술(酒) 기운이(氣) 적다고(踈) 헤아려(斟) 받아드리지(酌) 말 것이니(不)
또(且) 한(一) 항아리(瓶) 가져다가(將) 나에게(我) 주어서(與) 맛보도록 하게(嘗).

42. 東臺(동대)

- 石北 申光洙(석북 신광수) - 그림 182

明月空江雪後臺 水晶宮殿上元開
寒多白塔三更出 霽盡靑山兩岸來
異代文章還寂寞 幾人天地此徘徊
何當皷枻桃花水 與爾垂竿石上苔
명월공강설후대 수정궁전상원개
한다백탑삼경출 제진청산양안래
이대문장환적막 기인천지차배회
하당고예도화수 여이수간석상태

눈 내린 빈 강엔 밝은 달
대보름날에 열리는 수정궁전.
싸늘한 백탑은 삼경에 드러나고
비 개자 청산은 두 기슭에 나오고.
도리어 적막한 다른 시대 문장
여기서 몇 사람이 배회했나.
어찌해야 복사꽃 뜬 물에 노 두드리며
돌 위 이끼에서 낚싯대 드리울까.

▌直 譯

밝은(明) 달은(月) 빈(空) 강에(江) 눈 내린(雪) 뒤의(後) 돈대(臺)
수정궁전이(水晶宮殿) 음력 정월 보름에(上元) 열리었네(開).
차가움이(寒) 많은(多) 흰(白) 탑은(塔) 한 밤중에(三更) 나오고(出)
비 눈 개임이(霽) 다한(盡) 푸른(靑) 산은(山) 양쪽(兩) 언덕에서(岸) 나오네(來).
다른(異) 시대(代) 글과(文) 글(章) 도리어(還) 고요하고(寂) 쓸쓸하니(寞)
하늘과(天) 땅에(地) 몇(幾) 사람이나(人) 이에(此) 어정거리고(徘) 머뭇거렸던가(徊).
어찌해야(何) 마땅히(當) 복숭아(桃) 꽃(花) 물에(水) 노를(枻) 두드리며(鼓)
너와(爾) 더불어(與) 돌(石) 위(上) 이끼에서(苔) 낚싯대(竿) 드리울꼬(垂).

☞ **낱말풀이** •三更 : 하루 밤을 다섯으로 나눈 셋째 시각. 하오 열한시부터 이튿날 상오 한시까지. 병야(丙夜). 한 밤중. •桃花水 : 복숭아 꽃이 필 무렵에 얼음이 녹아 흐르는 물이란 뜻으로, 봄철의 시냇물을 멋스럽게 이르는 말.

次君善韻
春風此日共登臨松石名園箇裏深已喜坐中無俗客
誰知境外有詞林淋灘可愛盃樽趣跌宕自成山水音
物誘年來忘亦久秋毫何足動吾心

그림 183

꿈이란 인생의 목표다.

43. 次君善韻(차군선운)
       － 四名子 車佐一(사명자 차좌일) － 그림 183

春風此日共登臨 松石名園箇裏深
已喜坐中無俗客 誰知境外有詞林
淋漓可愛盃樽趣 跌宕自成山水音
物誘年來忘亦久 秋毫何足動吾心
춘풍차일공등임 송석명원개리심
이희좌중무속객 수지경외유사림
임리가애배준취 질탕자성산수음
물유년래망역구 추호하족동오심

봄바람 부는 오늘 함께 올라보니
그윽한 이 송석원(松石園).
좌중에 속된 나그네 없음을 기뻐하나니
누가 알리 글 하는 사람 있는 줄을.
사랑스럽게 넘치는 술 정취며
제멋대로 이루어지는 산과 물소리.
재물의 유혹 잊은 지 오래이니
어찌 조금이라도 내 마음을 움직이리.

┃直 譯

봄(春) 바람 부는(風) 이(此) 날(日) 함께(共) 올라(登) 마주
대하니(臨)
소나무(松) 돌로(石) 이름난(名) 동산(園) 이(箇) 속이(裏)
깊숙하네(深).
앉은(坐) 가운데(中) 속된(俗) 나그네(客) 없음을(無) 이미
(已) 기뻐하니(喜)

경계(境) 밖에(外) 글(詞) 숲(林) 있는 줄(有) 누가(誰) 알리(知).
방울져(淋) 흘러내리는(漓) 잔(盃) 술통(樽) 정취는(趣) 가히(可) 사랑할만하고(愛)
제멋대로(跌) 방탕하게도(宕) 저절로(自) 이루어지는(成) 산(山) 물(水) 소리(音).
물건(物) 유혹(誘) 여러 해로(年) 부터(來) 잊은 지(忘) 또한(亦) 오래이니(久)
가을(秋) 털만큼이라도(豪) 어찌(何) 족히(足) 내(吾) 마음을(心) 움직이리(動).

☞ **낱말풀이** •次韻 : 남이 지은 시의 운자(韻字)를 따서 시를 지음. 또는 그 시. •君善 : 송석원 천수경(松石園 千壽慶)의 자. •淋漓 : 줄줄 흐르는 모양. 원기가 넘치는 모양. •跌宕 : 놀음놀이 같은 것이 한껏 흐드러져 방탕(放蕩)에 가까움. 제멋대로 행동함. •放蕩 : 주색(主色)에 빠져 행실이 더럽고 지저분함. •詞林 : 시문(詩文)을 모아 엮은 책. 시인·문인들의 사회. 한림원(翰林院)의 별칭.

索 引 색 인

萬事如意亨通 만사여의형통
모든 일이 생각대로 잘 이루어지기를!

1. 雅號索引(아호색인)

1. 薑山·素玩亭 李書九(1754 : 英祖30~1825 : 純祖25) - 文總270권 6쪽 / 그림 42
2. 絅菴 申 琓(1646 : 仁祖24~1707 : 肅宗33) - 文總 續47권 204쪽 / 그림 174
3. 敬亭 李民宬(1570 : 宣祖3~1629 : 仁祖7) - 文總76권 252쪽 / 그림 120
4. 孤山 尹善道(1587 : 宣祖20~1671 : 顯宗12) - 文總91권 265쪽 / 그림 71
5. 孤雲 崔致遠(857 : 憲安王1~?) - 文總1권 150·151·152쪽 / 그림 1·89·141
6. 谷雲 金壽增(1624 : 仁祖2~1701 : 肅宗27) - 文總125권 160쪽 / 그림 76
7. 昆侖 崔昌大(1669 : 顯宗10~1720 : 肅宗46) - 文總183권 71쪽 / 그림 179
8. 觀復菴 金崇謙(1682 : 肅宗8~1700 : 肅宗26) - 文總202권 469쪽 / 그림 79
9. 乖厓·拭疣 金守溫(1409 : 太宗9~1481 : 成宗12) - 文總9권 123쪽 / 그림 104
10. 蛟山·惺所 許 筠(1569 : 宣祖2~1618 : 光海君10) - 文總74권 125쪽 / 그림 158
11. 九畹 李春元(1571 : 宣祖4~1634 : 仁祖12) - 文總79권 133쪽 / 그림 65·160
12. 龜谷·墨軒 崔奇男(1586 : 宣祖19~?) - 文總 續22권 323·356쪽 / 그림 69·123
13. 龜石 金得臣(1604 : 宣祖37~1684 : 肅宗10) - 文總104권 19쪽 / 그림 31
14. 葵亭 申厚載(1636 : 仁祖14~1699 : 肅宗25) - 文總 續42권280·323쪽 / 그림 77·131
15. 葵窓 李 健(1614 : 光海君6~1662 : 顯宗3) - 文總122권 13쪽 / 그림 121
16. 謹齋 安 軸(1287 : 忠烈王13~1348 : 忠穆王4) - 文總2권 466쪽 / 그림 145
17. 耆之·西河 林 椿(高麗 毅宗·明宗年間) - 文總1권 234쪽 / 그림 90
18. 樂全·東淮 申翊聖(1588 : 宣祖21~1644 : 仁祖22) - 文總93권 170쪽 / 그림 66
19. 樂靜堂 趙錫胤(1606 : 宣祖39~1655 : 孝宗6) - 文總105권 334쪽 / 그림 70
20. 藍溪 表沿沫(1449 : 世宗31~1498 : 燕山君4) - 文總15권 425쪽 / 그림 156
21. 南冥 曺 植(1501 : 燕山君7~1572 : 宣祖5) - 文總31권 464·465쪽 / 그림

13・27

22. 南坡 洪宇遠(1605：宣祖38~1687：肅宗13)-文總106권 11・13・60쪽/ 그림 128・129・169

23. 老稼齋 金昌業(1658：孝宗9~1721：景宗1)-文總175권 18쪽/ 그림 34

24. 農巖 金昌協(1651：孝宗2~1708：肅宗34)-文總161권 316쪽/ 그림 78

25. 農村・損齋 趙載浩(1702：肅宗28~1762：英祖38)-文總220권 440쪽/ 그림 81

26. 雷淵 南有容(1689：肅宗24~1773：英祖49)-文總217권 38・46쪽/ 그림 83・181

27. 茶山・與猶堂・俟庵 丁若鏞(1762：英祖38~1836：憲宗2)-文總281권 7쪽/ 그림 84

28. 丹溪・赤村 河緯地(1412：太宗12~1456：世祖2)-文總8권 539쪽/ 그림 102

29. 大谷 成 運(1497：燕山君3~1579：宣祖12)-文總28권 10쪽/ 그림 110

30. 臺山 金邁淳(1776：英祖52~1840：憲宗6)-文總294권 281쪽/ 그림 138

31. 陶隱 李崇仁(1347：忠穆王3~1392：恭讓王4)-文總6권 578쪽/ 그림 97

32. 東溟 鄭斗卿(1597：宣祖30~1673：顯宗14)-文總100권 417・461쪽/ 그림 124・165

33. 東州 李敏求(1589：宣祖22~1670：顯宗11)-文總94권 60쪽/ 그림 118

34. 東湖 文德敎(1551：明宗6~1611：光海君3)-文總 續7권 168쪽/ 그림 115

35. 東淮・樂全 申翊聖(1588：宣祖21~1644：仁祖22)-文總93권 170・196・215쪽/ 그림 66・116・162

36. 遯溪 許 厚(1588：宣祖21~1661：顯宗2)-文總 續23권 496쪽/ 그림 122

37. 遁村 李 集(1327：忠肅王14~1387：禑王13)-文總3권 335쪽/ 그림 95

38. 梅溪 曹 偉(1454：端宗2~1503：燕山君9)-文總16권 288쪽/ 그림 54

39. 梅月堂 金時習(1435：世宗17~1493：成宗24)-文總13권 128・151・287쪽

/ 그림 152·153·154

40. 梅軒 權 遇(1363:恭愍王12~1419:世宗1)-文總 續1권 76·94쪽/ 그림 101·151

41. 梅湖 陳 澕(고려 明宗·高宗)-文總2권 279쪽/ 그림 143

42. 明美堂·寧齋 李健昌(1852:哲宗3~1898:高宗35)-文總349권 35쪽/ 그림 86

43. 明齋 尹 拯(1629:仁祖7~1714:肅宗40)-文總135권 43쪽/ 그림 171

44. 慕齋 金安國(1478:成宗9~1543:中宗38)-文總20권 78쪽/ 그림 108

45. 木溪 姜 渾(1464:世祖10~1519:中宗14)-文總17권 165쪽/ 그림 155

46. 牧隱 李 穡(1328:忠肅王15~1396:太祖5)-文總3권 180·525·529쪽/ 그림 4·48·87 / 4권 282쪽/ 그림 148

47. 夢囈 南克寬(1689:肅宗15~1714:肅宗40)-文總209권 295쪽/ 그림 35

48. 夢窩 金昌集(1648:仁祖26~1722:景宗2)-文總158권 24쪽/ 그림 175

49. 墨軒·龜谷 崔奇男(1586:宣祖19~?)-文總 續22권 323쪽/ 그림 69

50. 眉叟 許 穆(1595:宣祖28~1682:肅宗8)-文總98권 385·444쪽/ 그림 32·127

51. 白雲居士 李奎報(1168:毅宗 22~1242:高宗 28)-文總1권 300·304·311·348·353·434쪽/ 그림 45·46·91·92·93·142

52. 白洲 李明漢(1595:宣祖28~1645:仁祖23)-文總97권 280·340쪽/ 그림 119·163

53. 白湖 林 悌(1549:明宗4~1587:宣祖20)-文總58권 253쪽/ 그림 22

54. 保閑齋 申叔舟(1417:太宗17~1475:成宗6)-文總10권 41쪽/ 그림 103

55. 鳳巖·三忠齋 蔡之洪(1683:肅宗9~1741:英祖17)-文總205권 244쪽/ 그림 180

56. 北軒 金春澤(1670:顯宗11~1717:肅宗43)-文總185권 6쪽/ 그림 177

57. 四佳亭 徐居正(1420:世宗2~1488:成宗19)-文總11권 86·142·182쪽/ 그림 52·53·105

58. 四名子 車佐一(1753:英祖29~1809:純祖9)-文總269권 34쪽/그림 183
59. 俟庵·茶山·與猶堂 丁若鏞(1762:英祖38~1836:顯宗2)-文總281권 7쪽/그림 84
60. 三峰 鄭道傳(?~1398:太祖7)-文總5권 298·305쪽/그림 7·99
61. 三患齋·鳳巖 蔡之洪(1683:肅宗9~1741:英祖17)-文總205권 244쪽/그림 180
62. 象村 申 欽(1566:明宗20~1627:仁祖5)-文總71권 404쪽/그림 58
63. 西坰 柳 根(1549:明宗4~1627:仁祖5)-文總57권426쪽/그림 29
64. 西厓 柳成龍(1542:中宗37~1607:宣祖40)-文總52권 27쪽/그림 61西河·耆之 林 椿(高麗 毅宗·明宗年間)-文總1권 234쪽/그림 90
65. 石北 申光洙(1712:肅宗38~1775:英祖51)-文總231권 292쪽/그림 182
66. 石川 林億齡(1496:燕山君2~1568:宣祖1)-文總27권 433쪽/그림 109
67. 仙源 金尙容(1561:明宗16~1637:仁祖15)-文總65 145쪽/그림 159
68. 雪谷 鄭 誧(1309:忠宣王1~1345:忠穆王1)-文總3권 254·258쪽/그림 3·47
69. 雪蕉 崔承太(1632:仁祖10~1682:肅宗8)-文總 續40권 355쪽/그림 74
70. 惺所·蛟山 許 筠(1569:宣祖2~1618:光海君10)-文總74권 125쪽/그림 158
71. 聖齋 李匡呂(1720:肅宗46~1783:正祖7)-文總237권 247쪽/그림 40
72. 疎菴 任叔英(1576:宣祖9~1623:仁祖1)-文總83권 400·405쪽/그림 114·161
73. 素玩亭·薑山 李書九(1754:英祖30~1825:純祖25)-文總270권 6쪽/그림 42
74. 歟齋 卞鍾運(1790:正祖14~1866:高宗3)-文總303권 17·19쪽/그림 85·140
75. 篠䕺 洪裕孫(1452:文宗2~1529:中宗24)-文總12권 531쪽/그림 107
76. 蓀谷 李 達(1539:中宗34~1618:光海君10)-文總61권 38쪽/그림 113
77. 損齋·農村 趙載浩(1702:肅宗28~1762:英祖38)-文總220권 440쪽/그림 81

78. 松江 鄭　澈(1536：中宗31~1593：宣祖26) - 文總46권 141·178쪽 / 그림 17·18
79. 松溪·二樂亭 申用漑(1463：世祖9~1519：中宗14) - 文總17권 60쪽 / 그림 106
80. 松穆館·滄起 李彦瑱(1740：英祖16~1766：英祖42) - 文總252권 500쪽 / 그림 137
81. 睡軒 權五福(1467：世祖13~1498：燕山君4) - 文總17권 343쪽 / 그림 56
82. 順菴 安鼎福(1712：肅宗38~1791：正祖15) - 文總229권 343쪽 / 그림 135
83. 崧岳 林昌澤(1682：肅宗8~1723：景宗3) - 文總202권 497쪽 / 그림 178
84. 息山 李萬敷(1664：顯宗5~1732：英祖8) - 文總178권 44쪽 / 그림 39
85. 拭疣·乖厓 金守溫(1409：太宗9~1481：成宗12) - 文總9권 123쪽 / 그림 104
86. 冶隱 吉　再(1353：恭愍王2~1419：世宗1) - 文總7권 391·392쪽 / 그림 6·96
87. 藥泉 南九萬(1629：仁祖7~1693：肅宗19) - 文總131권 422쪽 / 그림 130
88. 陽村 權　近(1352：恭愍王1~1409：太宗9) - 文總7권 15·57·106쪽 / 그림 26·98·150
89. 楊浦 崔　澱(1568：宣祖1~1589：宣祖22) - 文總 續16권 178쪽 / 그림 24
90. 與猶堂·茶山·俟庵 丁若鏞(1762：英祖38~1836：顯宗2) - 文總281권 7쪽 / 그림 84
91. 汝諧 李舜臣(1545：仁宗1~1589：宣祖22) - - 文總55권 110쪽 / 그림 21
92. 泠齋 柳得恭(1748：英祖24~1807：純祖7) - 文總260권 39쪽 / 그림 136
93. 寧齋·明美堂 李健昌(1852：哲宗3~1898：高宗35) - 文總349권 35쪽 / 그림 86
94. 梧峯 申之悌(1562：明宗17~1624：仁祖2) - 文總 續12권 469쪽 / 그림 164
95. 五山 車天輅(1556：明宗11~1615：光海君7) - 文總61권 475쪽 / 그림 25
96. 玉峯 白光勳(1537：中宗32~1582：宣祖15) - 文總47권 97쪽 / 그림 23
97. 畏齋 李端夏(1625：仁祖3~1689：肅宗15) - 文總125권 265쪽 / 그림 75
98. 龍西 尹元擧(1601：宣祖34~1672：顯宗13) - 文總101권 502쪽 / 그림 125

索引 269

99. 容齋 李 荇(1478:成宗9~1534:中宗29)-文總20권 394쪽/그림 88
100. 牛溪 成 渾(1535:中宗30~1598:宣祖31)-文總43권 12쪽/그림 112
101. 愚伏 鄭經世(1563:明宗18~1633:仁祖11)-文總68권 23쪽/그림 59
102. 尤菴 宋時烈(1607:宣祖40~1689:肅宗15)-文總116권 10쪽/그림 167
103. 圓嶠 李匡師(1705:肅宗31~1777:正祖1)-文總221권 458쪽/그림 38
104. 月谷 吳 瑗(1700:肅宗26~1740:英祖16)-文總218권 337쪽/그림 82
105. 月山大君 李 婷(:   )-文總 속1권 351쪽/그림 10
106. 月洲 蘇斗山(1627:仁祖5~1693:肅宗19)-文總127권 228쪽/그림 133
107. 游齋 李玄錫(1647:仁祖25~1703:肅宗29)-文總156권 351쪽/그림 134
108. 柳巷 韓 脩(1333:忠肅王復位2~1384:禑王10)-文總5권 266·271쪽/그림 146·147
109. 栗谷 李 珥(1536:中宗31~1584:先祖17)-文總44권 13·14쪽/그림 19·60
110. 把翠軒 朴 誾(1479:成宗10~1504:燕山君10)-文總21권 37쪽/그림 57
111. 二樂亭·松溪 申用漑(1463:世祖9~1519:中宗14)-文總17권 60쪽/그림 106
112. 益齋 李齊賢(1287:忠烈王13~1367:恭愍王16)-文總2권 512·524·526쪽/그림 2·94·144
113. 一峰 趙顯期(1634:仁祖12~1685:肅宗11)-文總 續42권 21쪽/그림 132
114. 紫霞 申 緯(1769:英祖45~1845:憲宗11)-文總291권 321쪽/그림 43
115. 霽峯·苔軒 高敬命(1533:中宗28~1592:宣祖25)-文總42권 46쪽/그림 16
116. 赤村·丹溪 河緯地(1412:太宗12~1456:世祖2)-文總8권 539쪽/그림 102
117. 靜觀齋 李端相(1628:仁祖6~1669:顯宗10)-文總130권 21쪽/그림 72
118. 靜虛堂 洪柱世(1612:光海君4~1661:顯宗2)-文總 續32권 362쪽/그림 126
119. 竹老 申 活(1576:宣祖9~1643:仁祖21)-文總 續19권 14쪽/그림 73
120. 竹泉 金鎭圭(1658:孝宗9~1726:英祖2)-文總174권 35쪽/그림 33

121. 芝峯 李睟光(1563:明宗18~1628:仁祖6)-文總66권 159쪽/그림 63
122. 知守齋 兪拓基(1691:肅宗17~1767:英祖43)-文總213권 211쪽/그림 80
123. 滄溪 林　泳(1649:仁祖29~1696:肅宗22)-文總159권 43쪽/그림 176
124. 滄起·松穆館 李彦瑱(1740:英祖16~1766:英祖42)-文總252권 500쪽/ 그림 137
125. 天坡 吳　翿(1592:宣祖25~1634:仁祖12)-文總95권 80쪽/그림 67
126. 惕谷·惕若齋 金九容(1338:忠肅王復位7~1384:禑王10)-文總6권 46쪽/ 그림49
127. 淸溪 洪　葳(1620:光海君12~1660:顯宗1)-文總125권 31쪽/그림 168
128. 靑蓮 李後白(1520:中宗15~1578:宣祖11)-文總 續3권 62쪽/그림 15
129. 靑泉 申維翰(1681:肅宗7~1752:英祖28)-文總200권 231·245쪽/그림 36·37
130. 靑霞 權克中(1585:宣祖18~1659:孝宗10)-文總 續21권 434쪽/그림 166
131. 草廬 李惟泰(1607:宣祖40~1684:肅宗10)-文總118권 221쪽/그림 30
132. 村隱 劉希慶(1545:仁宗1~1636:仁祖14)-文總55권 7·20쪽/그림 28·64
133. 秋史·阮堂 金正喜(1786:正祖10~1856:哲宗7)-文總301권 181쪽 그림 139
134. 春亭 卞季良(1369:恭愍王18~1430:世宗12)-文總7권 22쪽/그림
135. 庵 金　淨(1486:成宗17~1521:中宗16)-文總23 152쪽/그림 11
136. 濯纓 金馹孫(1464:世祖10~1498:燕山君4)-文總17권 268쪽/그림 55
137. 炭曼·惠寶 李用休(1708:肅宗34~1782:正祖6)-文總223권 5쪽/그림 41
138. 泰齋 柳方善(1388:禑王14~1443:世宗25)-文總7권 589·609·620쪽/ 그림 8·51·100
139. 苔軒·霽峯 高敬命(1533:中宗28~1592:宣祖25)-文總42권 46쪽/그림 16
140. 澤堂 李　植(1584:宣祖17~1647:仁祖25)-文總88권 15쪽/그림 117
141. 退堂 柳命天(1633:仁祖11~1705:肅宗31)-文總 續40권 396쪽/그림 173

142. 退憂堂 金壽興(1626：仁祖4~1690：肅宗16)-文總127권 30쪽/ 그림 170
143. 坡谷 李誠中(1539：中宗34~1593：宣祖26)-文總49권 127쪽/ 그림 20
144. 圃隱　鄭夢周(1337：忠肅王復位6~1392：恭讓王4)-文總5권　581·592·594쪽/ 그림 5·50·149
145. 河西 金麟厚(1510：中宗5~1560：明宗15)-文總33권 88쪽 / 그림 14
146. 惠寰·炭曼 李用休(1708：肅宗34~1782：正祖6)-文總223권 5쪽/ 그림 41
147. 壺谷 南龍翼(1628：仁祖6~1692：肅宗18)-文總131권 46쪽/ 그림 172
148. 湖洲 蔡裕後(1599：宣祖32~1660：顯宗1)-文總101권 314쪽/ 그림 68
149. 花潭　徐敬德(1489：成宗20~1546：明宗1)-文總24　292·293쪽/ 그림 12·157
150. 瓛齋 朴珪壽(1807：純祖7~1876：高宗13)-文總312권 324쪽/ 그림 44
151. 晦齋 李彦迪(1491：成宗22~1553：明宗8)-文總24권 366쪽/ 그림 111
152. 希菴·希窩 玄德升(1564：明宗19~1627：仁祖5)-文總 續13권 318쪽/ 그림 2
153. 希窩·希菴 玄德升(1564：明宗19~1627：仁祖5)-文總 續13권 318쪽/ 그림 62

2. 人名索引(인명색인)

1. 姜　渾 木溪(1464：世祖10~1519：中宗14)-文總17권 165쪽/ 그림 155
2. 高敬命 霽峯·苔軒(1533：中宗28~1592：宣祖25)-文總42권 46쪽/ 그림 16
3. 權　近 陽村(1352：恭愍王1~1409：太宗9)-文總7권　15·57·106쪽/ 그림 26·98·150
4. 權　遇 梅軒(1363：恭愍王12~1419：世宗1)-文總 續1권 76·94쪽/ 그림

101·151

5. 金　淨　沖庵(1486：成宗17~1521：中宗16)-文總23 152쪽/그림 11

6. 權克中　靑霞(1585：宣祖18~1659：孝宗10)-文總 續21권 434쪽/그림 166

7. 權五福　睡軒(1467：世祖13~1498：燕山君4)-文總17권 343쪽/그림 56

8. 吉　再　冶隱(1353：恭愍王2~1419：世宗1)-文總7권 391·392쪽/그림 6·96

9. 金九容　惕谷·惕若齋(1338：忠肅王復位7~1384：禑王10)-文總6권 46쪽/그림 49

10. 金得臣　龜石(1604：宣祖37~1684：肅宗10)-文總104권 19쪽/그림 31

11. 金邁淳　臺山(1776：英祖52~1840：憲宗6)-文總294권 281쪽/그림 138

12. 金尙容　仙源(1561：明宗16~1637：仁祖15)-文總65 145쪽/그림 159

13. 金守溫　乖厓·拭疣(1409：太宗9~1481：成宗12)-文總9권 123쪽/그림 104

14. 金壽增　谷雲(1624：仁祖2~1701：肅宗27)-文總125권 160쪽/그림 76

15. 金壽興　退憂堂(1626：仁祖4~1690：肅宗16)-文總127권 30쪽/그림 170

16. 金崇謙　觀復菴(1682：肅宗8~1700：肅宗26)-文總202권 469쪽/그림 79

17. 金時習　梅月堂(1435：世宗17~1493：成宗24)-文總13권 128·151·287쪽/그림 152·153·154

18. 金安國　慕齋(1478：成宗9~1543：中宗38)-文總20권 78쪽/그림 108

19. 金麟厚　河西(1510：中宗5~1560：明宗15)-文總33권 88쪽/그림 14

20. 金馹孫　濯纓(1464：世祖10~1498：燕山君4)-文總17권 268쪽/그림 55

21. 金正喜　秋史·阮堂(1786：正祖10~1856：哲宗7)-文總301권 181쪽/그림 139

22. 金鎭圭　竹泉(1658：孝宗9~1726：英祖2)-文總174권 35쪽/그림 33

23. 金昌業　老稼齋(1658：孝宗9~1721：景宗1)-文總175권 18쪽/그림 34

24. 金昌集　夢窩(1648：仁祖26~1722：景宗2)-文總158권 24쪽/그림 175

25. 金春澤　北軒(1670：顯宗11~1717：肅宗43)-文總185권 6쪽/그림 177

26. 金昌協　農巖(1651：孝宗2~1708：肅宗34)-文總161권 316쪽/그림 78

27. 南九萬 藥泉(1629：仁祖7~1693：肅宗19) - 文總131권 422쪽 / 그림 130
28. 南克寬 夢囈(1689：肅宗15~1714：肅宗40) - 文總209권 295쪽 / 그림 35
29. 南龍翼 壺谷(1628：仁祖6~1692：肅宗18) - 文總131권 46쪽 / 그림 172
30. 南有容 雷淵(1689：肅宗24~1773：英祖49) - 文總217권 38·46쪽 / 그림 83·181
31. 文德敎 東湖(1551：明宗6~1611：光海君3) - 文總 續7권 168쪽 / 그림 115
32. 朴 闇 挹翠軒(1479：成宗10~1504：燕山君10) - 文總21권 37쪽 / 그림 57
33. 朴珪壽 瓛齋(1807：純祖7~1876：高宗13) - 文總312권 324쪽 / 그림 44
34. 白光勳 玉峯(1537：中宗32~1582：宣祖15) - 文總47권 97쪽 / 그림 23
35. 卞季良 春亭(1369：恭愍王18~1430：世宗12) - 文總7권 22쪽 / 그림 9
36. 卞鍾運 歗齋(1790：正祖14~1866：高宗3) - 文總303권 17·19쪽 / 그림 85·140
37. 成 運 大谷(1497：燕山君3~1579：宣祖12) - 文總28권 10쪽 / 그림 110
38. 成 渾 牛溪(1535：中宗30~1598：宣祖31) - 文總43권 12쪽 / 그림 112
39. 徐居正 四佳亭(1420：世宗2~1488：成宗19) - 文總11권 86·142·182쪽 / 그림 52·53·105
40. 徐敬德 花潭(1489：成宗20~1546：明宗1) - 文總24 292·293쪽 / 그림 12·157
41. 宋時烈 尤菴(1607：宣祖40~1689：肅宗15) - 文總116권 10쪽 / 그림 167
42. 申 琓 絅菴(1646：仁祖24~1707：肅宗33) - 文總 續47권 204쪽 / 그림 174
43. 申 緯 紫霞(1769：英祖45~1845：憲宗11) - 文總291권 321쪽 / 그림 43
44. 申 活 竹老(1576：宣祖9~1643：仁祖21) - 文總 續19권 14쪽 / 그림 73
45. 申 欽 象村(1566：明宗20~1627：仁祖5) - 文總71권 404쪽 / 그림 58
46. 申光洙 石北(1712：肅宗38~1775：英祖51) - 文總231권 292쪽 / 그림 182
47. 申叔舟 保閑齋(1417：太宗17~1475：成宗6) - 文總10권 41쪽 / 그림 103
48. 申用漑 松溪·二樂亭(1463：世祖9~1519：中宗14) - 文總17권 60쪽 / 그림 106

49. 申維翰 青泉(1681：肅宗7~1752：英祖28)-文總200권 231·245쪽/그림 36·37
50. 申冕聖 樂全·東淮(1588：宣祖21~1644：仁祖22)-文總93권 170쪽/그림 66
51. 申之悌 梧峯(1562：明宗17~1624：仁祖2)-文總 續12권 469쪽/그림 164
52. 申厚載 葵亭(1636：仁祖14~1699：肅宗25)-文總 續42권280·323쪽/그림 77·131
53. 安　軸 謹齋(1287：忠烈王13~1348：忠穆王4)-文總2권 466쪽/그림 145
54. 安鼎福 順菴(1712：肅宗38~1791：正祖15)-文總229권 343쪽/그림 135
55. 吳　翻 天坡(1592：宣祖25~1634：仁祖12)-文總95권 80쪽/그림 67
56. 吳　瑗 月谷(1700：肅宗26~1740：英祖16)-文總218권 337쪽/그림 82
57. 柳　根 西坰(1549：明宗4~1627：仁祖5)-文總57권426쪽/그림 29
58. 柳得恭 泠齋(1748：英祖24~1807：純祖7)-文總260권 39쪽/그림 136
59. 柳命天 退堂(1633：仁祖11~1705：肅宗31)-文總 續40권 396쪽/그림 173
60. 柳方善 泰齋(1388：禑王14~1443：世宗25)-文總7권 589·609·620쪽/그림 8·51·100
61. 柳成龍 西厓(1542：中宗37~1607：宣祖40)-文總52권 27쪽/그림 61
62. 兪拓基 知守齋(1691：肅宗17~1767：英祖43)-文總213권 211쪽/그림 80
63. 劉希慶 村隱(1545：仁宗1~1636：仁祖14)-文總55권 7·20쪽/그림 28·64
64. 尹　拯 明齋(1629：仁祖7~1714：肅宗40)-文總135권 43쪽/그림 171
65. 尹善道 孤山(1587：宣祖20~1671：顯宗12)-文總91권 265쪽/그림 71
66. 尹元擧 龍西(1601：宣祖34~1672：顯宗13)-文總101권 502쪽/그림 125
67. 李　健 葵窓(1614：光海君6~1662：顯宗3)-文總122권 13쪽/그림 121
68. 李　達 蓀谷(1539：中宗34~1618：光海君10)-文總61권 38쪽/그림 113
69. 李　穡 牧隱(1328：忠肅王15~1396：太祖5)-文總3권 180·525·529쪽/그림 4·48·87/4권 282쪽/그림 148

70. 李　植　澤堂(1584：宣祖17~1647：仁祖25)－文總88권 15쪽/그림 117
71. 李　珥　栗谷(1536：中宗31~1584：先祖17)－文總44권 13·14쪽/그림 19·60
72. 李　婷　月山大君(　　：　　)－文總 속1권 351쪽/그림 10
73. 李　集　遁村(1327：忠肅王14~1387：禑王13)－文總3권 335쪽/그림 95
74. 李　荇　容齋(1478：成宗9~1534：中宗29)－文總20권 394쪽/그림 88
75. 李健昌　明美堂·寧齋(1852：哲宗3~1898：高宗35)－文總349권 35쪽/그림 86
76. 李匡呂　聖齋(1720：肅宗46~1783：正祖7)－文總237권 247쪽/그림 40
77. 李匡師　圓嶠(1705：肅宗31~1777：正祖1)－文總221권 458쪽/그림 38
78. 李奎報　白雲居士(1168：毅宗22~1242：高宗28)－文總1권 300·304·311·348·353·434쪽/그림 45·46·91·92·93·142
79. 李端相　靜觀齋(1628：仁祖6~1669：顯宗10)－文總130권 21쪽/그림 72
80. 李端夏　畏齋(1625：仁祖3~1689：肅宗15)－文總125권 265쪽/그림 75
81. 李萬敷　息山(1664：顯宗5~1732：英祖8)－文總178권 44쪽/그림 39
82. 李明漢　白洲(1595：宣祖28~1645：仁祖23)－文總97권 280·340쪽/그림 119·163
83. 李敏求　東州(1589：宣祖22~1670：顯宗11)－文總94권 60쪽/그림 118
84. 李民宬　敬亭(1570：宣祖3~1629：仁祖7)－文總76권 252쪽/그림 120
85. 李書九　薑山·素玩亭(1754：英祖30~1825：純祖25)－文總270권 6쪽/그림 42
86. 李誠中　坡谷(1539：中宗34~1593：宣祖26)－文總49권 127쪽/그림 20
87. 李睟光　芝峯(1563：明宗18~1628：仁祖6)－文總66권 159쪽/그림 63
88. 李舜臣　汝諧(1545：仁宗1~1589：宣祖22)－－文總55권 110쪽/그림 21
89. 李崇仁　陶隱(1347：忠穆王3~1392：恭讓王4)－文總6권 578쪽/그림 97
90. 李彦迪　晦齋(1491：成宗22~1553：明宗8)－文總24권 366쪽/그림 111
91. 李彦瑱　松穆館·滄起(1740：英祖16~1766：英祖42)－文總252권 500쪽/그림 137

92. 李用休 炭曼·惠寰(1708：肅宗34~1782：正祖6)－文總223권 5쪽/그림 41

93. 李惟泰 草廬(1607：宣祖40~1684：肅宗10)－文總118권 221쪽/그림 30

94. 李齊賢 益齋(1287：忠烈王13~1367：恭愍王16)－文總2권 512·524·526쪽
    /그림 2·94·144

95. 李春元 九畹(1571：宣祖4~1634：仁祖12)－文總79권 133쪽/그림 65·160

96. 李玄錫 游齋(1647：仁祖25~1703：肅宗29)－文總156권 351쪽/그림 134

97. 李後白 靑蓮(1520：中宗15~1578：宣祖11)－文總 續3권 62쪽/그림 15

98. 林 泳 滄溪(1649：仁祖29~1696：肅宗22)－文總159권 43쪽/그림 176

99. 林 悌 白湖(1549：明宗4~1587：宣祖20)－文總58권 253쪽/그림 22

100. 林 椿 耆之·西河(高麗 毅宗·明宗年間)－文總1권 234쪽/그림 90

101. 任叔英 疎菴(1576：宣祖9~1623：仁祖1)－文總83권 400·405쪽/그림
     114·161

102. 林億齡 石川(1496：燕山君2~1568：宣祖1)－文總27권 433쪽/그림 109

103. 林昌澤 崧岳(1682：肅宗8~1723：景宗3)－文總202권 497쪽/그림 178

104. 鄭 澈 松江(1536：中宗31~1593：宣祖26)－文總46권 141·178쪽/그림
     17·18

105. 鄭 誧 雪谷(1309：忠宣王1~1345：忠穆王1)－文總3권 254·258쪽/그림
     3·47

106. 鄭經世 愚伏(1563：明宗18~1633：仁祖11)－文總68권 23쪽/그림 59

107. 鄭道傳 三峰(?~1398：太祖7)－文總5권 298·305쪽/그림 7·99

108. 鄭斗卿 東溟(1597：宣祖30~1673：顯宗14)－文總100권 417·461쪽/그림
     124·165

109. 蘇斗山 月洲(1627：仁祖5~1693：肅宗19)－文總127권 228쪽/그림 133

110. 鄭夢周 圃隱(1337：忠肅王復位6~1392：恭讓王4)－文總5권 581·592·
     594쪽/그림 5·50·149

111. 丁若鏞 茶山·與猶堂·俟庵(1762:英祖38~1836:顯宗2)-文總281권 7쪽/ 그림 84

112. 趙顯期 一峰(1634:仁祖12~1685:肅宗11)-文總 續42권 21쪽/그림 132

113. 曺 植 南冥(1501:燕山君7~1572:宣祖5)-文總31권 464·465쪽/그림 13·27

114. 曺 偉 梅溪(1454:端宗2~1503:燕山君9)-文總16권 288쪽/그림 54

115. 趙錫胤 樂靜堂(1606:宣祖39~1655:孝宗6)-文總105권 334쪽/그림 70

116. 趙載浩 農村·損齋(1702:肅宗28~1762:英祖38)-文總220권 440쪽/ 그림 81

117. 陳 澕 梅湖(고려 明宗·高宗)-文總2권 279쪽/그림 143

118. 車佐一 四名子(1753:英祖29~1809:純祖9)-文總269권 34쪽/그림 183

119. 車天輅 五山(1556:明宗11~1615:光海君7)-文總61권 475쪽/그림 25

120. 蔡裕後 湖洲(1599:宣祖32~1660:顯宗1)-文總101권 314쪽/그림 68

121. 蔡之洪 鳳巖·三患齋(1683:肅宗9~1741:英祖17)-文總205권 244쪽/ 그림 180

122. 崔 澱 楊浦(1568:宣祖1~1589:宣祖22)-文總 續16권 178쪽/그림 24

123. 崔奇男 龜谷·墨軒(1586:宣祖19~?)-文總 續22권 323·356쪽/그림 69·123

124. 崔承太 雪蕉(1632:仁祖10~1682:肅宗8)-文總 續40권 355쪽/그림 74

125. 崔昌大 昆侖(1669:顯宗10~1720:肅宗46)-文總183권 71쪽/그림 179

126. 崔致遠 孤雲(857:憲安王1~?) - 文總1권 150·151·152쪽/그림 1·89·141

127. 表沿沫 藍溪(1449:世宗31~1498:燕山君4)-文總15권 425쪽/그림 156

128. 河緯地 丹溪·赤村(1412:太宗12~1456:世祖2)-文總8권 539쪽/그림 102

129. 韓 脩 柳巷(1333:忠肅王復位2~1384:禑王10)-文總5권 266·271쪽/ 그림 146·147

130. 許　筠 蛟山·惺所(1569：宣祖2~1618：光海君10) - 文總74권 125쪽/ 그림 158
131. 許　穆 眉叟(1595：宣祖28~1682：肅宗8) - 文總98권 385·444쪽/ 그림 32·127
132. 許　厚 遜溪(1588：宣祖21~1661：顯宗2) - 文總 續23권 496쪽/ 그림 122
133. 玄德升 希菴·希窩(1564：明宗19~1627：仁祖5) - 文總 續13권 318쪽/ 그림 2
134. 洪　葳 淸溪(1620：光海君12~1660：顯宗1) - 文總125권 31쪽/ 그림 168
135. 洪宇遠 南坡(1605：宣祖38~1687：肅宗13) - 文總106권 11·13·60쪽/ 그림 128·129·169
136. 洪裕孫 篠䕺(1452：文宗2~1529：中宗24) - 文總12권 531쪽/ 그림 107
137. 洪柱世 靜虛堂(1612：光海君4~1661：顯宗2) - 文總 續32권 362쪽/ 그림 126

3. 起句索引(첫 줄로 색인)

1. 五言詩 오언시

家近碧溪頭 / 그림 42
江漢秋濤盛 / 그림 78
客來談水月 / 그림 85
客裏覊懷惡 / 그림 56
巨鎭分南北 / 그림 26
結茅溪水上 / 그림 62
結茅仍補屋 / 그림 8
輕雲華月吐 / 그림 33
溪水淸如鏡 / 그림 59
古島風煙集 / 그림 82
古木寒雲裏 / 그림 31
關門一室淸 / 그림 9
盥水淸泉冷 / 그림 6
禁漏風交響 / 그림 68
旣雨晴亦佳 / 그림 76
落日逢僧話 / 그림 47
落日臨荒野 / 그림 11
落日長程畔 / 그림 55
來從何處來 / 그림 14
老馬枕松根 / 그림 24
短髮尺餘兒 / 그림 39
倒履慇懃意 / 그림 66
獨坐無來客 / 그림 52
東嶺上初曔 / 그림 51

明月出林表 / 그림 58
白露下秋空 / 그림 28
白髮非白雪 / 그림 88
白雪挂終古 / 그림 35
白嶽連天起 / 그림 17
百轉靑山裏 / 그림 46
帆急山如走 / 그림 49
百鳥棲皆穩 / 그림 38
步出南城外 / 그림 80
幅巾驢子背 / 그림 44
婦坐搯兒頭 / 그림 41
紗窓近雪月 / 그림 20
細雨迷歸路 / 그림 15
小廟依山麓 / 그림 73
掃石臨流水 / 그림 37
細雨孤村暮 / 그림 61
蕭蕭落木聲 / 그림 18
松間開小酌 / 그림 64
水國秋光暮 / 그림 21
水國春光動 / 그림 50
水應孤吟響 / 그림 69
岸柳迎人舞 / 그림 63
夜伴林僧宿 / 그림 22
夜半雨鳴林 / 그림 70

夜靜魚登釣 / 그림 25
藥石千年在 / 그림 30
陽阿春氣早 / 그림 32
旅館殘燈曉 / 그림 10
曆盡千重險 / 그림 67
雨過草木動 / 그림 79
宇宙何年闢 / 그림 77
月好不能宿 / 그림 86
陰風生巖曲 / 그림 2
邑古江山勝 / 그림 53
移舟逢急雨 / 그림 3
人之愛正士 / 그림 13
日落沙逾白 / 그림 4
日暖花如錦 / 그림 29
日暮行人少 / 그림 74
林亭秋已晚 / 그림 60
刺舟尋故園 / 그림 71
昨過永明寺 / 그림 48
前灘富魚蝦 / 그림 45
正色黃爲貴 / 그림 16
朱軒俯綠池 / 그림 36
採藥忽迷路 / 그림 19
天關名區秘 / 그림 75
超脫虞羅外 / 그림 83
請看千石鍾 / 그림 27
靑林坐來暝 / 그림 34
淸夜坐虛閣 / 그림 54
春陰歇遊騎 / 그림 83

秋草前朝寺 / 그림 23
秋風惟苦吟 / 그림 1
春雨細不滴 / 그림 5
春陰歇遊騎 / 그림
被酒獨行時 / 그림 65
寒風西北來 / 그림 87
含煙偏裊裊 / 그림 7
縣市人心惡 / 그림 43
湖村收宿雨 / 그림 40
忽已到鄕里 / 그림 84
紅樹映山屛 / 그림 12
曉望星垂海 / 그림 57
曉夢回淸磬 / 그림 72

2. 七言詩 칠언시

佳菊今年開較遲 / 그림 105
家在男山負北阿 / 그림 178
輕衫小簟臥風欞 / 그림 93
谿路縈回一塢深 / 그림 176
古寺門前又送春 / 그림 109
廣陵江色碧於苔 / 그림 118
狂奔疊石吼重巒 / 그림 89
九月西風晩稻黃 / 그림 134
勸婦漉酒兒承盎 / 그림 181
近來勤讀養生書 / 그림 115
男兒得失古猶今 / 그림 104

臘雪孤村積未消 / 그림 100	西溪餘雨尙廉纖 / 그림 175
來從何處去何處 / 그림 167	西池落盡藕花香 / 그림 129
蘆花如雪復如烟 / 그림 140	石逕縈廻上翠微 / 그림 151
綠樹陰中黃鳥節 / 그림 123	雪立亭亭千萬峰 / 그림 150
樓高正喜雪漫空 / 그림 144	小橋橫斷碧波心 / 그림 154
多年苦厭路岐塵 / 그림 161	小樓高倚碧屛顔 / 그림 143
讀書當日志經綸 / 그림 157	水國秋高木葉飛 / 그림 106
登登絶頂住肩輿 / 그림 180	垂柳陰中一逕微 / 그림 165
磴道千回並碉斜 / 그림 138	是非眞是是還非 / 그림 122
等臨甃隔路岐塵 / 그림 141	新卜龜庄一畝寬 / 그림 164
名都三月盛繁華 / 그림 166	身如白鷺洲邊鷺 / 그림 119
萬物變遷無之態 / 그림 111	我如流水無歸去 / 그림 130
萬事悠悠一笑揮 / 그림 117	愛玆新築近匡廬 / 그림 171
滿地梨花門不開 / 그림 159	野老散居溪北東 / 그림 179
明月空江雪後臺 / 그림 182	夜雨新添水沒磯 / 그림 174
暮倚高樓第一層 / 그림 163	魚兒出沒弄微瀾 / 그림 94
描山描水捻如神 / 그림 104	驪江烟雨泛扁舟 / 그림 146
問渠何事苦求詩 / 그림 155	烟花粧點太平春 / 그림 108
聞道孤舟發燕川 / 그림 125	雨冷風凄去國愁 / 그림 136
聞說江南又到春 / 그림 121	雨晴秋氣滿江城 / 그림 145
門前芳草綠初肥 / 그림 131	雲卷長空露洗秋 / 그림 147
白山東北豆江流 / 그림 124	月溪之下斗湄傍 / 그림 162
俯仰頻驚歲屢更 / 그림 142	月光穿樹鶴巢空 / 그림 114
山北山南細路分 / 그림 97	幽居野興老彌淸 / 그림 148
山山紫翠幾書堂 / 그림 139	幽泉絡石細琤琤 / 그림 128
山雨過來夕照遲 / 그림 135	離南靑桂白華枝 / 그림 172
乍晴還雨雨還晴 / 그림 153	一區耕鑿水雲中 / 그림 112
山下春江深不流 / 그림 127	一年消暑試登樓 / 그림 156

一畝沙田數間屋 / 그림 133
臨溪茅屋獨閑居 / 그림 96
自愛秋山行復坐 / 그림 160
斫却青山松樹枝 / 그림 169
庭草階花照眼明 / 그림 126
爭名爭利意何如 / 그림 120
田家三月麥初稠 / 그림 90
田園蕪沒幾時歸 / 그림 158
朝日初昇宿霧收 / 그림 91
終日芒鞋信脚行 / 그림 152
竹分翠影侵書榻 / 그림 101
中天笙鶴下秋霄 / 그림 113
窓光蒼黑變成紅 / 그림 137
天極頭留倚半空 / 그림 103

淸溪石壁抱州回 / 그림 149
青山回合擁江流 / 그림 170
青春綵服過東瀛 / 그림 173
秋陰漠漠四山空 / 그림 99
春風此日共登臨 / 그림 183
春風忽已近淸明 / 그림 98
濯足淸江臥白沙 / 그림 107
平林渺渺抱汀洲 / 그림 95
風和日暖鳥聲喧 / 그림 92
夏木成帷晝日昏 / 그림 110
荷宜踈雨竹宜風 / 그림 168
寒塘水落石稜出 / 그림 132
寒食風前穀雨餘 / 그림 116
海天苦雨也新霽 / 그림 177

附錄 부록

香遠益淸 향원익청

멀어 질수록 더욱 맑은 향기가 되고 싶다.

出典(출전) : 周茂叔 愛蓮說(주무숙 애련설)

1. 한시(漢詩)의 구성(構成)

한시(漢詩)는 대체적으로 규칙이 엄격한 현대시(現代詩)와 규칙을 중히 여기지 않는 고시(古詩)로 나누어진다. 현대시(現代詩)는 글자 수에 따라서 다섯 자 씩 넉 줄로 되어있는 오언절구(五言絶句), 다섯 자 씩 여덟 줄로 되어 있는 오언율시(五言律詩), 일곱 자 씩 넉 줄로 되어있는 칠언절구(七言絶句), 일곱 자 씩 여덟 줄로 되어있는 칠언율시(七言律詩)로 나눌 수 있다. 곧 절구(絶句)란 넉 줄의 시요, 율시(律詩)란 여덟 줄의 시를 말하니, 오언절구(五言絶句)는 5자×4줄=20자의 시요, 칠언율시(五言律詩)는 7자×8줄=56자의 시이다. 현대시는 평성(平聲)으로 시작하는 평기식(平起式)과 측성(仄聲)으로 시작하는 측기식(仄起式)이 있다.

1) 평·측식(平·仄式)
   평자(平字)는 ○ 측자(仄)字는 ● 평측(平仄) 공통은 ◐

구 분	평기식(平起式)	측기식(仄起式)	명 칭
오언절구 (五言絶句)	◐●●	◐●●	起句(기구)
	◐●●	◐◐●	承句(승구)
	◐◐●	◐●●	轉句(전구)
	◐◐●	◐◐●	結句(결구)

평기(平起) : 기구(起句)의 두 번째 글자를 평자(平字)로 짓는 일.
측기(仄起) : 기구(起句)의 두 번째 글자를 측자(仄字)로 짓는 일.

구 분	평기식(平起式)	측기식(仄起式)	명 칭
칠언절구 (七言絶句)	◐●●●	●◐◐●●	起句(기구)
	●◐◐●●	◐◐●●	承句(승구)
	◐●◐●●	◐◐●●	轉句(전구)
	◐◐●●	●◐◐●●	結句(결구)

평기(平起) : 기구(起句)의 두 번째 글자를 평자(平字)로 짓는 일.
측기(仄起) : 기구(起句)의 두 번째 글자를 측자(仄字)로 짓는 일.
위에서 운자 배열을 보면 起句와 結句가 같음을 알 수 있다.

구 분	평기식(平起式)	측기식(仄起式)	명 칭
오언율시 (五言律詩)	◐○●●○	◐●●○○	頭聯(두연)
	◐●●○○	◐○●●○	
	◐●○○●	◐○○●●	頷聯(함연)
	◐○●●○	◐●●○○	
	◐○○●●	◐●○○●	頸聯(경연)
	◐●●○○	◐○●●○	
	◐●○○●	◐○○●●	尾聯(미연)
	◐○●●○	◐●●○○	

평기(平起):두연(頭聯)의 첫째 줄 두 번째 글자를 평자(平字)로 짓는 일.
측기(仄起):두연(頭聯)의 첫째 줄 두 번째 글자를 측자(仄字)로 짓는 일.
위에서 운자(韻字) 배열을 보면 頭聯(두연)·頷聯(함연)과 頸聯(경연)·尾聯(미연)이 같음을 알 수 있다.

구 분	평기식(平起式)	측기식(仄起式)	명 칭
칠언(七言)	◐○◐●●○○	◐●◐○●●○	頭聯(두연)
	◐●◐○●●○	◐○◐●●○○	
	◐●◐○○●●	◐○◐●○○●	頷聯(함연)
	◐○◐●●○○	◐●◐○●●○	
	◐○◐●○○●	◐●◐○○●●	頸聯(경연)
	◐●◐○●●○	◐○◐●●○○	
	◐●◐○○●●	◐○◐●○○●	尾聯(미연)
	◐○◐●●○○	◐●◐○●●○	

평기(平起):두연(頭聯)의 첫째 줄 두 번째 글자를 평자(平字)로 짓는 일.
측기(仄起):두연(頭聯)의 첫째 줄 두 번째 글자를 측자(仄字)로 짓는 일.
위에서 운자(韻字) 배열을 보면 頭聯(두연)·頷聯(함연)과 頸聯(경연)·尾聯(미연)이 같음을 알 수 있다.

2) 옥편에서 찾은 글자 아래 있는 운자(韻字)를 확인한다. 운자는 보통 사각형이나 원 안에 작은 글씨로 적혀있다. 예를 들면 '風'의 운자를 확인하고자 하면 옥편에서 '風'자를 찾고 그 글자 훈·음의 오른쪽 사각형이나 원 안에 있는 글자를 확인한다. 이 때 도형 안에 들어 있는 글자가 운자인데 '風'을 옥편에서 찾아보면 '바람 풍 東 ' 라고 되어 있는 것을 확인 할 수 있다. '風'의 운자는 '東'이고 평성 글자이다. 작은 동그라미의 위치에 따라 사성(四聲)을 구별하는데 와 같이 네모의 왼쪽 아래에 표시가 있으면 '평성' 와 같이 왼쪽 위에 표시가 있으면 '상성' 와 같이 오른쪽 위에 표시가 있으면 '거성' 와 같이 오른쪽 아래에 표시가 있으면 '입성'인데, 상성·거성·입성은 측성에 해당된다. 이 운자를 옥편 앞이나 뒤에 있는 '운자표(韻字表)'에서도 확인 할 수 있다. 동그라미 안에 운자가 쓰여 있을 때는 그 동그라미 옆에 작은 글씨로 '平' '上' '去' '入'으로 사성(四聲) 표시가 되어 있다. 글자 한 자에 운자(韻字)가 하나만 있는 것이 아니라, 글자 하나에 운자(韻字)가 둘, 셋이 있을 수 있는데, 이때에는 뜻에 따라 운자(韻字)가 달라짐을 알 수 있다.
운자(韻字)는 106자로 되어 있는데 5만 여자나 되는 漢字를 사성(四聲)의 106韻으로 분류하였다. 사성(四聲)은 음의 고저장단(高低長短)을 나타낸 것이니 발음기호의 역할을 한다고 볼 수 있다.
글자는 성(聲)과 운(韻)으로 구분하여 발음되는데 예컨대 '국'의 '성'은 초성인 'ㄱ'이고, '운'은 종성인 '욱'이 되는 셈이다. 한글로 말하자면 '국·죽·축·숙·푹·욱'은 같은 운이 되는 셈이다. 영어에서 'mother·father·brother'는 모두 '-ther'로 같은 운인데 영시(英詩)에서도 한시(漢詩)에서와 마찬가지로 운을 중요시하고 있다.

3) 漢詩 韻字 分析의 例

　한시(漢詩)는 그 내용이 좋아야 하지만 또한 한시(漢詩)에 쓰인 한자(漢字)는 운(韻)에 따라서 규칙적으로 배열되어 한다. 평기식(平起式)과 측기식(仄起式)에 따른 운율배열의 규칙성(規則性)을 알아보기 위하여 한시(漢詩) 몇 수(首)를 분석(分析) 해 보았다.

1. 오언절구 평기식의 보기 - 秋夜雨中 / 崔致遠 / 그림 1

시구	秋	風	惟	苦	吟	擧	世	少	知	音
음	추	풍	유	고	음	거	세	소	지	음
운자		東	支	麌	侵		霽	嘯	支	侵
평측	◐	평	평	측	*평	◐	측	측	평	평
규칙	◐	평	평	측	측	◐	측	측	평	평
시구	囪	外	三	更	雨	燈	前	萬	古	心
음	창	외	삼	경	우	등	전	만	고	심
운자		泰	覃	庚	虞		先		虞	侵
평측	◐	측	평	평	*평	◐	평	◐	측	평
규칙	◐	측	평	평	측	◐	평	◐	측	평

　위 표에서 보면 예외가 두 군데 있다는 것을 알 수 있다. '吟·雨' 자리에 측성이 들어가야 규칙에 맞는데 평성으로 되어있다. 오언절구에서 무엇보다 중요한 것은 둘째 구(承句)와 넷째 구(結句) 끝 자는 운자(韻字)도 같아야 한다는 것이다. 위 시에서도 '音·心'은 서로 글자는 달라도 그 운자는 '侵'으로 같다. 규칙에서 멀어질수록 한시(漢詩)의 품격(品格)은 떨어진다고 말할 수 있다.

2. 칠언절구(七言絶句) 측기식(仄起式)의 보기
- 題江石 / 洪裕孫/ 그림 107

시구	濯	足	淸	江	臥	白	沙	心	身	潛	寂	入	無	何
음	탁	족	청	강	와	백	사	심	신	잠	적	입	무	하
운자		沃		江		陌	*麻		眞		錫	緝	虞	歌
평측	◐	측	◐	평	◐	측	평	◐	평	◐	측	측	평	평
규칙	◐	측	◐	평	◐	측	평	◐	평	◐	측	측	평	평
시구	天	敎	風	浪	長	喧	耳	不	聞	人	間	萬	事	多
음	천	교	풍	랑	장	훤	이	불	문	인	간	만	사	다
운자		效		漾	陽	元	紙		問		刪		寘	歌
평측	◐	*측	◐	측	평	평	측	◐	측	◐	평	◐	측	평
규칙	◐	평	◐	측	평	평	측	◐	측	◐	평	◐	측	평

위 표에서도 예외가 발생했다. '敎' 자리에 평성이어야 규칙에 맞는데, 측성으로 되어있다. 칠언절구(七言絶句)에서는 첫째 줄(起句) 끝 자와 둘째 줄(承句) 끝 자, 넷째 줄(結句) 끝 자는 운자가 같아야 된다는 원칙을 갖고 있는데, '沙·何·多'에서 '何·多'는 같은 운자 '歌'이지만 '沙'는 평성자이긴 하나 '麻'로 되어있다.

3. 오언율시 측기식의 보기 - 永興客館夜坐 / 曺　偉 / 그림 54

시구	淸	夜	坐	虛	閣	秋	聲	在	樹	間
음	청	야	좌	허	각	추	성	재	수	간
운자		禡	箇	魚	藥		庚		遇	刪
평측	◐	측	*측	평	측	◐	평	◐	측	평
규칙	◐	측	평	평	측	◐	평	◐	측	평
시구	水	明	山	影	落	月	上	露	華	漙
음	수	명	산	영	락	월	상	로	화	단
운자		庚	刪	梗	藥		養	遇	麻	寒
평측	◐	평	평	측	측	◐	측	측	평	평
규칙	◐	평	평	측	측	◐	측	측	평	평
시구	怪	鳥	啼	深	壑	潛	魚	過	別	灣
음	괴	조	제	심	학	잠	어	과	별	만
운자		篠	齊	侵	藥		魚		屑	刪
평측	◐	측	평	평	측	◐	평	◐	측	평
규칙	◐	측	평	평	측	◐	평	◐	측	평
시구	此	時	塵	慮	靜	幽	興	集	毫	端
음	차	시	진	려	정	유	흥	집	호	단
운자		支	眞	御	梗		蒸	緝	豪	寒
평측	◐	평	평	측	측	◐	*평	측	평	평
규칙	◐	평	평	측	측	◐	측	측	평	평

위 표에서 예외가 두 군데 나타났음을 알 수 있다. '坐' 자리에 평성이 와야 되는데 측성이 자리했고, '興' 자리에 측성이 와야 되는데 평성이 자리했다. 오언율시(五言律詩)에서는 2·4·6·8 줄 끝 자가 모두 같은 운자로 끝나야 한다. 위 시에서는 '間·漙·灣·端'이 모두 같은 운자로 끝나야 한다

는 원칙이나 '間·灣'의 운자는 '刪'이고 '溥·端'의 운자는 '寒'이어서 규칙에 어긋난다.

4. 칠언율시 평기식의 보기 / 詠風 / 宋時烈 / 그림 167

〈頭聯(두연)·頷聯(함연)〉

시구	來	從	何	處	去	何	處	無	臭	無	形	但	有	聲
음	내	종	하	처	거	하	처	무	취	무	형	단	유	성
운자		冬		御	御	歌	御		宥		青		有	庚
평측		평		측	측	평	*측		측		평		측	평
규칙	◐	평	◐	측	측	평	평	◐	측	◐	평	◐	측	평
시구	赤	壁	曾	焚	曹	子	舶	濉	陽	虛	散	項	家	兵
음	적	벽	증	분	조	자	박	수	양	허	산	항	가	병
운자		錫		文	豪	紙	陌		陽		旱	講	麻	庚
평측		측		평	평	측	측		평		측	측	평	평
규칙	◐	측	◐	평	평	측	측	◐	평	◐	측	측	평	평

〈頸聯(경연)·尾聯(미연)〉

시구	飜	雲	轉	漢	天	樞	動	蕩	海	掀	山	地	軸	傾
음	번	운	전	한	천	추	동	탕	해	흔	산	지	축	경
운자		文		翰		虞		董		賄		刪	屋	庚
평측		평		측		평	측		측		평		측	평
규칙	◐	평	◐	측	◐	평	측	◐	측	◐	평	◐	측	평
시구	捲	我	屋	頭	茅	蓋	盡	月	光	穿	漏	照	心	明
음	권	아	옥	두	모	개	진	월	광	천	루	조	심	명
운자		哿		尤	肴	泰	軫		陽		宥	嘯	侵	庚
평측		측		평	평	측	측		평		측	측	평	평
규칙	◐	측	◐	평	평	측	측	◐	평	◐	측	측	평	평

위 표에서도 예외는 있다. 頭聯(두연) 첫 줄 끝 자 '處' 자리에 평성이 와야 되는데, '處'는 측성이다. 칠언율시(七言律詩)에서는 1·2·4·6·8 줄 끝 자가 같은 운자여야 규칙에 맞는다. 위에서 1·2·4·6·8 줄 끝 자 '處·聲·兵·傾·明'이 모두 같은 운자여야 규칙에 맞는데, '處'의 운자는 '御' 측성이고 나머지 '聲·兵·傾·明'의 운자는 모두 '庚' 평성이다.

한시(漢詩)는 내용도 중요하지만 형식면에서 위와 같이 미리 정해진 평기식(平起式)과 측기식(仄起式)의 악보에 따라 알맞은 글자를 선택하여야 되는 어려움이 있다.

▎솔벗/반곡 김홍광 (盤谷 金弘光)

경 력
- 대한민국서예대전 초대작가, 심사위원(역)
- 전북노인지도자대학장(사단법인 대한노인회 전북연합회)
- 중부대학교 외래교수(역)
- 중등학교 교장 정년퇴임
- 주 독일 베를린 한국대사관 초대출품 외

저 서
- 한국한시진보(이화문화출판사 2005년 1쇄, 2022년 3쇄)
- 중국한시진보(이화문화출판사 2005년 1쇄, 2020년 4쇄)
- 한시로 스승삼고 묵향으로 벗을 삼아(이화문화출판사 2005년 1쇄)
- 한국한시보감(도서출판다운샘 2016~2018년 1쇄)
  제1권 매화, 제2권 국화, 제3권 대나무/난, 제4권 소나무/학, 제5권 연/모란
- 사서명구보감(도서출판다운샘 2022년 1쇄)

글방 : 노송서원(T. 063-285-4509 / 010-8647-4509)
인터넷검색 : 김홍광책, 김홍광한시

影印이 있는
韓國漢詩眞寶 (한국한시진보)

2022年 10月 1日 5판 발행

編著者 : 金 弘 光
發行處 : 이화문화출판사
등록번호 : 제300-2015-92호
주　소 : 서울시 종로구 인사동길 12, 310호
전　화 : 02-738-9880
ＦＡＸ : 02-738-9887

값 20,000원

影印이 있는
韓國漢詩眞寶

홍광 編著 / 값 20,000원

中國漢詩眞寶

김홍광 編著 / 값 30,000원

1912년에 발간된
漢文聖經

김경수 편 / 값 50,000원

서예인을 위한
성경명구

김경수 편 / 값 30,000원

한·중·영
주제별 성경읽기

김경수 編 / 값 20,000원

로스승삼고 무향으로 볏을 삼아

홍광 編著 / 값 23,000원

五句臨池 不識一字

宣柱善 著 / 값 8,000원

晨窓林影

선주선 著 / 값 8,000원

醉得眞如

宣柱善 著 / 값 8,000원

靑霞山房

선주선 著 / 값 8,000원

申紫霞詩集

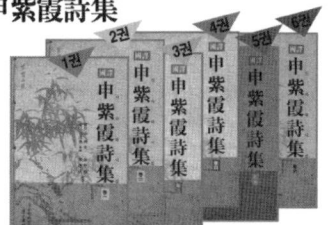

각권 값: 15,000원 전 6권 90,000원

영주풍아

오문복 著 / 값 30,000원

탐라시선

오문복 著 / 값 30,000원

麟社集

麟社詩會 著 / 값 9,000원

죽장에 삿갓 쓰고

신행 著 / 값 15,000원

草書漢詩(五言絶句)

오재영 著 / 값 15,000원

草書漢詩(七言絶句)

오재영 著 / 값 20,000원

漢詩集

유병리 著 / 값 10,000원

書藝를 위한
盛唐詩選 譯注

이병주 著 / 값 10,000원

子吟『麟社集』

詩會 著 / 값 10,000원

율곡선생의 금강산시

정항교 著 / 값 3,000원

율곡선생 금강산시 / 율곡선생 금강산답사기

값 15,000원

진양풍월집

정병희 著 / 값 7,000원

金文千字文	隸書千字文	行書千字文	草書千字文	간암집한간천자

이용 著 / 값 15,000원	정도준 著 / 값 15,000원	선주선 著 / 값 15,000원	이돈흥 著 / 값 15,000원	陳建貢 編 / 값 10,0

灡林 金榮基 草書千字文	灡林 金榮基 楷書千字文	王羲之 千字文(行書)	王羲之 千字文(楷書)	송은 예서 천자

김영기 著 / 값 15,000원	김영기 著 / 값 15,000원	김재근 編著 / 값 12,000원	김재근 編著 / 값 12,000원	백인선 著 / 값 30,0

木簡 千字文	好太王碑千字文	北魏鄭羲下碑 集字千字文	篆書千字文	예서천자

서동형 편저 / 값 10,000원	정해천 著 / 값 15,000원	양택동 著 / 값 15,000원	윤신행 著 / 값 10,000원	윤신행 著 / 값 12,0

장맹용천자문	楚簡千字文	隸書千字文	楷書千字文	新釋 千字

윤신행 著 / 값 12,000원	유종기 著 / 값 15,000원	금기풍 著 / 값 10,000원	조종숙 著 / 값 15,000원	김태을 譯著 / 정가 15

千字文	圖文千字	石鼓文(篆書)	毛公鼎	吳昌碩書法(篆書

박종택 編著 / 값 15,000원	박종택 編著 / 각권 값 15,000원	배경석 著 / 값 14,000원	배경석 著 / 값 12,000원	배경석 著 / 값 14,0

| 猛龍碑(楷書) | 元珍墓誌銘(楷書) | 元顯儁墓誌銘 | 蘇孝慈墓誌銘(楷書) | 九成宮醴泉銘 |

석 편저 / 값 15,000원　　배경석 편저 / 값 14,000원　　배경석 著 / 값 10,000원　　김재봉 편저 / 값 14,000원　　배경석 편저 / 값 12,000원

| 顔勤禮碑 | 乙瑛碑 | 史晨碑 | 禮器碑 | 張遷碑 |

석 著 / 값 12,000원　　배경석 著 / 값 12,000원　　배경석 著 / 값 12,000원　　배경석 著 / 값 12,000원　　배경석 著 / 값 12,000원

| 義之集字聖敎序 | 爭座位稿 | 傅山書法(行草書) | 王寵書法(行草書) | 董其昌書法(行草書) |

석 著 / 값 17,000원　　배경석 著 / 값 12,000원　　배경석 편저 / 값 16,000원　　배경석 편저 / 값 14,000원　　배경석 편저 / 값 14,000원

| 允明書法(行草書) | 米芾離騷經(行書) | 郭沫若書法(行草書) | 孫過庭 書譜 上 | 孫過庭 書譜 下 |

석 편저 / 값 16,000원　　배경석 편저 / 값 14,000원　　배경석 편저 / 값 16,000원　　배경석 著 / 값 12,000원　　배경석 著 / 값 12,000원

| 조계묘비 | 집자 추사체 천자문 | 以威亭記 | 추사 사란기 | 秋史先生書訣帖 |

형 편저 / 값 10,000원　　이규환 編著 / 값 17,000원　　秋史 金正喜 書 / 香谷 李圭煥 編 / 값 10,000원　　香谷 李圭煥 編 / 값 12,000원　　香谷 李圭煥 編 / 값 10,000원

한국적 행서 시리즈①	한국적 행서 시리즈②	한국적 행서 시리즈③	한국적 행서 시리즈④	한국적 행서 시리즈⑤	한국적 행서 시리즈⑥
어부사	낙지론	애련설	춘야연도리원서	오류선생시	적벽부
	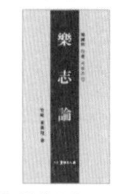				
황성현 著 / 값 6,000원	황성현 著 / 값 6,000원	황성현 著 / 값 6,000원	황성현 著 / 값 6,000원	황성현 著 / 값 6,000원	황성현 著 / 값 8,000원

한국적 행서 시리즈⑦	한국적 행서 시리즈⑧	예서천자문	三體千字文	갑골문字典을 겸한 갑골문해독	甲骨文字 그 깊이와 아름…
난정기	귀거래사				

황성현 著 / 값 10,000원	황성현 著 / 값 8,000원	강대환 著 / 값 25,000원	우병환 著 / 값 20,000원	양동숙 著 / 값 60,000원	梁東淑 / 20,000

서예비평	現代實用 屛風字典	秋史와 豹菴의 거리	서예명비감상	好太王碑字帖

金南馨 譯註 / 값 25,000원	박홍규 著 / 값 80,000원	문영오 著 / 값 18,000원	최은철 著 / 값 15,000원	秦維國 書 / 20,000

中國書法藝術史	서주금문18품	서주금문정선 33편	한국의 명비를 찾아서	산동경내북조 마애각경

배규하 편저 / 각 20,000원	박원규 감수 / 20,000원	여동인 共著 / 값 30,000원	이규복 저 / 값 25,000원	조성룡 著 / 값 38,000

韓國書藝史Ⅰ	서예란 이런것이다	서예완성의 지름길	篆書완성의 길잡이	隸書완성의 길잡이

이규복 著 / 값 10,000원	이명옥 著 / 값 20,000원	이명옥 著 / 값 10,000원	이명옥 著 / 10,000원	이명옥 著 / 값 9,00